Matthew Spender

Zypressen
im Weinberg

Ein Leben in der Toskana

Aus dem Englischen von
Ulrike Budde

KNESEBECK

Titel der Originalausgabe
Within Tuscany
Penguin Books Ltd., London
© 1992 Matthew Spender

CIP-Titelaufnahme der Deutschen Bibliothek
Spender, Matthew:
Zypressen im Weinberg:
Ein Leben in der Toskana / Matthew Spender.
Aus dem Engl. übers. von Ulrike Budde. –
München: Knesebeck, 1993
ISBN 3-926901-56-X

© 1993 by von dem Knesebeck
GmbH & Co. Verlags KG, München
Fotos: Matthew Spender
Umschlaggestaltung: Zembsch' Werkstatt, München
Umschlagbild: Bernd Schilling, Grünwald
Herstellung: Heidi Kitz, München
Satz: Satz & Repro Grieb, München
Druck und Bindung: Pustet, Regensburg
Printed in Germany

Für Maro

Inhalt

Vorwort

Die seit gut dreihundert Jahren bestehende Tradition der Reiseliteratur in England verpflichtet den Autor, sich an ein recht rigides Schema zu halten. Ein Drittel des Buches sollte »ein wenig Geschichte« beinhalten. Ein zweites Drittel sollte besondere persönliche Erinnerungen zusammenfassen. Und noch ein Drittel sollte die energische Bewegung in der Gegenwart spüren lassen, dabei die Anstrengungen einer solchen Reise betonen, und die Eigenheiten der Einheimischen schildern, die selbstverständlich alle unter dem Unglück leiden, nicht als Briten in diese Welt geboren zu sein.

In »Zypressen im Weinberg« habe ich zwar alles unternommen, um den Anforderungen dieses Schemas Genüge zu tun, jedoch mit zwei Ausnahmen. Zum einen habe ich versucht, so fair wie möglich gegenüber den Handwerkern und Nachbarn meiner Gegend zu sein, die in all den Jahren meine Freunde geworden sind. Zum anderen habe ich eine fiktive Person als Reisebegleiterin eingeführt. Sie stellt so etwas wie eine Verkörperung des Esprits von Italien dar, oder eine Muse, die Dinge erkennen konnte, denen ich als Erzähler blind gegenüberstand. Diese Figur sollte meiner Intention nach als metaphorische Brücke für alle diejenigen wirken, die in die Toskana reisen möchten und ihnen zeigen, wieviel es dort zu sehen gibt und wie vieles einem ausländischen Besucher immer verschlossen bleiben wird.

Da dies alles meiner Meinung nach die Leserschaft der englischen Erstausgabe nur verwirrt hat, habe ich die Gelegenheit einer deutschen Übersetzung dazu genutzt, die Struktur etwas zu vereinfachen. Einige Bestandteile, die mir zu sperrig erschienen, habe ich gestrichen und dafür neues Material eingefügt, das für deutschsprachige Leser interessanter sein dürfte. Auch die Anmerkungen wurden gestrafft, denn manche waren zu komplex, weil mich im Halbdunkel der Stadtbibliothek von Siena die Vergangenheit immer wieder überwältigt hat.

In anderen Worten: diese neue Version eines englischen Buches wurde für die deutschen Leser so weit wie möglich neu geschrieben, so weit mein zweifelnder Zugriff auf die Sprache dies zuließ.

Matthew Spender, Siena, 12. 12. 1992

San Sano

Es war nur eine Laune, daß wir in die Nähe von Siena zogen, denn wir hatten einfach genug von Londons dünnem blauen Licht. Ein oder zwei Jahre, sagten wir, nicht länger, sonst werden in unseren Haaren die Heublumen gedeihen und die roten Blutkörperchen werden sich in unserem Blut mit dem Bodensatz des Weins vermischen.

Wir müssen Füße gehabt haben, die leicht Wurzeln schlagen. Das Haus war seit zwanzig Jahren verlassen und wirkte immer noch freundlich. Draußen vor der Hintertür zogen sich die Weinreben wie seit alten Zeiten von Baum zu Baum, und im Dorf trafen wir auf Arbeiter, die sich noch daran erinnern konnten, wer sie gesetzt hatte. Die Sonne drang durch zackenrandige Löcher in Dach und Böden direkt in die darunterliegenden Ställe. Also vergitterten wir die Löcher mit Sparren aus Kastanienholz, deckten das Dach neu und schlossen die Lücken – das machten wir fast alles selbst. Im Garten wuchsen Kohl und Bohnen, im Herbst mußten die Oliven von den Bäumen entlang den Trockensteinmauern gepflückt und zur Mühle gebracht werden.

Ohne lange darüber nachzudenken gerieten wir in zwei Räderwerke, die den ansonsten gänzlich nach innen gerichteten Hauptbeschäftigungen von Künstlern ein Gerüst gaben. Das erste Räderwerk bildeten die jährlich wiederkehrenden Pflichten des Landlebens, in Gestalt von Bräuchen, die noch auf die Römer zurückgingen und sich nicht so sehr an den Jahreszeiten, als vielmehr an den Mondwechseln und Namenstagen der Heiligen orientierten. Bestimmte Saaten konnten nur zu Lichtmeß ausgebracht werden, auf keinen Fall früher, und das erfuhr man durch einen komischen Knittelvers, an den ich mich inzwischen nicht mehr erinnern kann. Diese bäuerliche Kultur ist fast ganz verschwunden, die Bauern sind jetzt Lohnarbeiter und die jungen Leute wenden sich den hellen Lichtern der Industriestädte in den Tälern zu.

Das zweite Räderwerk setzte ein, als wir hier Kinder bekamen, erst unsere Tochter Saskia, dann Cosima. Wir begannen, das Land mit ihren Augen zu sehen, befaßten uns mit dem Drama von Schulbesuch und Erziehung, und befanden uns dabei mitten in einer ganzen Horde ruppiger Grünschnäbel, die jetzt erwachsen sind.

Geister umgaben uns in den ersten Jahren. Wir kannten uns mit Geistern aus. In London hatten wir in einer baufälligen alten Wohnung gelebt, wo meine Frau Maro einmal einen rothaarigen jungen Mann sah, der sie anstarrte, als sie gerade in Schlaf sank. Er erwies sich als seltener, aber fordernder Besucher, dieses Wesen mit halb erhobener Hand, wie einer, der etwas Wichtiges zu sagen hat. (Niedriger Flur, Decke aus dem späten achtzehnten Jahrhundert.)

In der Toskana gab es den Geist einer boshaften Elfe – »Wie das Auge eines Huhns« sagte der gebeugte Mann dazu, der sich das Haus ansah, als wir bereits ein oder zwei Jahre dort lebten. »Und sie ist jedem von einem Zimmer zum nächsten gefolgt, ließ einen nie in Ruhe. Man konnte sie hier direkt vor sich sehen, ohne sich zu rühren, gerade als man dachte, daß sie jetzt fort sei! Und nachts, *una bara,* ein Sarg, ganz oben an der Mauer in eurem Schlafzimmer. Da! Schaut!«

Wir schauten nach oben und sahen nichts. Ehrlich, versicherten wir ihm, wir haben noch nie in einem Haus gelebt, das so wenig von Furcht erfüllt war, egal, bei welchem Wetter oder in welcher Jahreszeit. Der alte Mann schien verwirrt. Von Montevarchi war er mit seiner Enkelin gekommen, die sich bei ländlichen Angelegenheiten ganz offensichtlich langweilte. Sie nahm ihn am Arm, um ihn hinauszubringen, doch er wollte jedes

Zimmer sehen, suchte nach den Geistern, denn die waren es eigentlich gewesen, die ihn vor zwanzig Jahren aus dem Haus getrieben hatten.

»Das war so«, sagte er und erklärte eher sich selbst etwas als uns, »damals lebten hier zwei Familien. Fünfzehn Menschen! Und drei Zugochsen, sieben Schweine draußen im Hof, viele Schafe auf den Hügeln. Und so viele Kinder! All diese Tiere…«

»Vielleicht war das der Geist von einem bösartigen Huhn.« sagte Maro und die Enkelin kicherte.

Er lächelte höflich, bekümmert, als ob wir das nie verstehen könnten. Und wir wären sicher, daß nie…? Also führte ich ihn geduldig zweimal durch das Haus, damit klar wurde, daß die Geister ganz bestimmt fort waren; danach noch durch den Garten, wo ihn der als Zierhecke gepflanzte Rosmarin mit Staunen angesichts der Dekadenz der modernen Zeiten erfüllte.

Wir wären Protestanten, sagte ich ihm, und vielleicht kämen diese Geister nur zu Katholiken. Ziemlich dumm, so etwas zu sagen, doch irgendwie stellte es ihn zufrieden. Natürlich! Protestanten! Bei ihm klang das so, als ob wir gegen alles protestiert hätten, gegen gute wie böse Geister.

Durch die Aufbauarbeit am Haus fand ich wieder Zugang zu der Sprache, die ich erstmals als Kind in den Sommerferien am Gardasee gelernt hatte. Jetzt eignete ich mir Wörter an, die nur die Maurer verwenden. Die eigenartigen wackeligen Gerüste, die sie benutzten, wurden *caprette* oder kleine Ziegen genannt, da sie an den Enden kleine Eisenhörner hatten, um zu verhindern, daß die Planken herunterfielen. Damit eine Arbeit schnell getan wurde, trieb man die Maurer mit den Worten *quanto prima* an, eine typisch toskanische Konstruktion, die sich direkt aus dem lateinischen *quam celerrime* ableitet.

Und ich erfuhr, wie die toskanischen Arbeiter sind, mit ihrer ruhigen Art, sich auf der Baustelle zu bewegen, immer zu

Späßen aufgelegt, selten einmal wütend. Während ich schreibe, erscheint vor mir das Bild eines lang verstorbenen Handwerkers, der seine Füße wie ein Kricketspieler zusammenstellte, wenn er Steine zuhaute. Ein anderer hatte derartige Angst vor dem Donner, daß er sich bei einem Sturm im Keller versteckte, seinen Kopf in den Armen barg. Niemand machte sich über ihn lustig. In manchen dieser Frühlingsstürme fegt der Regen über die Hügel wie eine heranpreschende Kavallerie und der Himmel scheint dann für eine Weile viel zu dicht an der Erde zu sein.

Da mir ein Bauer aus dem Dorf den Tip gegeben hatte, grub ich im Kuhstall nach Schätzen, fand jedoch nichts. Die abgetretenen Steine aus dem Fußboden stapelten wir im Hof um eine gebraucht erstandene, verzierte Pumpe. Sie waren aus *albarese,* einem brüchigen Kalkstein, den man wie Feuerstein einfach mit einem Hammer schneiden kann, und stammten aus einer Grube in einem knapp neunzig Meter entfernten Hang.

Die Struktur des Hauses veränderten wir so wenig wie möglich. Es gab keinen »Originalzustand«, auf den man sich beziehen konnte. Angeblich hatte auf dem Grundstück einmal ein altes Nonnenkloster gestanden, und einzelne Teile waren mit Sicherheit älter als andere. Doch mir erschien das auf dem Kaminsims eingravierte Datum 1750 korrekt zu sein: zu jener Zeit wurde es in Florenz Mode, in neue Güter in der Wildnis zwischen Florenz und Siena zu investieren, und wer diese Mühen auf sich nahm, konnte Steuervergünstigungen erhalten.

In ihrem Verfall wurden die Häuser zu Recht geschützt. Aus Gründen der Hygiene war es jetzt verboten, Vieh in den unteren Ställen zu halten, doch genauso verboten war es, die Ställe in Wohnräume umzubauen. Als wir vor dreiundzwanzig Jahren umbauten, ignorierten wir diese widersprüchlichen Angaben einfach. Und vor kurzem wurde ein Gesetz des *condono,* d. h. Vergebung, verabschiedet, durch das die Regierung illegale

Veränderungen anerkannte, wenn man eine symbolische, selbst festgelegte Strafe zahlte – ein mystischer Vorgang, der die Reue über eine Sünde mit einem Obolus an die Regierung verband, ähnlich wie der Ablaßhandel im sechzehnten Jahrhundert, mit dem die Sixtinische Kapelle finanziert wurde.

Unsere einzige größere Neuerung war eine Treppe im hinteren Teil des Hauses, wo wir einen Kuhstall aus dem neunzehnten Jahrhundert abgerissen hatten. Als wir die Treppe errichteten, kam ausgerechnet Otello vorbei, der damals Vorarbeiter im Bauhof der *Comune* des Ortes war. Er war genau der Mann, den die Handwerker am allerwenigsten sehen wollten, denn natürlich hatten wir keine offizielle Baugenehmigung. »Aha«, sagte er, »was macht ihr denn da?« Jeder Arbeiter erstarrte in der Bewegung, die er gerade ausführte, der eine hielt seine Kelle in der Luft, der andere schob schwappenden Zement in einer Schubkarre eine Rampe hinauf. Stille. »Äh, also«, sagte ich und wurde rot dabei, »diese Treppe – äh – war kurz davor zusammenzubrechen.« Auf Otellos Gesicht zeigte sich ein seltsam vergeistigter Ausdruck ernsthaften Zweifels, dann suchte er Rat beim Himmel, sah ratsuchend auf den Boden, und ging weg. Ein interessanter Mann, der selten in das eingriff, was um ihn herum geschah, jedoch mit einem unfehlbaren Instinkt herausfand, was vor sich ging.

Unser nächster Nachbar war ein Pächter eines kleinen Hofes, ein *mezzadro* mit Namen Vittorio Fosi. 1968 erzählte er mir, daß das vorige Jahr für ihn gut gewesen war. Er hatte ein halbes *vitellino* verkauft, ein Kälbchen von einem seiner Zugtiere, das er zum Schlachten aufgezogen und die meiste Zeit seines kurzen Lebens im Halbdunkel eines Stalles gehalten hatte; außerdem auch noch vier Schweinehälften. Die anderen Hälften dieser Tiere gehörten dem Landbesitzer. Mit diesen Erlösen verdiente Vittorio alles Bargeld, was er brauchte. Er kaufte Schuhe und Tabak und Salz beim staatlichen Monopolladen. Vielleicht auch noch ein bißchen Benzin für das Motorrad. Vom Markt einiges für seine Frau, damit sie Kleidung nähen konnte. Das war ein so hohes Maß an Autarkie, wie man es sich im Europa des späten zwanzigsten Jahrhunderts nur vorstellen konnte.

In diesem ersten Jahr pflügte er unseren Küchengarten und setzte dafür das weiße Gespann ein, Mutter und Tante des *vitellino*. Ich erinnere mich daran, daß er zu ihnen sprach, sie mit seltsamen Kuhwörtern dazu brachte, loszugehen oder stehenzubleiben. Als ich ihm Komplimente über die Schönheit seiner Tiere machte, über ihre Geduld, ihren bemerkenswerten Gehorsam, sagte er: »Sie verstehen alles, sie können nur nicht selber sprechen«. Diese Bemerkung fand ich damals wunderbar, so feinsinnig wie Liebe, doch inzwischen habe ich entdeckt, daß es eine jahrhundertealte Antwortfloskel ist.

Vittorio und ich pflanzten zusammen einen Walnußbaum im hinteren Garten. In fünfzehn Zentimeter Tiefe stießen wir auf einen großen Steinbrocken. Vittorio war hocherfreut. Man zieht den Stein heraus und fertig ist das Loch. Also zogen die Ochsen, der dreißig Zentimeter hohe Baum wurde eingepflanzt und heute schimmern ein oder zwei Wochen lang die Spitzen seiner fragilen Krone, bevor sich die großen Äste mit Grün füllen.

Inzwischen berühren sich die ausgestreckten Arme von Bäumen, bei denen ich vor zwanzig Jahren nicht im mindesten mitbekommen habe, daß ich sie auf demselben Feld gepflanzt hatte.

Als ich gestern auf die riesige Kugel des Walnußbaums schaute, vernahm ich ein Echo der Stimme des vor langer Zeit gestorbenen Vittorio, das mir erzählte, daß Schlangen seinen Schatten mögen und in das Geäst des Walnußbaumes klettern, um sich zu paaren. Diese Gefahr könnte durch das Verbrennen von alten Schuhen und Gummireifen am Fuß des Baumes verringert werden.

Von Vittorio erfuhr ich viel über den schwierigen Boden, den ich nach und nach bebauen wollte. Bei Nässe sollte man ihn lieber nicht anfassen; man »tat besser daran, zuhause im Bett zu bleiben«. Sträucher und Gemüse, die unter solchen Bedingungen angebaut wurden, würden wie in einer selbstfabrizierten Packung aus Lehm festbacken, wenn die Erde dann hart wurde, bekamen sie keine Luft. So lernten wir, dauernd ein Auge auf den Boden zu werfen und abzuschätzen, wie sehr er sich abreiben ließ oder krümelte, während er trocknete. Waren die Umstände dann perfekt, ließ man alles liegen und stehen und pflügte – natürlich nicht, wenn gerade ein Bild entstand; in diesem Fall schoben wir das Pflügen auf und dann kam auch schon der Regen und wieder vergingen vierzehn Tage, in denen man den Boden beobachtete und wartete.

Schließlich erwarb ich einen Traktor, doch ich wurde nie wirklich gut im Pflügen. Die frische Rinde junger Olivenbäume schälte sich so leicht wie die Haut einer Orange, wenn ich nah vorbeifuhr. Jedesmal, wenn ich das Ganze verschob, begann es zu regnen, und packte ich es endlich doch an, verhakten sich Quecken und wilder Hafer genau in dem Moment in die Pflugschar, wenn die Furche umschlug, dann klemmte der Balken, der die Verstrebung hielt. Oder die am weitesten außen liegende Pflugschar erwischte einen hervorstehenden Stein von den Terrassen aus dem achtzehnten Jahrhundert und kippte einen Haufen Schiefer und verwittertes Gestein richtig schön auf die gepflügte Erde.

Ohne Erregung, oder eigentlich mit leichtem Respekt, riet Vittorio mir immer, die Hand an der Kupplung zu lassen und auszukuppeln, wenn ich soviel Pech haben sollte und einen Ausläufer des felsigen Untergrunds direkt unter der obersten Erdschicht pflügte.

Eine seit alters geübte Genügsamkeit bildete den Grundton in Vittorios Leben. Von ihm lernten wir, wieviel die Hügel hergaben, das man dann nicht in Pappkartons im Dorfladen kaufen mußte. *Pungitopo,* eine kleine Stechpalme, reinigte den

Kamin, wenn man sie an einem Seil oder einer starken Schnur auf und ab zog. Akazienholz eignete sich gut für die Griffe von Pickeln, Hacken und *bidenti*, breiten Hacken mit zwei Zacken, die schon in alten lateinischen Texten erwähnt werden. Beschnittene Exemplare von *Acer campestre*, Feldahorn, konnten lebende Stützen für Weinreben abgeben. Eine Grasart, die *vetrilla* genannt wurde, konnte man zum Polieren der Gläser verwenden. Manche Bauern bauten sogar ihren eigenen Hanf an, um Seile daraus zu drehen.

Zwei Jahre nach unserer Ankunft wurde Vittorios Land von einem Industriellen aus Brescia erworben, der ihn zu einem Lohnarbeiter machte. Die Ochsen wurden verkauft, die Ställe entsprechend den gültigen Hygienevorschriften geschlossen und Vittorio sollte nun jeden Tag von acht bis fünf Uhr für einen festgesetzten Lohn arbeiten.

Bevor dies geschah, bot ihm eine wohlmeinende Regierung die Möglichkeit, das Haus, in dem er lebte und das Land, das er bearbeitete, für einen künstlich niedrig angesetzten Gegenwert zu kaufen; der Kredit wäre über vierzig Jahre mit einem Zinssatz von zwei Prozent zurückzuzahlen gewesen. Obwohl ich ihm hartnäckig zuredete, lehnte Vittorio dieses Angebot ab. Vierzig Jahre, sagte er, war für ihn zu lang, um sich in dieser Weise zu verpflichten, denn er war bereits fünfzig Jahre alt. Er wollte nicht sterben und seinem Sohn Schulden hinterlassen.

Damals war ich zu überrascht, um das Gespräch fortzusetzen; später fragte ich mich lange Zeit, ob die Regierung diese außerordentlich lange Laufzeit nicht vielleicht deshalb angeboten hatte, um das Überleben einer Bauernklasse zu hemmen, obwohl es erst so aussah, als wollte sie ihr Weiterbestehen damit sichern.

Vittorio verfiel zusehends, es war eine Art Kulturschock. Er hatte einen Jagdhund namens Whiskers, der ihm – ein unglückliches Zusammentreffen – in genau dieser Zeit gestohlen wurde. Auf endlosen Streifzügen in der ihm leer erscheinenden freien Zeit suchte er nach seinem Hund. Manchmal begegnete ich Vittorio Meilen von zu Hause entfernt, er sah unglücklich aus.

Er überlebte und gewöhnte sich an seine neue Lage, verdiente wesentlich mehr als vorher, lebte in der Großstadt Gaiole mit ihren rund tausendfünfhundert Seelen, kaufte ein Auto. Ich sah ihn immer wieder, wenn er damit unterwegs war, auch im Auto trug er einen guten Sonntagshut. Und wenn er auf der Straße an mir vorbeifuhr, las ich von seinen Lippen *Buon giorno, Signor Matteo*, als ob wir einander draußen an der frischen Luft begegnet wären, wo er hinter einem Paar weißer Ochsen ging.

Als Vittorio starb, lächelte der Briefträger selbstgefällig und sagte zu mir, er wäre *»un po' all' antica«* gewesen, damit meinte er soviel wie »altmodisch«.

Unsere älteste Tochter Saskia wurde 1970 in Florenz geboren.

Ich weiß noch, wie ich in einem sehr kleinen Fiat durch die Nacht trudelte und wegen Maros Wehenschmerzen alle zehn Minuten anhielt, während sich hinter uns die Autos stauten und hupend protestierten.

Die Geburtshelferin hatte eine dringende Verabredung auf der Skipiste und unsere Tochter kam mit einigen Blessuren am Kopf heraus. Sie war ein unruhiges Kind, das zusammenschreckte, wenn ich lachte – und das tat ich recht oft, da sie mein erstes Kind war und ich mir nie hätte vorstellen können, wie aufregend dieses Ereignis sein konnte.

Unsere zweite Tochter Cosima kam zu Hause zur Welt, das letzte Kind in der *Comune*, das mehr oder weniger absichtsvoll außerhalb der Klinik geboren wurde. Meiner Frau passierten komische Dinge, als sie der Hebamme des Ortes und meiner Schwiegermutter an einem warmen Augustnachmittag das Teegeschirr hinausbrachte. Die Hebamme hatte sich um einen Monat vertan und plante gerade einen kurzen Ausflug nach

Paris. Sie war nur eben vorbeigekommen, um nach dem Rechten zu sehen und sich zu verabschieden.

»Und Sie wollen also die Stadt unsicher machen, wenn Sie dort sind?« fragte meine Schwiegermutter höflich, während sie an ihrem Tee nippte und meinte damit: »Werden Sie Schaufensterbummel machen?«

»*O Signora*«, sagte die nette Dame, »für *so etwas* bin ich schon viel zu alt!«

Maro lachte so sehr, daß das Teegeschirr klirrend zu Boden fiel, und die Hebamme hatte keine Zeit mehr, um zu Hause ihr »hübsches neues Täschchen« mit Handschuhen, Alkohol zum Einreiben und Fäden zu holen.

Am frühen Abend fiel der Strom aus. Ich sollte Wasser aufkochen, Unmengen Wasser, und weigerte mich, da ich das für einen Trick hielt, mit dem sie nutzlose Ehemänner loswerden wollten. Wir zündeten Kerzen an.

»So hübsche Kerzen«, sagte die Hebamme vergnügt, während sie in der rechten Hand eine Zigarette hielt und mit der linken die Lage des Kindes abtastete, das noch in der Mutter war. »Es sieht aus wie bei einer Beerdigung.«

Sie hieß Azzurrini und in alle Ewigkeit ist sie für mich tatsächlich von der pragmatischen Aura der Blauen Fee in *Pinocchio* umgeben, wann immer ich den Kindern vor dem Einschlafen dieses Meisterwerk vorlese.

Cosima kam in vornehmer Atmosphäre zur Welt, bei gedämpftem Licht (spezieller Dank an den wilden Streik bei der Enel), ungefähr eine halbe Stunde nach dem Einsetzen der Wehen und in einem Bett, das ich eigenhändig geschnitzt und zusammengebaut hatte; umgeben war sie von bemerkenswert vielen unverheirateten Tanten, die sich den Ablauf einer Geburt ansehen wollten.

Als der Arzt kam, mißbilligte er alles. So ein Risiko, heutzutage ein Kind noch zu Hause zu gebären. Wir standen stramm wie gute Soldaten vor ihrem Feldwebel. Später machten wir dann ein Fest, Hebamme, Baby und alle, die auch noch da waren.

Die Hebamme rauchte immer weiter und begeisterte sich ständig über das neugeborene Kind. »Diese Schultern!« sagte sie bewundernd, obwohl das gar kein Körperteil war, den wir anderen so besonders interessant fanden.

Schule

❦ Die Zeit verging und irgendwann war es soweit, daß unser Nachwuchs eine schulische Ausbildung brauchte. Der Garten war noch voller Gemüse und die Lichter von London erschienen dieser »alternativen Kleinfamilie«, als die uns ein Italiener in den siebziger Jahren wohl bezeichnet hätte, immer noch unattraktiv. Als wir dann einmal in das italienische Erziehungssystem eingetaucht waren, kam es uns einfach zu hart vor, nach London und in den langweiligen, tuberkulösen Norden zurückzukehren.

In der Dorfschule gab es ein Klassenzimmer für alle. Die einzigen sieben Schüler waren unterschiedlich groß. Die Lehrerin war eine sehr fähige Frau und von September bis Weihnachten lernten alle Kinder Lesen und Schreiben.

Unvergeßlich der erste Schultag unserer ältesten Tochter: auf ihrem kleinen Fahrrad fuhr sie bis zum Ende des Weges, drehte sich um, winkte und nahm dann eine Abkürzung durch die Weingärten. Blaues Rad, blauer Regenmantel, nasse Blätter. Sie war fünf.

Im Winter drängte sich die ganze Schule – alle acht, wenn man die Lehrerin mitzählte – um einen stinkenden Ofen mit einem undichten und illegalen Ofenrohr, das durch das Fenster direkt ins Freie führte. Es war keine Rede davon, das zu beheben. Der Ofen und das Klassenzimmer gehörten dem Industriellen aus Brescia, Vittorios Arbeitgeber, der sie loswerden wollte, damit er in ihrer Studierstube landwirtschaftliches Gerät unterstellen konnte. Er war ganz und gar darauf vorbereitet, alle Studiosi eines Tages als Opfer einer Gasvergiftung vorzufinden, in den Händen noch ihre Grammatikbücher, ein kollektives Partizip Perfekt.

In dem kleinen Zimmer gab es eine Hutablage am Fenster, Bänke und einen verschlossenen Schrank – die *Biblioteca*. Einmal sah ich da hinein, um die Büchersammlung kennenzulernen. Der ganze Schrank war voll leerer Bierdosen.

Die Existenz der Schule als solcher wurde schließlich durch die zentralen Behörden bedroht, die die Schließung aller abgelegenen Dorfschulen beschlossen; die Kinder sollten mit dem Bus in größere Einrichtungen gebracht werden, wo sie solche Wohltaten genießen konnte, wie unter der Pausenaufsicht eines wachsamen Pedells ausgiebig eine weißgekachelte Toilette mit funktionierender Spülung zu benutzen.

Wir protestierten, hielten stürmische Versammlungen ab, setzten uns mit einem kleinen, traurigen Beamten aus Siena auseinander, der sich plötzlich entschloß, uns die Schule in Eigenregie zu überlassen, wenn wir das schafften. Drei Monate lang gab ich in der Schule im übernächsten Dorf Englischunterricht, meine Frau übernahm den Kunstunterricht in unserer Dorfschule. Ihre Klasse war brav und ordentlich. Meine war die Hölle. An einem Punkt sank ich so tief, daß ich einen kleinen Buben mit einem Kugelschreiber in den Po piekste, um die Aussprache des bestimmten Artikels zu verdeutlichen. Ich sagte mir, daß das nicht unbedingt ein professionelles Verhalten war und gab auf.

Doch in der Schule, wo Maro Kunst unterrichtete, gedieh eine Kreativität, die aus der Unschuld kommt. Maro behauptete, daß die Pubertät nicht-künstlerische Ziele mit sich brächte, wie die Vespa und die Samstagsdisko, die Verlockung, an so heiße Plätze wie Montevarchi und San Giovanni zu fahren. Bis zu diesem Moment unterrichtete sie eine ruhige, respektvolle Gruppe, männliche Stimmen, die plötzlich in den Bariton umkippten, weibliche Oberkörper mit noch mehr oder weniger flachem Busen. Wenige Jahre später waren diese wunderbaren Kinder verschwunden und zurück blieben beseelte Statuen, die später überarbeitet wurden.

Auch unsere Kinder wuchsen heran und standen vor dem Trauma eines Umzugs von Gaiole nach Siena. Der Auslöser dafür kam bei mir schlagartig, als Cosi eines Tages einen Bericht nach Hause brachte, der mit den Worten begann: »*contenutistica-mente possibilista, però...*«, was ganz grob soviel bedeutete wie: »Sie hat einige gute Ideen, aber...« Ich fragte mich, wie dieses arme Kind mit einer Sprache durchs Leben gehen sollte, die durch ciceronische Konstruktionen derart aufgeblasen war? Von Küchenlatein gepiesackt? Also schickten wir die Kinder in eine bessere Schule nach Siena.

Ich kam nach, da ich Elternvertreter wurde. Man hat sich um diesen Posten nicht gerade gerissen. Die Lehrer waren höflich, und hörten sich alle möglichen didaktischen Einwände an, doch soweit ich es beurteilen kann, haben sie ihren Lehrplan niemals aufgrund der Äußerungen eines Elternvertreters geändert.

Theoretisch hatten wir etwas Macht. Wir konnten die Lehrbücher auswählen und Einspruch gegen den Geschichtsunterricht erheben, wenn er unseren eigenen hohen Standards nicht entsprach. Wir konnten die Linie der Religionsstunden bestimmen und die Route für den jährlichen Schulwandertag neu festlegen. Alles interessante Probleme – besonders der Wandertag, dieser faszinierende Ritus eines Ausflugs, auf dem die Kinder entdecken, was Zigaretten und Zungenküsse sind und daß Liebe ein öffentliches Spektakel sein kann, das unter den Augen jaulender Kumpane aufgeführt wird. Der Schiefe Turm von Pisa oder die Uffizien sind für tausende italienische Schulkinder angenehme Erinnerungen an erste Erfahrungen, weit entfernt von dem bißchen Geschichte, das die Lehrkraft damals gern vermittelt hätte. Sei geduldig, Tourist, wenn Du Deinen Weg durch diese Horden bahnst.

Um das Vetorecht bei den Schulbüchern wahrzunehmen, beteiligten wir uns jedes Jahr an einem Treffen, bei dem Eltern, Lehrer und Bücher in einen Topf geworfen und umgerührt wurden. Bei der Zusammenstellung ihrer eigenen Lehrpläne pflegten sich die itlaienischen Schulen an vorsichtigen negativen Parametern durch den Staat zu orientieren, die vorschrieben, daß jedes Thema nicht weniger als x und nicht mehr als y Seiten umfassen sollte. Solange diese Vorgaben eingehalten wurden, konnten die Verleger dem Thema jede beliebige Richtung geben. Oft war die Linie eines Geschichtswerks nicht klar zu erkennen; die politische Haltung eines Buches herauszufinden konnte bedeuten, daß man eher die Seiten zählen als den Inhalt analysieren mußte.

Nur selten mußten wir uns dem Chaos einer Auswahl unter den Büchern aussetzen. Der Lehrer hatte als Vorauswahl schon zwei Stapel gebildet, das war sehr nett. Doch hatte man sich erst einmal mitten in dem Gesumme und Geschnatter hingesetzt, einen Finger in ein Ohr gesteckt und versucht zu lesen, um eine Dreiviertelstunde später erhitzt und schwitzend und schwer atmend mit einer klaren Entscheidung für einen bestimmten Stapel wieder aufzutauchen, so wies der Lehrer dann höchstwahrscheinlich lächelnd auf die Attraktionen der Bücher hin, die noch auf dem Tisch lagen. Letztendlich ging es doch immer nur um ein einziges Buch.

Manchmal brachte ein linkes Geschichtsbuch mehr über das Leben von Christus (zum Beispiel) als ein katholisches. Die Gründe dafür waren kompliziert. Es gab einmal eine Phase, als die Kommunistische Partei Italiens Christus als Vorläufer in Anspruch nahm; inzwischen war jedoch für uns das Problem mit der Religionsstunde entstanden.

Ich setzte mich ständig für mehr Bibelunterricht ein, ohne Erfolg, doch wie immer bekam ich nicht mit, worum es eigentlich ging. Der Kampf tobte darum, ob es überhaupt eine Stunde geben sollte, in der die Heilige Schrift gelesen wurde. Es gab zutiefst antiklerikal eingestellte sozialistische Lehrer, die das Leben von Jesus Christus unter marxistischen Gesichtspunkten im Geschichtsunterricht abhandelten, sich jedoch weigerten, irgendetwas über ihn in der *Ora di Religione* zu unterrichten. Es gab Katholiken, die über alles mögliche sprachen, nur damit überhaupt ein Unterricht stattfand – Buddha, Konfuzius, Zoroaster – und erst einmal die Probleme vermieden, die Diskussionen über das Leben Christi mit sich brachten.

In Italien gibt es keine Staatsreligion und theoretisch konnte sich jedes Kind vom Religionsunterricht befreien lassen. Doch es kam selten vor, daß ein Kind dieses Recht in Anspruch nahm. Eine Zeitlang erlebte das *Liceo Classico* von Siena das Paradox, daß Saskia und Cosima als einzige Schulkinder von ganz Siena während der ganzen Religionsstunde auf dem Korridor saßen und auf Befragen jedem Lehrer, der vorbeikam, erklärten, sie seien Atheisten, während ihr Vater bei jeder Elternversammlung für besseren Religionsunterricht kämpfte.

Sie waren nicht immer Atheisten gewesen. Die Ältere erlebte im Alter von sieben Jahren eine hingebungsvolle katholische Phase, obwohl ihre Theologie einen seltsamen Anstrich bekommen hatte, als wir kurz zuvor im Iran einen Freund besuchten, der dort arbeitete. Wir hatten sie während unserer Besichtigungstouren in der Wohnung des Kochs gelassen und dort wurde sie zu einer leidenschaftlichen Shiitin.

Als wir wieder in Italien waren, gehörten nach Saskias Meinung ein dicker, weicher Teppich sowie sorgfältig ausgewählte Kleidung zur Messe. Die Plastikbabies, die in einer Reihe auf dem Bücherregal saßen, bekamen Turbane und Weihrauch, obwohl die eigentlichen Zeremonien (wie in Teheran) hinter sorgfältig verschlossenen Türen stattfanden. Ab und zu konnte man aus dem unteren Stockwerk Klagelaute oder Trommelschläge vernehmen. Das Gefühl der Leere in der Wüste, aufgesogen durch die sauberen Zeltwände, ein zarter Kinderkopf, der auf die harten Fliesen schlägt. Die unvermittelte Frage nach der Himmelsrichtung von Mekka. Hilfsdienste der jüngeren Schwester, die armenische Slipper bereithält und von einem lose fallenden Tschador fast erdrosselt wird. Ein Kauderwelsch, das hoffnungsfroh für klassisches Arabisch gehalten wurde, dann folgten Anklänge an *Il Re del Toro* (»der König des Stiers«), das von *il Redentore* kam, der Erlöser. Saskias Katholizismus konnte wohl als ökumenisch bezeichnet werden, wenn ökumenisch bedeutet, daß man von allem ein bißchen hineinpackte, zur größeren Ehre Gottes.

Jeden Sonntag nahm ich diese eklektische Tochter mit zur Messe, Bedingung war, daß sie ihren Schleier zu Hause ließ.

Nach einiger Zeit stellte ich fest, daß ich unseren Pfarrer sehr gern mochte. Er war jünger als ich und in seinen Predigten bemerkenswert freimütig und unsentimental. Zu seinen Pflichten gehörte es, am Festtag eines bestimmten Heiligen mit zwei gekreuzten Kerzen die Kehlen seiner Gemeindemitglieder zu berühren, um sie während des folgenden Winters vor Halskrankheiten zu bewahren. Beflügelt vom revolutionären Windhauch der frühen siebziger Jahre hielt Don Osvaldo seinen Schäfchen eine Predigt über die Narretei des Aberglaubens. Wenn er ihre Kehlen berührte, würde sie das niemals vor Bazillen schützen, sagte er, und wenn sie eine Grippe bekämen, sollten sie den Arzt aufsuchen. Er sprach gut, und die kleine Herde hörte respektvoll schweigend zu. Dann stellten sie sich alle in einer Reihe auf, damit er sie trotzdem mit den Kerzen berühren konnte.

Osvaldo wurde bald ein enger Freund der Familie. Wir porträtierten ihn auch, von jeder Seite einmal. Weder meines noch Maros Bild gelang – er konnte einfach nicht stillsitzen, rauchte eine Zigarette nach der anderen, weil er so verwundert war, daß es hier um nichts anderes ging, als ihn anzuschauen. Wenn er sprach, konnte er sich entspannen, daher dauerten die Sitzungen meist bis in die Nacht und es gab viele interessante Diskussionen über Gott und die Welt.

Er war der zweite Gemeindepfarrer, seit wir in die Nähe des Dorfes gezogen waren. Der erste war jahrelang hier gewesen; ein großer und außerordentlich kurzsichtiger Mann mit einer weichen Stimme, der einen von unten herauf durch Brillengläser ansah, die so dick waren wie die Böden von zwei Flaschen.

In der Zeit kurz vor Ostern ist es Brauch, daß der Pfarrer in jedes Haus kommt, um die Mauern und die darin lebenden Tiere zu segnen. Ein guter Vorwand, um die im Lauf des Winters dort angesammelten Spinnen und Mäuse zu verjagen, die Teppiche auszuklopfen, die Kinder wegen des Zustands ihrer Spielzeugregale anzubrüllen usw. Als wir ankamen, waren wir Fremde in jeder Hinsicht, und wie immer erschien dieser würdige Herr; eine umfassende Neugier auf unsere Lebensweise erfüllte ihn mit frischem Mut und lieferte ihm die perfekte Entschuldigung, alles aus nächster Nähe zu inspizieren.

»Oh, so eine Menge Bücher«, sagte er, nachdem er unsere apathischen Engel in ihren Bettchen bewundert und jedes Zimmer geistesabwesend mit Weihwasser besprengt hatte. Er nahm irgendein Buch in die Hand. *The Erotic Drawings of Auguste Rodin.* »Ah«, sagte er. »Das ist Kunst!« Er nahm ein zweites. *Frescos from Pompei: The Secret Rooms of the Museo Nazionale in Naples.* Ahem!

»So ein Glück, daß die Bücher nicht in italienisch waren«, sagten wir, als er wieder abfuhr – als ob es bei den Illustrationen irgendetwas Nichtlesbares gebe.

Im folgenden Jahr schrubbten wir das Haus sorgfältig, weisselten die Wände, um den herbstlichen Rauch loszuwerden, und wir hatten in der Zwischenzeit von der Tradition erfahren, daß man ein Glas Vin Santo (von »Zante«, offenbar – hat jedenfalls nichts mit geweihtem Wein zu tun) anbietet, dazu einige trockene Kekse. Wir waren mit allem fertig und schauten angestrengt durchs Fenster, bis wir ihn auf seiner Vespa durch die Weingärten trudeln sahen. »Er kommt!« Das Priestergewand behinderte ihn beim Fahren, ein leichter Wind faßte den Spitzenbesatz seines sauberen österlichen Überrocks. Am oberen Ende des Fahrwegs bremste er, als habe er sich an etwas erinnert, hielt inne und sah zu uns hinüber. Wir winkten, doch so weit konnte er nicht sehen. Nachdenklich drehte er sein Gefährt um und fuhr wieder davon und ließ unsere Mauern ohne Segen.

Er starb im Jahr darauf in einem tragischen, spektakulären Unfall. Als er auf seiner Vespa um eine Ecke bog, fuhr er zwischen zwei große Ochsen und bemerkte nicht, daß der Pflug verkehrt herum zwischen ihnen hing.

Osvaldos Zögern, zum Haus zu kommen, war charakteristisch für ihn, hatte aber einen anderen Grund. »Ich segne Menschen, keine Mauern«, sagte er. Was soll es bringen, Mauern zu segnen? Also segnete er stattdessen uns. Doch es ist immer gefährlich, Wasser über die Zweifelnden zu spritzen.

Mitten in ihrer katholischen Phase gingen wir mit Saskia zu Osvaldo, um zu sehen, ob er nicht vielleicht ein Auge zudrücken und sie taufen konnte. Er schaute auf die lächelnde, damals gerade zahnlose Nymphe in langen Hosen und mit einem Schleier, die ein schwarzes Püppchen an sich drückte, das irgendwie als Jungfrau Maria hergerichtet war.

»Weißt du, Matteo«, sagte er taktvoll, »mein Gefühl dabei ist so: wenn ihr nicht in die Toskana, sondern nach Afrika gezogen wärt, würdet ihr jetzt mit ihr zum Medizinmann gehen – und das genauso gelassen, wie ihr sie jetzt hierher gebracht habt.«

Damit lag er nicht ganz falsch. Die ältere Tochter, die inzwischen an der Universität Anthropologie studiert, ist beleidigt, da sie mangels einer eigenen Religion nicht an den Riten der Yoruba teilnehmen kann. Offensichtlich muß man sich erst selbst so etwas zulegen, damit man später wechseln kann, und wenn man nicht schon eine Religion mitbringt, findet man keinen Anfang.

Als ich Osvaldo dies alles vor kurzem im Postamt erzählte, seufzte er leise und sagte: »Na, da bin ich froh, daß ich doch einiges richtig mache.«

San Giusto

❧ Vor drei Jahren kam Don Osvaldo in mein Atelier, um zu sehen, was ich machte. Er wirkte energisch und aufmerksam, rote Wangen, kräftiger Händedruck, ein Mann, der sich gut im Griff hatte.

Ich zeigte ihm meine Arbeiten. Wenn ich etwas erläutern mußte, hatte er eine Art still zu sein, die für sich genommen schon schmeichelte. Ich arbeitete gerade an einigen großen Bas-Reliefs in Holz, mit Figuren, die einander in einer knappen Bildsprache, fast ganz in der Fläche gehalten, umschlangen. Ihm schien es zu gefallen. Er sah sich alles ernsthaft und genau an, strich mit den Fingerspitzen leicht über das Holz. Dann bot er mir überraschend den Auftrag an, ein Kruzifix für eine Kirche in der Nähe zu machen, von der ich noch nie gehört hatte, sie hieß San Giusto in Salcio und lag an der alten Straße von Lecchi nach Radda.

Wir fuhren sofort los, an einem kühlen, sehr sonnigen Oktoberabend. Unterwegs erzählte mir Osvaldo, daß San Giusto ein alter Bau war, den man auf den Ruinen eines etruskischen Tempels an der Kreuzung von zwei wichtigen Straßen errichtet hatte. Das war genau das Richtige, damit ich mich für die Sache interessierte. Ich denke gern an meine Kollegen, die Etrusker.

Die Kirche war ein wunderschönes Gebäude aus dem elften Jahrhundert. Ich schämte mich, daß ich so lange schon in der Nähe wohnte und nie dorthin gegangen war. Eine freundliche Nonne lebte in dem gediegenen Wohnhaus nebenan. Sie kam aus dem Norden und sprach mit einem ungewohnten Singsang im Akzent. Es herrschte eine Atmosphäre völliger Ruhe.

Vor Aufregung konnte ich kaum sprechen. Ich ging nach draußen und schnitt von einer Krüppeleiche an einem Feldrand einen großen Stecken ab. Dann stieg ich in der Kirche auf den Altar und hielt den Stecken ganz hoch, damit ich das Maß für die geplante Skulptur nehmen konnte, Osvaldo und die Nonne standen unten und sahen mit ausdruckslosem Gesicht nach oben.

In dieser hieratischen Position überfiel mich plötzlich das Bedürfnis, meine eigenen Überzeugungen und ihre möglichen Auswirkungen auf die Skulptur darzulegen.

»Obwohl ich Christus als Menschen zutiefst bewundere«, sagte ich, »bin ich doch ganz unsicher über all das, was seine Verbindung mit Gott betrifft...«

Ein halber Satz, Einstieg in eine lange und schwierige Ansprache, und schon hoben sie ihre Hände, waren schockiert und brachten mich zum Schweigen.

»Vielleicht finde ich Ausdrucksmöglichkeiten für seine Menschlichkeit«, sagte ich. Ich fühlte mich ziemlich erschöpft.

»Ich möchte nur eines anmerken«, sagte die Nonne zaghaft, »daß ich hier jeden Tag drei oder vier Stunden arbeiten muß. (Sie meinte beten.) Es wäre mir sehr recht, wenn Sie nicht unbedingt Seine Leidensgeschichte allzusehr betonen würden, denn das könnte ein wenig deprimierend wirken.«

Ich fuhr ins Dorf zurück und fühlte mich durch diese Schlichtheit zerstört. Doch ich zog einige Bücher zu Rate und dachte über eine Möglichkeit nach, etwas Passendes zu gestalten, wenn sich eine Idee einstellen sollte. Gegen Ende des elften Jahrhunderts war es für einen Zeitraum von rund fünfzig Jahren Mode, Christus als den über den Kreuzestod Triumphierenden abzubilden. Das wäre für diese Kirche geeignet und käme auch den Vorstellungen der Nonne entgegen.

Ich fertigte einige Zeichnungen an, kaufte Holz und breitete es auf dem Asphalt vor Liberos Werkstatt aus, da nach übereinstimmender Meinung der Holzarbeiter des Dorfes sein Hobel »intelligenter« als der von Beppe war, wenn man große Bohlen zusammenfügen wollte. Ich schnitt eine gut zwei Meter hohe

Matrix oder Leerform, die Christusfigur war dabei als Semi-Bas-Relief angelegt. Eine verrückte Idee, doch im Halbdunkel der Kirche und mit starkem Unterschnitt ergäbe das den optischen Effekt einer Kohlezeichnung.

Dann nahm ich alles mit nach Hause, und arbeitete zwei Wochen lang daran, bevor ich in die Fänge der Zweifel geriet, die im Herzen jedes schöpferischen Abenteuers lauern. Manchmal kann man diesen Punkt durch Arbeit überstehen, manchmal muß man einfach alles eine Zeitlang liegen lassen. Ich ließ meinen Jesus in Ruhe.

Dann geschah etwas Schreckliches. Als Don Osvaldo eines nachmittags von Lecchi zurückfuhr, erlitt er eine Gehirnblutung und war gelähmt.

Man brachte ihn schnell ins Krankenhaus, und alles, was dann von dort nach und nach durchsickerte, hörte sich sehr schlecht an. Freunde und Gemeindemitglieder blieben diskret fern; dies alles ging nur seine engste Familie etwas an. Nach einer Woche sah es jedoch so aus, als ob er sich erholen könnte; ich fuhr daher los, um ihn zu besuchen, am *Consorzio Agrario* gleich hinter der Eisenbahn vorbei über eine nagelneue Straße, die für Geschwindigkeiten von zweihundert Stundenkilometern ausgelegt schien, zum Krankenhaus, das sich hinter einem günstig gelegenen Hügel versteckte.

Das Zimmer im fünften Stock war voller Menschen aus der Gemeinde. Osvaldo sah furchtbar aus. Er wirkte wie die Toten, deren Gesicht ganz anders wird als zu ihren Lebzeiten. Hände hoben sich, als ich das Zimmer betrat, die Dorfleute trugen dunkle Farben und wehrten mich ab, mit ihren steif gereckten Unterarmen glichen sie Menschen, die am Schlußakt eines Trauerspiels teilhaben, ihre Finger wiesen himmelwärts, die Münder offen, Ertrinkende. Ich war nicht in der Lage zu sprechen, betrat und verließ den Raum, ohne einmal stehenzubleiben, beugte mich draußen auf dem Gang zu Osvaldos Mutter, umarmte die zierliche Dame, die der Kummer zu einer Mumie erstarren ließ.

Als ich einige Tage später wiederkam, war Osvaldo schon wieder viel mehr er selbst und auch sehr ungehalten über seine weinenden Gemeindemitglieder. Sowie er mich sah, versuchte er, sich aufzusetzen, doch es war klar, daß er sich auf einer Seite nicht bewegen konnte. »Das Kreuz«, sagte er, »das Kreuz.« Eine Welle ansteckender Ängstlichkeit durchlief die Menge, die sich um sein Bett versammelt hatte. »Ich arbeite ständig daran«, sagte ich – was nicht stimmte. Doch da ich es nun einmal ausgesprochen hatte, mußte ich die Arbeit wieder aufnehmen.

In den folgenden Wochen wurde ich immer vertrauter mit dem neuen Krankenhaus, seiner vertikalen Ausrichtung, die so anders war als die des alten Hauses in der Stadt. Ein Café wäre eine nette Einrichtung gewesen, dazu einige Bäume, und noch dies und das, was die Atmosphäre einer richtigen Piazza ausmacht. Auf den Fluren war es ungemütlich, das neue Krankenhaus wirkte wie etwas zwischen einem Flughafen und einer futuristischen Stadt, eine Transithalle, in der Seelen abgefertigt werden. (Das alte Krankenhaus von Siena war eines der großen Bauwerke aus dem späten Mittelalter. Bis vor kurzem konnte man dort als Kranker auf einer rund 25 Meter langen Station liegen, deren Wände Fresken aus dem vierzehnten Jahrhundert mit Szenen aus der damaligen Pathologie zierten – eine kleine Gruppe von Ärzten in langen Gewändern starrte nachdenklich auf einen roten Bauern, dem ein Bein fehlte und der in einem Bett lag. Doch die Fresken waren staubig und die *Belle Arti* verweigerten jegliche Berührung der Wandmalereien; die Ärzte deuteten mit Fingern auf diese wunderbaren Werke und sagten, wie unhygienisch sie seien.)

Das Kreuz und Don Osvaldo, der dort in dem neuen Krankenhaus lag, dem hoch in den Himmel ragenden neu errichteten Gebäude, bestimmten in den nächsten beiden Monaten meinen Tagesablauf. Während der Priester langsam genas, sprach ich mit ihm, so gut ich es vermochte, über seine Krankheit.

Ich sagte, das Gehirn sei wie ein großer, leerer Palast mit

vielen Zimmern, manche davon kannte man, andere nicht. Trotz des wissenschaftlichen Fortschritts der vergangenen fünfzig Jahre wußten wir heute genausowenig über das Gehirn, wie die Europäer im Jahr 1520 über Amerika wußten. Die Metapher mit dem Palast und der Wildnis half Osvaldo, sich zu konzentrieren. Es gab andere Zimmer, die man öffnen konnte, erklärte ich, andere Pfade durch die unbekannten Wälder, andere Bereiche des Gehirns, die man wachrufen konnte, damit sie die verlorenen Teile ersetzten. Eine Hilfe wäre bestimmt auch die Gewohnheit, sich im Gebet zu sammeln. Unter derart grausamen Umständen stehen uns immer nur Worte zur Verfügung, und im Verlauf der Tage und Monate versuchte ich, immer möglichst erst dann wieder fortzugehen, wenn ich gesehen hatte, daß sich Osvaldos Gesichtsausdruck von Leere über finstere Hartnäckigkeit zu Mut veränderte.

Während ich in meinem Atelier an dem Holz arbeitete, machte ich mich in der Parallelwelt einer Phantasielandschaft heimisch. Ich war besessen von der Vorstellung eines Gebirgstales mit einem Bach und einem bestimmten Baum, den ein Bauer oder Herrgottschnitzer aus Süddeutschland geschlagen hatte – der Mann war ich. Ich beschwor die unnatürliche Isolation des Lebens am Rand eines Dorfes in einer erträumten Vergangenheit herauf, das Unverständnis aller bis auf den Pfarrer des Ortes. Die Sprache dieser Gegend ähnelte einem alten deutschen Dialekt, mit einem Klang wie ein riesiger Holzstoß, der ins Rollen kommt und dessen Stämme wie eine Lawine in einen Abgrund poltern.

Am Ende dieser Phantasiegeschichte brachte ich am Ostersonntag das fertige Kreuz in die Kirche von San Giusto und Don Osvaldo saß in seinem Rollstuhl, warf einen Blick darauf und stand auf, wie durch ein Wunder geheilt. Das erzählte ich ihm auch, als er sich am Abend vor seiner Entlassung aus dem Krankenhaus so ungeduldig, wie er es so oft war, im Bett hin und her warf. Als gebürtiger Toskaner war er skeptisch. Weit entfernt von einer wundersamen Heilung sagte er: »So wie es mir geht, wäre es sehr viel wahrscheinlicher, daß ich tot umfalle.«

Ich beendete mein Werk genau zu dem Zeitpunkt, als Don Osvaldo nach Hause durfte. Ich wollte das Kreuz unbedingt so schnell wie möglich nach San Giusto bringen, doch er schien zu zögern. Ostern kam heran und ging vorbei, dann *Mariassunta,* Mariä Himmelfahrt, ein Feiertag Mitte August. Im September gab es einen Tag, der mit »Errichtung des Kreuzes« bezeichnet wurde – doch der behutsame Osvaldo ließ auch diesen verstreichen. Er ging selten aus dem Haus und war völlig mit Physiotherapie und der Wiederherstellung seiner linken Seite ausgelastet.

Als es ihm besser ging, wurde im Gegenzug jetzt ich ungeduldig. An einem schönen Tag lud ich meinen Jesus in den Kombi und fuhr damit zu der Kirche, wo ich ihn zwischen schmuddeligen barocken Meßgewändern in der Sakristei abstellte.

Die Nonne, deren Hände ständig in einem Ausdruck von geistiger Sammlung vor ihrer Brust gefaltet zu sein schienen, sah ihn sich mit stiller Aufmerksamkeit an.

»Es ist sehr schön«, sagte sie schließlich. »Es ist unmöglich, daß jemand so etwas gestaltet, wenn Gott ihn nicht inspiriert. Aber«, fügte sie hinzu, »Sie haben Seine Wunde vergessen.«

»Die was? Oh, ja – Sie haben völlig recht.«

Ich malte die Wunde in Seine Seite, erinnerte mich ganz richtig daran, auf welcher Seite sie war. Schweigen, wie eine stille Betrachtung.

»Das ist nicht ganz richtig«, sprach sie mit sanfter Stimme. »Sie muß wie ein Lächeln wirken, ein Lächeln in Christi Seite.«

Einen Monat lang hörte ich nichts mehr über mein Kruzifix. Dann rief mich Osvaldo an und erzählte mir, daß sich etwas Unangenehmes ereignet hätte. Der *vicario* des Bischofs von Fiesole, der auf die Genehmigung von Kirchenausstattungen spezialisiert war, hatte es gesehen und fand es nicht passend.

Ich war überrascht und aufgebracht. Wenn Osvaldo mich gebeten hatte, ein Kreuz zu gestalten, was ging das dann den Bischof von Fiesole an? Osvaldo sagte etwas über die Grenzen der Diözese, über Flußbetten, das Vermächtnis der Gräfin Matilda aus dem Jahr 1036; er sprach mit dem Tonfall eines Menschen, der ein aus der Bahn geratenes Kind tröstet. Es würde nicht einfach sein, sagte er auch noch, die Meinung des Bischofs zu ändern, weil dadurch der *vicario* in eine schwierige Lage käme, doch da der Bischof im nächsten Monat höchstpersönlich kommen wollte, würde Osvaldo es versuchen.

»Andererseits«, setzte er noch nach, »könnten wir es zuerst immer auch bei den *Belle Arti* probieren.«

Dann folgte eine Phase fragwürdiger Intrigen, mit denen ich nichts zu tun hatte. Ich ärgerte mich genaugenommen über die Erfahrung, daß zwei Instanzen ihre Zustimmung geben mußten, damit dieses Ding seinen Platz über dem Altar einnehmen konnte, und war böse, weil man mir das nicht vorher gesagt hatte. Osvaldo rief mich ab und zu an und erzählte mir vom Stand der Angelegenheit, sagte, der *vicario* könnte vielleicht seine Meinung ändern oder der Bischof käme nicht oder die *Belle Arti* wären nicht abgeneigt oder sonst etwas – doch ich beschloß, daß mir das alles jetzt zuviel geworden war, und ich ja für diese Arbeit außerdem auch nicht bezahlt wurde. Und eines schönen Tages fuhr ich nach San Giusto, holte meinen Jesus aus der muffigen, alten Sakristei und stellte ihn so in der Kirche auf, daß alle ihn bewundern konnten: links vom Eingang, auf einem Stück von einem alten Altar, damit er ein wenig erhöht war, und auf seine Brust richtete ich einen Strahler von anämischer Wattzahl.

In eine Kirchenbank in der Nähe legte ich ein dickes Schreibheft mit einer Aufschrift in drei Sprachen, die alle Besucher aufforderte, ihre Meinung über das neue Kreuz hier festzuhalten und sich auch zu der Frage zu äußern, ob es würdig war, seinen Platz über dem Hochaltar einzunehmen.

Auch diese Tat war fehl am Platze. Viele Freunde fuhren zu der Kirche und schrieben, wie genial dieses Objekt ihrer Meinung nach war, doch viele Fremde äußerten ihr Entsetzen darüber, daß diese schöne Kirche durch ein derart miserables Kunstwerk entweiht werden sollte – schließlich war es modern, aus frischem Holz und die Meißelspuren ganz neu. Als ich diese Notizen in französisch, italienisch und deutsch las, konnte ich den warmen Atem eines gemeinschaftlichen europäischen Geistes in meinem Nacken spüren.

Weihnachten kam und ging vorbei, wieder eine Gelegenheit vertan. Dann rief mich Osvaldo an und sagte mir, daß jetzt ein anonymer Brief in Umlauf sei, in dem gegen die Anwesenheit meines Kreuzes in San Giusto protestiert wurde. Welche Aufregung! War es denn in den guten alten Zeiten immer so zugegangen, fragte ich meine Freunde bei den Kunsthistorikern hysterisch? Prompt kam die Antwort. Ja. Lies Vasari. Lies Condivi. Weißt du nicht, was Michelangelo über Raffael sagt? Als sie versucht haben, Geld von ihm wiederzubekommen, weil er das Grab des Julius nicht fertiggestellt hatte? Nein? Na, dann schau mal nach!

Der ganze Streit zwischen Papst Julius und mir entstand aus der Eifersucht von Bramante und Raffael von Urbino, und das war der Grund, warum ich das Grab (des Julius) nicht zu seinen Lebzeiten fertiggestellt habe. Sie wollten mich ruinieren. Raffael hat das absichtlich getan, da er alle Kunst, die er beherrscht, von mir hat.[1]

»Dreißig Jahre oder länger gab es Zank und Intrigen um das Julius-Grab – da kannst du dich noch glücklich schätzen, mein Lieber«, sagte der gescheite Historiker am anderen Ende der Leitung. »Und am Ende seines Lebens hat Michelangelo festgestellt, daß ihn das persönlich mehr Geld gekostet hat, als er je damit verdient hat.«

An einem nassen Februarmorgen des folgenden Jahres schlich ich hinunter und holte mein Kreuz zurück, wickelte es in Plastikfolie und fuhr nach Siena, um dort bei den *Belle Arti* um eine Ausfuhrerlaubnis nach London zu bitten.

Zu meinem übergroßen Vergnügen sahen sie es sich in ihrem Palazzo auf dem blank geputzten Gang mit den Fresken von fischschwänzigen Nymphen an und sagten: »Warum haben Sie das abgenommen? Die Darstellung des *Christus Triumphans* im Gegensatz zum *Christus Dolens* ist für eine Kirche aus dieser Zeit genau richtig. Um es ganz deutlich zu sagen: noch besser wäre es, wenn es eine farbige Arbeit wäre.«

Ich konnte nicht sprechen, ich war zu überrascht. »Ich – Sie – niemand hat mir gesagt, daß Sie es gut finden.« Sie lächelten darüber, daß ein unschuldiger Fremder die Dinge so direkt beim Namen nannte. »Natürlich finden wir es gut. Leider können wir das nicht öffentlich sagen. Wir müssen so lange warten, bis jemand anderer diesen Schritt zuerst tut. Und unter uns: dieser anonyme Brief war wirklich sehr ärgerlich.«

Also fuhr mein Jesus nach London und beteiligte sich an einer Ausstellung mit dem Titel »Moderne Künstler antworten auf die Herausforderung religiöser Kunst«. Ich hatte Glück: nicht viele moderne Künstler haben einen über zwei Meter hohen Christus aus Lindenholz bei der Hand. Andererseits war der Markt für einen über zwei Meter hohen Christus aus Lindenholz durchaus begrenzt, wie ich feststellte.

Als das Kreuz zurückkam, entschied ich mich für einen weiteren direkten Vorstoß. Eines Tages fuhr ich mit Stefano di Tosa, einem jungen Zimmermann, der wie ein Edler aus dem zwölften Jahrhundert nach seinem Wohnhaus genannt wurde, wieder zu der Kirche, und unter den wachsamen Blicken von Don Osvaldo und der Nonne hingen wir meinen Christus zweieinhalb Meter hoch über dem Altar an doppelten Ketten auf. Ich hatte einen schrecklichen Traum gehabt, in dem mein Kunstwerk an einem Sonntagmorgen Don Osvaldo auf den Kopf gefallen war, also verwendeten wir eine Kette, die einen Centurion-Panzer voller Soldaten und Munition ausgehalten hätte.

Hoch oben im Halbdunkel der steinernen Kirche, in einiger Entfernung von der Gemeinde, verliehen die tiefen Schatten den hölzernen Falten der Gewänder die erforderliche Weichheit. Jene Kenner, deren dumme Bemerkungen mein Heft gefüllt hatten, fragten, ob das eine neue Skulptur sei. Einige wenige Menschen, die ich flüchtig kannte, lächelten mir freundlich zu. Der Verfasser des anonymen Briefes, den man zu der Zeit bereits herausgefunden hatte, wurde von einer scheußlichen Gerichtssache verrückt gemacht, die er gegen ein ausgesprochen nettes Mädchen aus dem Dorf ins Laufen gebracht hatte. Schwester Isabella beschwerte sich, daß das Kreuz zu hoch hinge. Vielleicht werde ich eines Tages Stefanos Leben aufs Spiel setzen und es tiefer hängen. Sie sagt, daß sie einen steifen Hals beim Beten bekommt, wenn sie sich nicht auf Seine Füße konzentriert.

Vor diesem Hintergrund stiller Zustimmung fuhren Don Osvaldo und ich an einem feuchten Frühlingstag nach Florenz, um die Unterschrift des Bischofs von Fiesole und damit die Bestätigung zu erhalten, daß ein gewisser englischer Bildhauer sein Kruzifix über dem Hochaltar von San Giusto in Salcio aufhängen durfte, bis entweder er (der Bildhauer) oder sie (die Kirche) es wieder abzunehmen wünschten.

Als Don Osvaldo aus dem Haus seine Onkels kam, trug er einen Hut, den man hier *kolbacco* nennt, ein Gegenstand, der aus Rußland zu stammen scheint, in Wirklichkeit jedoch wie ein verunglückter Pudding aus dem dreizehnten Jahrhundert aussieht. Osvaldo bewegte sich unter Schwierigkeiten, kam jedoch ohne Hilfe zurecht, und er hatte ein hellblaues Auto mit Automatikschaltung, mit dem er jetzt auch wieder in seiner Gemeinde unterwegs sein konnte.

Es war eine wunderbare Fahrt. Junges Gras in den Weingärten, das bald untergepflügt werden sollte, verlieh den Hügelbändern Farbe, und die schwarzen Wälder erhielten gerade ihren ersten Schimmer Grün.

Wir nahmen Osvaldos Wagen, denn er meinte, daß sein Aufkleber als Behinderter uns die Zufahrt auf die abgesperrte *piazzetta* im Zentrum von Florenz ermöglichen würde, wo der Bischof zu finden wäre. Er erzählte den neuesten Klatsch, ich hörte kaum hin. Wir sprachen über die Gerichtssache dieses Mädchens aus dem Dorf, von der als Hauptproblem einige fehlende Belege übrigblieben. Eine dumme, ziemlich ekelhafte Angelegenheit, die die Vermutung nahelegte, daß unser anonymer Denunziant vielleicht nicht ganz richtig im Kopf war. Entweder das, oder aber er war einfach kein Toskaner.

Nach einer Weile begann es zu regnen.

Als wir uns den Außenbezirken von Florenz näherten, wurde Osvaldo zusehends nervöser – er sagte, daß ihn das Quietschen der Scheibenwischer irritierte. Der Verkehr machte ihn ein wenig bang. Wie ein unterwürfiger Meßdiener schlug ich ihm jedesmal, wenn er zögerte, vor, rechts oder links zu fahren.

In Florenz nahmen wir dann die Panoramastraße an San Miniato vorbei und überquerten auch den Fluß. Vor der Biblioteca Nazionale fragten wir einen nassen und gereizten Verkehrspolizisten. Aufgeregt kramte Osvaldo nach seiner roten Karte mit dem in Schwarz aufgedruckten Rollstuhl. Wir landeten schließlich nicht weit vom Dom in einem Hof mit einem grauen Portico und Kiesboden, zwischen zwei großen Wägen mit kirchlichen Aufklebern auf der Windschutzscheibe.

Einen Augenblick lang sahen wir nur die glatten, hellen Mauern des einfallslos restaurierten Renaissancegebäudes, das irgendetwas zwischen einer Schule und einem Krankenhaus zu sein schien. Dann kamen einige Kirchenmänner aus dem Haus, alle grüßten Osvaldo voller Zuneigung und Vertrautheit, während er über den Kies unter das Portal torkelte.

Die dunkle Innentreppe bereitete ihm Mühe, sein linker

Schuh war auf der Oberseite abgerieben, dort, wo er viele Male vorher an Treppenstufen gestoßen war.

Das obere Stockwerk strahlte Sauberkeit und Frische aus. Die Zimmer gingen ineinander über; eine Folge kleinerer Räume wurde zu einem großen Korridor. Menschen in Grau kamen und gingen, sie trugen Dokumente, waren nicht in Eile, aber geschäftig. Sie ließen Osvaldo vorbei.

Aus einer kleinen Gruppe, die auf den Bischof wartete, kam eine lebhafte Frau, die ein adrettes Mädchen, die typische Nichte, begleitete. Fünf Minuten lang redete sie Osvaldo ein Loch in den Bauch, zu meiner Überraschung sprach sie über den Dorfklatsch. Dann wurden wir vom Sekretär des Bischofs hereingebeten und in ein Büro mit Arbeitsunterlagen, einem Fotokopiergerät und einem großen Safe mit goldenen Engeln auf der Tür geführt.

Der Sekretär verfügte über zwei Varianten seines Gesichtsausdrucks: freundlich und offen bei der Begrüßung, verschlossen und vertieft, als er mein Dokument las. Zwei Jahre zuvor, noch bevor sich herausstellte, daß mein Kruzifix einmal zurückgewiesen werden könnte, hatte ich mit viel Mühe etwas sehr Offizielles verfaßt. Der Sekretär las es sich eine Minute lang durch und fragte dann: »Kann sich San Giusto die Versicherung leisten?« Ich beeilte mich zu sagen, daß ich auf diese Klausel verzichten wollte, doch er lächelte und sagte: »Das ist wohl kaum in Ihrem Interesse.« Ich schwieg verdutzt.

An diesem Punkt zog Osvaldo einen Packen anderer Dokumente hervor, die unterschrieben und fotokopiert werden mußten, danach brachte uns der Sekretär zum Bischof.

Die Dame-mit-Nichte war bereits bei ihrem Gespräch und wir hörten ihr Geschnatter durch eine schummerige Kristallglastür. Der Vorraum war fast leer, Lehnstühle standen an der Wand, ein einziger Druck in einem Mahagonirahmen hing sehr hoch, ein Büschel Olivenzweige steckte oben am Rahmen. Ein altmodischer junger Mann mit einem ordentlichen, gewachsten

Schnurrbart war auch da, er ging auf den Flur, um dort zu rauchen. Osvaldo kommentierte ständig, was die Dame-mit-Nichte sagte und meinte, er hätte auch gern eine Zigarette, rauchte jedoch nur noch bei sich zu Hause.

Der Bischof war etwas abgehetzt, als er kam – ein großer Mann, genervt von den trivialen Geschichten, die er kurz zuvor gehört hatte, sehr blaß, mit Brille und kräftig braunen Haaren. Wir betraten sein kleines dunkles Arbeitszimmer. Ich war überrascht, daß er vergleichsweise recht jung war. Wie sein Sekretär konnte auch er sich völlig in das vertiefen, was er gerade las, tauchte von Zeit zu Zeit daraus auf, um von Don Osvaldo alle Neuigkeiten zu erfahren. Er wollte wissen, wo ich herkam, wo ich hingehörte. Es stellte sich heraus, daß die Grenze der Diözese rund hundert Meter von unserem Haus entfernt war, so daß ich eigentlich zu Arezzo und nicht zu Fiesole gehörte, etwas, das ihn sehr amüsierte.

Ich war froh über mein seriöses Dokument voller Floskeln mit »ehedem« und »wohingegen«. Schließlich rief er seinen Sekretär an, fragte, ob er unterzeichnen könnte, erhielt eine formelle Zustimmung des Verwahrers der Dokumente, und ließ sein Siegel kommen. Dann entschuldigte er sich und telefonierte mit einem Abt. Dazu setzte er sich ganz aufrecht hin, um seiner Stimme mehr Gewicht zu verleihen, wie es der gegenseitige Respekt unter seinesgleichen erfordert. Das Siegel kam. Ich war enttäuscht, daß es nur eine Art Gummistempel war und sagte das zu Osvaldo. Der Bischof lächelte und sagte, daß er nie das Renaissancesiegel aus vergoldeter Brönze aus Fiesole bringen ließ, das zwar viel schöner, aber auch wesentlich schwerer war. »Entschuldigen Sie, Abt«, sprach er ins Telefon. »Ich habe nicht Sie gemeint.«

Danach gingen Osvaldo und ich in einigen netten kleinen, um den Hof verstreuten Geschäften einkaufen. Er brauchte Hostien, und als die Dame sie einpackte, versuchte er unter Schwierigkeiten, auf seiner gelähmten Seite sein Portemonnaie aus der Tasche zu holen. Ich bremste ihn und zahlte sie, dachte mir dabei, daß dies vielleicht ganz nützlich war für den Fall, daß es tatsächlich ein Jenseits geben sollte.

In einer Bar um die Ecke tranken wir einen Kaffee und ich rauchte eine Zigarette; amerikanische Touristen studierten dort den Inhalt des Glaskastens mit den Sandwiches mit einer Sorgfalt, die antiker Juwelen würdig gewesen wäre. Osvaldo setzte sich und ignorierte die knapp sechzig Zentimeter von seinem Gesicht entfernten Frauenbeine in Leopardenstrümpfen. Er aß eine Pizza. Wir tranken Kaffee.

Osvaldo wollte eigentlich nach Hause, doch ich bestand darauf, die Straße hinauf zum *Museo dell' Opera del Duomo* zu gehen. Er stellte mir vorsichtige Fragen, fast wie ein Bauer. Hatten wir weit zu gehen? Waren dort Treppen? Was gab es dort zu besichtigen? Michelangelo, sagte ich, und Luca Della Robbia und Donatello. Ich war schockiert darüber, daß er nichts von Florenz kannte, noch nie in den Uffizien gewesen war.

Eine lockere Menschenmenge behinderte unseren Weg durch die Straße, die Wolken hingen tief zwischen den Dächern.

Seine absolute Scheu ließ ihn ganz ruhig werden im unteren Raum des Museums, wo Donatellos *Moses* geradezu wie ein Bas-Relief wirkte, bis auf die nervöse Weichheit dieser intellektuellen Hände und den tiefen Unterschnitt des faltigen Gewands. Ich begann, etwas über Form und Licht zu erklären, über die Härte des Steins, die weichen Schatten. Leise fragte Osvaldo, wen die Statue darstellte. Moses, sagte ich.

»Ah«, murmelte er. »Moses.« Und er betrachtete einen Moment lang den bearbeiteten Stein; dann ging er still hinüber zu Donatellos *Magdalena*. Er begann, über sie zu sprechen, sehr ruhig, fast mehr zu sich selbst: über sie als Person, wie man ihr Leben postum mit verschiedenen Legenden verbunden hatte. In einem Wort: wie unfair Donatello ihr gegenüber gewesen war.

Im oberen Saal bewegte sich Osvaldo steif, ob deshalb, weil er Schmerzen hatte oder weil er seine volle Aufmerksamkeit diesen Werken schenkte, kann ich nicht sagen. Die Statuen um ihn wirkten jedoch alle belebt, schienen sich zu bewegen, zu atmen, zu lachen. Der Marmorfries *Cantoria* von Della Robbia, auf Bodenhöhe stehend, strahlte die ganze Frivolität eines Schulausflugs aus, die geschäftigen kleinen Intrigen, die alle anderen ganz und gar ausschließen – die Lehrer, die Schäfer, uns.

Ich trottete Osvaldo von Werk zu Werk hinterher, bis in den Saal, wo die Paneele von Giottos Turm die verschiedenen Tätigkeiten und Tage im fünfzehnten Jahrhundert beschreiben und uns wissen lassen, daß ihre Epoche, die Epoche des *Moses*, und unsere ein und dieselbe sind. Osvaldo benannte jede Figur und sagte mir, welchen Platz sie in der echten Erzählung über diese Welt einnahm. Was er sah, beschrieb er auf eine Weise, als ob es Stein gewordene Fragmente des Lebens wären.

Schließlich wandten wir uns nach links, bewegten uns langsam, da auch die anderen Besucher sich langsam bewegten, wie Fische.

Michelangelos *Kreuzabnahme* ist auf halbem Weg in einem dunklen Treppenhaus plaziert. Als wir davor standen, erzählte ich Osvaldo, wie der Meister hier seine Geduld mit dem Stein verloren, den Ellbogen angeschlagen und den linken Fuß weggeworfen hatte; wie der Engel auf der linken Seite von einem Schüler fertiggestellt wurde. Über diese gewalttätige Ungeduld als einer Qualität von Michelangelo, gepaart mit einem Gespür für Weichheit, die Weichheit der Haut.

»Wer ist der Mann dort oben?« fragte Osvaldo.

»Joseph von Arimathea«, sagte ich, »obwohl man auch behauptet, es sei ein Selbstporträt.«

Ich bestand darauf, um die Skulptur herumzugehen – Osvaldo hielt sich dabei am Geländer fest –, weil ich die außerordentliche Rückseite sehen wollte, dieses nicht vollendete Fragment eines Berges, in dem jedes Gefühl für Maß und Alter zerstört ist. Es hat zwar eine Form, doch ist das die Form, die in den riesigen

Marmorblöcken enthalten ist, die noch im Steinbruch liegen. Nur die Hand des Engels zwischen den Falten, ungeduldig mit einem Meißel skizziert und in ihrem Gepräge seinen gewischten Kohlezeichnungen so ähnlich, bringt ein menschliches Maß fast bis an die Oberfläche – nur fast, nicht ganz, als ob sich das, was man sieht, unter einer unruhigen Wasserfläche abspielt.

Doch Osvaldo interessierte sich nicht für diese Idee einer Berglandschaft. Die übergroße Nähe zu diesem Michelangelo entmenschlichte ihn in seinen Augen, verwandelte ihn in das Felsstück zurück, als das er aus der Natur gekommen war. Für Osvaldo stellte der menschliche Kern das interessante Element dar. Er schlurfte zurück zur Vorderseite, um den Michelangelo direkt von vorne anzuschauen, während ich auf der dunklen Seite des Berges murmelte und grübelte.

Immer wieder regnete es auf der Heimfahrt. Ich döste vor mich hin, mein Sicherheitsgurt verhinderte, daß ich zur Seite rutschte.

Osvaldo fuhr gut und schien sich über die Unterschriften, Fotokopien und Bescheinigungen, die er an diesem Morgen erhalten hatte, zu freuen. Er erzählte mir, wie die geschwätzige Dame-mit-Nichte in die Landschaft unserer Gegend paßte und schilderte sein Leben im Seminar vor vielen Jahren, wo er erlebt hatte, wie der zukünftige Bischof seine erste Messe las. Über die Skulptur sagte er nichts.

Der warme Boden im Val di Pesa dampfte leicht, die Gebäude der Ziegeleien berühren sich dort fast. Dann fuhren wir nach Panzano hinauf und wieder begann es zu regnen, gerade so viel, daß der Asphalt schimmerte. Jetzt, auf dem Heimweg, machten die Scheibenwischer nicht so viel Lärm.

Handwerker

✿ Massimo arbeitet unten an der Arbia in der Sägemühle und hat samstags Zeit, für wunderliche Ausländer wie mich zu arbeiten, also half er mir, die Körper aus dem Laderaum des Autos zu tragen und in die Sägemaschine zu heben, dann schnitt er sie phlegmatisch der Länge nach in der Mitte durch. Erst die Zehen, dann Knie, Schritt, je eine Brust zu beiden Seiten des kreischenden Sägeblatts, oben wieder hinaus durch die wirre Masse der Haare.

Mit den Haaren habe ich es. Je mehr, desto besser, sogar wenn sie aus Holz sind.

»Was willst du mit all diesen Frauen?«

»Oh, die leisten mir Gesellschaft«, sagte ich.

Dann fragte ich ihn nach dem Preis. Er lächelte durch seine schwarzen unrasierten Stoppeln und sagte, daß es ihm Spaß machte, Damen zu zersägen, also sollte ich das entscheiden. Er bedankte sich mit einer leicht ironischen Verbeugung, als ich ihm einige Scheine gab, daher war ich unsicher, ob ich ihm zu viel oder zu wenig gegeben hatte.

Die Technik ist einfach. Zuerst muß man im Wald eine Pappel finden, je größer, desto besser. Fällen und in zwei Meter lange Segmente sägen. Im Sommer zischt der sterbende Baum wie ein Wasserkessel, ein eigenartiges und verwirrendes Geräusch. Dann bringt man die Stücke an einen ebenen Ort und stellt sie auf. Rinde abschälen. Schauen, überlegen, schnitzen.

Vielleicht hat man ein oder zwei Monate Zeit, bis der feuchte Stamm zu trocknen beginnt. Das aktive äußere Holz, von hellerer Farbe und schneller trocknend, drückt gegen das feste Kernholz im Zentrum, dadurch entstehen sichtbare Risse. Bevor dies geschieht, muß man die liebliche Dame der Länge nach durchschneiden, sie zu zwei bizarren Kanus aushöhlen und abwarten, bis sie trocken ist. Nach sechs Monaten wird sie wieder zusammengeleimt und man beginnt von neuem, daran zu arbeiten, jetzt mit einer anderen Stimmung, denn das Holz ist dann hart und die Figur klappert beim Arbeiten wie eine hölzerne Glocke.

Der Moment, wenn die Statuen wieder geleimt werden, findet oben im Dorf bei Libero statt. Ich bin ein Bewunderer von Libero. Unter all den Jungen, die ich über die Jahre habe aufwachsen sehen, ist sein Lebensweg der klarste und engagierteste. Er hat zwei quicklebendige Kinder und eine Frau, die in der örtlichen Gesundheitsstation arbeitet, seine ungemütliche Werkstatt steht voller geliebter Maschinen.

Ich mag Handwerker, verbringe viel Zeit mit ihnen; manche sind große Könner, andere einfach Enthusiasten. Mein Ideal ist ein ruhiger Mann mit fast rituellen Gewohnheiten, der das erarbeitet, was er zum Leben braucht und dann in der Werkstatt hantiert und über neuen Formen brütet. Manchmal macht er sie dann; manchmal erzählt er dir in einer Weise von ihnen, als ob sie weit weg und doch vertraut wären, und er sie vielleicht eines Tages tatsächlich baut.

Werkstätten, dieses männliche Ambiente, haben eine besondere Behaglichkeit, die dem geschrubbten und geputzten Haushalt im Hintergrund gelegentlich fehlen kann. Kalender mit nackten Mädchen beherrschen das Innere der Werkzeugschränke oder vollgestellte Ecken, wo vermutlich als einzige die Handwerker selbst hinschauen: sonderbare Musen in der Maschinenwelt der Industrie. Da ist die, die mit ihren Beinmuskeln einen Feuerlöscher zu erdrosseln versucht, und die, die rittlings auf einer Sprühdose mit mehreren Düsen sitzt, und dann noch die, die aus einem Gummireifen steigt und triumphierend einen Schraubenschlüssel in die Höhe hält. Welch verdrehte Geschichten müssen hinter diesen komischen Zuordnungen stecken! Doch sie haben eine seltsam entspannende Wirkung, lassen sie einen doch gegenüber simplen Radkappen einfach etwas mehr

Wärme empfinden. Das japanische Mädchen mit der Kreissäge bei Mauro, dem Schmied, hat künstlich gerundete Augen und eine kleine Blinddarmnarbe, darin zeigt sich der kulturelle Einfluß des Westens.

Wenn die Oliven eingebracht sind und im Winter vor Weihnachten niedrige Wolken wie Flecken von Kordsamt am Himmel hängen, und ab und zu dicke Schneeflocken durch die Luft tanzen und sich auf den Rücken der Katzen niederlassen, alle rundlich vom Winterfett, dann schnappe ich meinen Mantel und mache mich aus dem Staub; als Entschuldigung gebe ich vor, ein wichtiges Möbelstück fertig machen zu müssen, das keine Minute Aufschub duldet. Zu Hause werden die Ringe, an denen im Sommer die Moskitonetze hängen, abgenommen und mit Zweigen von dem dichtgewachsenen Lorbeerbaum aus dem rückwärtigen Garten geschmückt, und auf dem Kaminsims liegen Äste, die von den jungen Pinien geschnitten wurden. Ein guter Moment, um das Chaos des Familienlebens hinter sich zu lassen, die ganzen Bänder und die zarten Lichter aus winzigen, unersetzlichen Glühbirnen.

Libero verfügt über diese Kardinaltugend von Handwerkern: Eigensinn. Als ich das letzte Mal dort war, fand ich ganz oben an der staubigen Wand eine neue Schablone, die er selbst von einem Tischbein im Bargello-Museum abgenommen hatte – auf dem Boden kniend, Karton und stumpfen Bleistift in der Hand, als der Aufseher ihm gerade mal den Rücken zugekehrt hatte. Diese Lernbegierde hat mich berührt. Ein erstklassiger Restaurator aus Florenz würde nie eine Schablone verwenden. Einmal genau hinsehen, ein Blick von der Seite, das würde reichen.

Vor vielen Jahren ging ich einmal mit einem jungen Künstler über den Ponte Santa Trinità in Florenz. Er fragte mich, ob ich wüßte, wer den *palazzo* gebaut hatte, auf den wir zugingen. Ich nannte aufs Geratewohl einen Namen. Ja, sagte er. Doch der starb, bevor die Arbeit beendet war. Wer hat daran weitergearbeitet? Ich wußte es nicht. Und wer hat die Fenster entworfen? Und woher kommt diese besondere Facette? Und wie heißt das Werkzeug, mit dem sie gemacht wurde? Ich konnte nicht antworten.

»Ah«, sagte er mit einem theatralischen Seufzen, »Sie könnten sich gar nicht vorstellen, wieviel Genius in dieser Stadt schon am Werk war.«

Ich fühlte mich an den Alptraum erinnert, der de Chirico in seiner Zeit in Florenz heimsuchte, als er meinte, vom über ihn hereinbrechenden Gewicht eines riesigen klassischen Kopfes erstickt zu werden. Doch es war ungewöhnlich, auf einen dermaßen kenntnisreichen Handwerker zu stoßen, und tatsächlich erfuhr ich bald darauf, daß er es aufgegeben hatte, Möbel zu restaurieren und sich dem wesentlich einträglicheren Geschäft der Herstellung von Bilderrahmen zugewandt hatte.

Der gewöhnliche toskanische Handwerker ist gefeit vor Selbstbeobachtung und Ehrgeiz. Sein Wissen ist absolut, und zur selben Zeit auch verborgen. In einem gewissen Sinn könnte es auch gar nicht vorhanden sein. Wenn beispielsweise eine Koryphäe von Professor schreibt, daß Michelangelo ein bestimmtes Werkzeug benutzte, um eine bestimmte Skulptur fertigzustellen, in der er sich mit einem bestimmten Problem auseinandersetzte, so reiht sich diese Aussage in die Gesamtsicht von Michelangelo als Bildhauer ein. Ein Steinmetz aus Carrara, der vermutlich unendlich viel mehr über die Arbeit am Stein weiß, würde niemals auch nur einen Gedanken an Michelangelos Technik verschwenden – er würde sich überhaupt nicht weiter damit befassen, sondern vielleicht nur sagen, daß dieses oder jenes Stück wunderschön ist.

Nein, sogar das ist falsch. Er würde höflich beipflichten, wenn man ihm bedeutete, daß diese oder jene Arbeit wunderschön sei, aber er würde in seiner Zustimmung »E'!« sagen (ein hoher Vokal, die Betonung wird nach oben gezogen), und damit sagt er, daß wir, mal ganz ehrlich, doch wohl nicht darüber zu reden brauchen, ob Michelangelo nun ein guter Bildhauer war oder nicht.

Im letzten Jahr bauten Libero und ich einen reich verzierten Schrank, für den wir Bretter aus Zypressenholz verwendeten, das zu viele Knoten hatte und daher nicht zum Schnitzen taugte. (Der fertige Schrank hat wirklich etwas Pockennarbiges, wenn das bei einem Möbelstück überhaupt möglich ist.)

Als wir das zweite Brett durchschnitten, gab die Säge in der Mitte einen dünnen, hohen Quietscher von sich, so ähnlich wie ein Vogelschrei. Der Phönix des Gußeisens ruft seinen Gefährten. Libero klatschte einmal scharf in die Hände und rief zur Decke hinauf: »*Budella di Pio Nonaccio*«, was man übersetzen könnte mit: »Beim Gedärm des schrecklichen alten Pius dem Neunten.« (Ein datierbarer Fluch, denn Pius der Neunte war der Papst, der nichts unversucht gelassen hat, um die Einheit Italiens zu verhindern.) Als die beiden Teile des Brettes zu Boden fielen, lag in der Mitte der gezackte Flügel eines Schrapnells, Erinnerungsstück an die Wochen, als im Sommer 1944 die Alliierte Front hier durchzog und sich ihren Weg von Hügel zu Hügel freischoß.

Libero kennt seine Geräte in- und auswendig, sogar noch die verschiedenen Sägeblätter der alten Bandsäge. Natürlich müssen die scharf sein, doch sie müssen sich auch selbst ihren Weg bahnen, eine *strada* (Straße) ziehen können, während sie sich durch das feste Holz fressen. Der Schaden, den das Schrapnellstück angerichtet hatte, bewog ihn zu einer faszinierenden Rede über einen neuen Experten für das Schärfen von Klingen, den er in Siena aufgetan hatte und der eine wirklich hervorragende Balance von *strada* und Klingenschärfe erreichte. Über die persönlichen Eigenschaften von Maschinen wird im Dorf heute so debattiert wie vor hundert Jahren vielleicht über Zugochsen.

Die Werkzeuge aus früheren Zeiten säuberlich poliert an einer Wand aufgehängt zu sehen ist schrecklich – wie wilde Tiere im Museum, ausgestopft und mit Glasaugen.

In unserer Partnerschaft bin ich derjenige, der entwirft und Anweisungen gibt, Libero schneidet und führt aus – bis zu genau dem Moment, wenn meine künstlerische Improvisationsgabe auf ein Problem trifft, das nur durch seine – *hey, presto!* – bemerkenswerte Erfahrung gelöst werden kann. Bis dahin döst er. Bei dem Schrank beging ich den entscheidenden Fehler, die Verzierung zuzuschneiden, bevor ich herausgearbeitet hatte, wie die Seiten miteinander verbunden werden sollten. Plötzlich blinzelte er und wachte auf. Im Profil betrachtet sah die Seite jetzt wie eine Treppe aus, von der ein oder zwei Stufen rücksichtslos durchgekaut worden waren. Liberos Augen schlossen sich, sein Bärtchen fiel schlaff herab.

Er schien weit fort zu sein, wie ein Hunne, der sich bedauernd an eine Einzelheit aus den Beutezügen des letzten Jahres erinnert. Langanhaltende Stille, ich sah mich derweilen in dem kleinen Laden um, war jetzt an der Reihe, gelangweilt zu sein. Staubige Schablonen voller Fliegendreck hingen neben staubigen Titten voller Fliegendreck. Schließlich nahm er einen Kegelfräser, der auf eine Maschine mit Winkeln montiert werden mußte und Räder hatte, die das Holz an die scharfen Zähne eines runden Hohlmeißels führten. Unglaubliches Drama, bis das Ding endlich funktionierte. Heraus kam ein brilliant geschnittes Stück Holz, die beiden Seiten paßten perfekt ineinander, ohne daß meine Verzierungen angerührt wurden. Ich behielt noch einige Monate lang ein Stück Abfall, als Beispiel für dreidimensionale Vorstellungskraft; niemand außer mir – der ich Zeuge gewesen war – konnte es entsprechend würdigen.

Bei jedem meiner Besuche dränge ich Libero, etwas Geld für Sicherheitsvorkehrungen auszugeben, wie beispielsweise eine Absauganlage, um die durch und durch staubige Luft zu reinigen. Er wechselt dann vergnügt das Thema, Bärtchen lebhaft bewegt, Augen strahlend zwinkernd, belustigt über meinen verrückten Humor. Das Exempel von Aldo aus dem nächsten Dorf scheint nichts zu fruchten. Aldo hat jahrelang in einer

Klitsche wie der von Libero gearbeitet und ist jetzt an Nasen-krebs erkrankt, eine schreckliche Geschichte. Libero zuckt die Achseln. Aber auch Aldo selbst scheint die Tatsache, sechs Monate beim Tod auf der Schippe zu sitzen, als Teil seines Berufes anzusehen. Als ich ihn das letztemal traf, rauchte er immer noch Zigaretten – »als Herausforderung für mich«, sagte er. Das verstand ich nicht. »Oh doch, denk mal scharf darüber nach, denn ich habe es auch nicht gleich verstanden. Und wenn du mit dem Denken fertig bist,« sagte er lachend, »erzähl' mir, was dabei herausgekommen ist.«

Jede Maschine lebt in einem Heiligenschein aus latenter Böswilligkeit. Libero besitzt einen mechanischen Hobel, der aus einem mit Klingen bestückten Zylinder besteht und sich mit hoher Geschwindigkeit dreht. Wenn er in Betrieb ist, kreischt er, doch hat man ihn ausgeschaltet, wird er still, obwohl er sich noch zwei Minuten lang weiterdreht. Ich befürchte, daß ich eines Tages auf diesem Monster sitzen werde, nachdem es ausgeschaltet wurde, sich jedoch noch bewegt, und meine Pobacken in mundgerechten *prosciutto crudo* geschnitten wer-den. Und der tanzende Derwisch, der die Zapfen für meinen Schrank geschnitten hat, weigert sich häufig, das auszuführen, was man von ihm verlangt. Wenn das passiert, nimmt man seinen Hut und geht in die Bar, um einen Espresso zu trinken. Es ist gefährlich, mit einer Fräsmaschine irgendwelche Risiken einzugehen.

Giovanni aus dem Dorf arbeitete gewöhnlich mit einer Ma-schine, die Metallteile für das Innere von Waschmaschinen ausstanzte. Die entscheidende Feststellschraube, die dieses Ding justierte, lag hinter einem sich langsam bewegenden, sehr großen, sehr scharfen Schwungrad. Natürlich sollte man die Maschine eigentlich abschalten, wenn man an der Schraube herumfummelte, doch Giovanni schob einfach immer seine Hand zwischen den Speichen des Rades hinein und wieder raus, bis es eines Tages einen Finger erwischte und quetschte. Er lehnte das Angebot der Firma auf Entschädigung ab. Seinen Finger hielt er in die Höhe, sah ihn sich kopfschüttelnd an, als ob er verdientermaßen bestraft worden wäre. Das Ereignis und der Schaden mußten immer wieder durchlebt werden, bis alles in sein Selbstbild Eingang gefunden hatte. Wenn er wieder stolz auf sich als ein meisterlicher Handwerker sein wollte, dann mußte er auf jeden Fall die persönliche Verantwortung für das übernehmen, was geschehen war.

Alle Handwerker stehen in Konkurrenz zu Maschinen, auch wenn sie sie selbst benutzen. Wenn ihre Preise zu hoch werden, wird der Kunde das nicht so schöne maschinell hergestellte Objekt vorziehen. In Italien erscheint der Unterschied zwischen diesen beiden Preisgruppen klein. Ein italienischer Keramiker kann vielleicht ein Drittel mehr für eine handgearbeitete Vase verlangen als für ihr mit Maschinen produziertes Gegenstück. In Deutschland wäre es das Zwei-, vielleicht auch das Dreifache, in Japan das Zehnfache.

Und während die einfacheren Kunsthandwerker durch die Konkurrenz der Maschinen davon abgehalten werden, höhere Preise zu verlangen, werden die Meister durch das Beispiel ihrer bescheideneren Kollegen gebremst. Vielleicht existiert keine strikte Trennungslinie zwischen ihnen. Alles zusammen gibt italienischen Handwerkern eine behutsame Bescheidenheit, die auf ihre Art eine anziehende und sogar bewundernswerte Eigenschaft darstellt. Du sprichst von Geschicklichkeit, sie sprechen über Holz. Du sprichst über Kunst, sie sprechen über Ton.

Vor drei Jahren erzählte mir ein Kunsthändler aus Florenz, daß sich irgendwann in den frühen achtziger Jahren die Direktoren einiger führender Antiquitätenhäuser – unter ihnen Wartski, Grauss Antiques und S. J. Philipps aus der Londoner Bond Street – trafen, um über die plötzliche Flut nachgemachter italienischer Kameen auf dem Londoner Markt zu sprechen. Ich stellte mir das bildlich vor: Tisch mit grünem Boi-Überzug, die manikürte Hand, die nach der Karaffe aus Kristallglas greift. Das gewisse Gestammel der upper-class, das schlagfertige Hin und Her in geheimnisvollem Fachjargon über die Techniken, vielleicht liegt auch eine Europakarte da, auf der rote Linien gezogen sind. Als Ergebnis kam heraus, daß irgendwo in Florenz ein Kunsthandwerker Kameen produzierte, die abgenutzte viktorianische Schnupftabakdöschen auf das Fünffache ihres Wertes steigen ließen, wenn man sie auf dem Deckel montierte.

Zufällig lernten Maro und ich an einem verregneten Nachmittag dieses Genie in einem kleinen Laden in der Nähe der Masaccios kennen. Eine klassische Florentiner Werkstatt, mit verstaubten Waren im langweiligen Schaufenster eines tiefen, aber schmalen Gebäudeteiles und einer Tür, die unseren Versuch, einzutreten, abschmetterte. Schließlich kam er und öffnete uns, der ungewürdigte Meister, knurrte, weil wir ihn gestört hatten, wollte uns unbedingt davon abbringen, seine Waren anzuschauen.

Hinter einem alten Fahrrad sahen mir die Augen von Michelangelos *David* falkengleich ins Gesicht, aus einem Gipsabguß, der täuschend echt wirkte – so tief und genau, so präzise war die Einbuchtung der Augen geschnitten. Stapelweise standen direkt dahinter Formen für die Verkleinerungsmaschine, die Modeln waren offensichtlich aus der viktorinaischen Zeit, doch die verkleinerten Versionen aus Lapislazuli sahen älter aus. Der mit Preßmarmor gefliese Boden hatte eine bronzefarbene Patina aus Dreck angenommen. An den Wänden rosteten Metallformen für Spiegel vor sich hin, der Staub lag zu kleinen Haufen getürmt auf ihnen wie die Eisenspäne an einem Magneten. Zwischen den Maschinen standen dicht an dicht Werkbänke, Unmengen ausrangierte Perlmutt- und Lapislazulistücke, darunter auch schwarzer belgischer Marmor, dessen Staub fälschlicherweise für giftig gehalten wird.

Er bezog die klassische Haltung eines Florentiner Kunsthandwerkers: Ablehnung von Anfang an. Wie seine Arbeit von den Ignoranten geringgeschätzt, von Regierung und staatlichen Sozialstellen übergangen wurde. Die rituelle Klage des mißachteten Handwerkers, aus der er sich zu der besonderen Freude herabließ, uns zu erzählen, daß er der letzte seiner Art war. Daß seine Tochter einen netten kleinen Laden mit zwei Fotokopierern und einem Faxgerät hätte und von Kameen nichts wissen wollte. Immerhin, sagte er mit grimmiger Fröhlichkeit, hat sie letzten Monat schöne Flitterwochen in Texas verbracht und die Kameen haben sie ihr finanziert.

Was konnte er anderes tun als weitermachen, trotz seines Alters, oder? Es stimmte schon, die Deutschen waren inzwischen eine neue Konkurrenz, doch sie konnten nur mit gegossenem Stein arbeiten. Billiges Zeug, doch manches davon sah hübsch aus. Nicht zu unterschätzen. Ihre gegossenen Korallen waren beispielsweise sehr schön. Und doch nicht echt. Glücklicherweise hatte er einen jungen Mann gefunden, der seinen Stücken den letzten Schliff gab. Sehr begabt. Braucht eine Menge Zeit dafür, aber die Ergebnisse sind bemerkenswert. Ein echter Künstler.

Während er das zu uns sagte, schüttete er zwei Plastiktüten, voll mit taufrischen Kameen aus dem sechzehnten Jahrhundert, vor uns aus.

»Aber der wirkliche Künstler sind doch Sie«, sagten wir ihm.

Seine Augen waren sehr schlecht. Er konnte kaum noch gehen. Die Steuern waren furchtbar – zu viel Papier, zu wenig richtige Arbeit, heutzutage.

Wir erzählten ihm von den hohen Preisen, die die Kameen auf dem Londoner Markt erzielten, ihn amüsierte das. Er war weder eifersüchtig noch aufgebracht, er war sich seiner eigenen Wertmaßstäbe und auch der Unabhängigkeit sicher, die ihm ihr Verkauf als Reproduktionen einbrachte. Er würde niemanden übers Ohr hauen. Doch nach einer halben Stunde kicherte er wie eine Art Husten in sich hinein und zog ein Büchlein mit schmuddeligen Fotografien von Objekten hervor, die die Firma früher hergestellt hatte. Die Fotos waren unscharf, da sie heimlich durch die Scheiben von Museumsvitrinen aufgenommen worden waren.

Seine Maschine war wunderbar, sie stammte aus dem Jahr 1888, aus Bremen. Er nahm mich am Arm und zog mich um die Ecke, in ein Hinterzimmer, das in ein anderes Gebäude hineinragte und in das man durch einen Plastikanbau gelangte, der offenbar schon immer dort gewesen war. Noch mehr verrottete Bretter, Säcke mit Sägemehl, und eine verlassene Werkbank, auf der Werkzeuge ein Felsstück fast umrahmten, wie Besteck auf einem schmutzigen Teller. Hier gab es noch eine zweite uralte Verkleinerungsmaschine, die lustig vor sich hinbrummte, als ob sie in ein privates Gespräch verwickelt sei, sie duplizierte gerade zwei Nymphen aus Lapislazuli, die einem Baby Fügel verpaßten.

Er hob seine Hände in Verehrung dieser Maschine. Mit einem gepreßten Lächeln, als ob er sich auf die Oberlippe biß, beschrieb er mir ihre kleinen speziellen Eigenheiten, als hätte sie eine emotionale Identität wie wir Menschen.

»Und das hier«, sagte er. »Erraten Sie, was das ist?«

Von einem Bord nahm er ein kurzes, gedrehtes Metallstück mit einer Flügelmutter an jedem Ende. Während ich mir das Teil genau ansah, sagte er mir, daß es von einer deutschen Landmine stammte. Im Krieg hatte er darauf gesessen, während er mit dem *genio militare* Minenfelder aufräumte. Daß er nicht tot war, lag daran, daß die Zündkapsel innen verkehrt herum plaziert war. So ein Glück! *»Che culo!«,* das bedeutet sowohl »So ein Glück« wie auch »Was für ein Hintern!«. Und sein Freund, der in Scandicci arbeitet und mit ihm beim Militär war, brüllt ihm jedesmal, wenn er ihn auf der Straße sieht, nach: *»Che culo!«* und dann dreht er sich um und er ist's.

Er nahm ein blasses Foto von der Wand, das ihn und seine Einheit im Krieg zeigte, ein gesunder und aufrechter und der

Welt zugekehrter junger Mann – offen im selben Maß, wie er jetzt gebeugt und boshaft nach innen gekehrt war.

Die Geschichte endet enttäuschend. Wir trafen zufällig einige Londoner Händler, die Florenz besuchten und schickten sie zu dem alten Handwerker. Es war ein Desaster. Die Maschinen erkannten sie sofort. »Wie interessant! John, schau mal, ist das nicht die gegenläufige Wölbung zu der, die nach der großen Ausstellung von 1851 vorgestellt wurde, die mit den Zahnrädern, und das linke Bild wurde gleichzeitig mit dem rechten hergestellt?« Der Meister versuchte, ihnen für eine große Summe den ganzen Laden zu verkaufen, und sie sagten, daß sie das in Manchester billiger bekommen könnten. Offensichtlich gab es im modernen England irgendwo eine Ecke, die für immer voller wunderbarer Maschinen stand, zu haben für den Preis von Alteisen.

Eine Figur aus Terracotta herzustellen ist technisch einfach. Man beginnt am großen Zeh und arbeitet sich nach oben weiter, auf diesem Weg läßt man das Innere hohl. So hat mir Urbano das Berufsgeheimnis geschildert. Dann macht man einfach nur noch weiter, aber langsam, denn sonst bricht alles zusammen.

Urbano lernte ich vor acht Jahren kennen und seither habe ich wunderbar mit ihm zusammengearbeitet. Der Hügel, an dem seine Werkstatt liegt, war früher leer und grün; jetzt schmiegen sich dort einige Fabriken aneinander, da die Industriezone von Castellina sich zu entwickeln beginnt. Uns verbindet ein gemeinsamer Neid auf den gegenüber angesiedelten Hersteller von Swimmingpools. Wir sehen ihn, wie er sogar bei Regen fleißig ist, während wir unser Mittagessen einnehmen.

Urbano macht große Blumentöpfe aus Terracotta, wie bereits vor ihm sein Vater. Die kleine Familie benutzte früher einen Brennofen oben an der Straße nach Pieve Asciata, nicht weit von unserem Haus. Die Art und Weise, wie sie diese Möglichkeit verloren, ist außergewöhnlich. Eines Tages begegnete Urbanos

57

Vater, als er in seinem kleinen Ponywagen nach Siena zum Markt unterwegs war, dem *fattore*, oder Verwalter des Großgrundbesitzers, dem der Brennofen gehörte. Die beiden Männer kamen überein, ein Wettrennen zu machen. Urbanos Vater gewann. Der *fattore* machte ihm ein Angebot für sein Pferd und wurde abgewiesen.

»Dieses Pferd ist zu gut für einen Arbeiter«, sagte der *fattore* und in der nächsten Woche wurde Urbanos Vater von Haus und Brennofen vertrieben.

»Pferde waren in der damaligen Zeit sehr wichtig, mußt du wissen«, erklärte Urbano, als ob er den neidischen *fattore* verteidigen wollte. »Man konnte damit zeigen, wer der Wichtigere war. Es war wie heute mit den Autos, nur schlimmer.«

Die kleine Familie zog nach Castellina, wo sie einen Brennofen übernahmen, von dem jeder wußte, daß er noch nie richtig funktioniert hatte. An diesem Punkt zog es Urbano auf einen Nebenpfad über das Thema »Brennöfen, die ich kannte«, voller interessanter Details über Öffnungen, Abzüge, Kaminhöhen etc., und am Schluß kam die Geschichte von dem wunderbaren Topf, den sein Großvater einmal in diesem Brennofen gebrannt hatte und der so groß war, daß sie ein Stück von der Wand ausbrechen mußten, um ihn hinauszuschaffen. Dieser Topf gewann auf der Handwerksmesse von 1901 in Impruneta eine Goldmedaille und ist jetzt bis an den Rand im Garten der Carabinieri von Panzano eingegraben. Moral: wenn man einen großen Topf machen will, darf man nichts überstürzen.

Kurzer Einschub: Urbanos Vater baute den Kamin des Versager-Brennofens in Castellina neu auf, die Abzugsöffnung machte er sehr klein, den Kamin dagegen ziemlich hoch. Dann packte er ihn in einer speziellen Weise mit rohen Ziegeln voll, um die Hitze so zu leiten, wie er es wollte, in die Töpfe, die gebrannt werden sollten, hinein und wieder hinaus. Alle Töpfer im Umkreis von mehreren Kilometern diskutierten leidenschaftlich, ob das jemals funktionieren könnte; am ersten Tag, als der Ofen benutzt wurde, sah man nur grinsende Gesichter von den Kollegen auf den Hügeln. Es hat funktioniert und seit der Zeit lebt die Familie dort.

Den Brennofen erbten Urbano und sein Bruder, mit dem er sich irgendwann überwarf. In den acht Jahren, die ich mit Urbano jetzt schon zusammenarbeite, habe ich seinen Bruder kein einziges Mal gesehen; der macht im ersten Stock fast dasselbe wie wir hier unten. Ab und zu hören wir, wie er oben herumgeht, hustet, ein Werkzeug fallen läßt, schimpft oder von seiner Frau beschimpft wird.

Kurz nach seiner Heirat machte Urbano einen Vertrag, daß er jeden Monat eine bestimmte Anzahl von Waren an einen Mann liefern sollte, der sich später als Schwindler herausstellte. Ich weiß nicht genau, was dabei falsch gelaufen ist, doch um von diesem Mann loszukommen, zahlte Urbano ihn aus und stürzte sich dafür in Schulden.

Darauf folgten fünf Jahre von außerordentlichem Heldentum. Er und seine Frau verpflichteten sich, einen nahegelegenen Brennofen jede Woche mit einer bestimmten Menge Ton zu versorgen. Das bedeutete, diesen Ton von Hand aus dem Hügel auszugraben, ihn in der Sonne zu trocknen, die Klumpen zu brechen und durch die Mühle zu drehen, danach wieder auf einen Lastwagen zu laden. Ich habe vergessen, wieviel sie jeden Tag heranschaffen mußten, doch sie mußten um drei Uhr morgens aufstehen, den Hügel bis elf Uhr ausgraben, dann Ausruhen, eine große Mahlzeit, bevor das am Morgen Erarbeitete gewendet werden mußte, indem sie die trockenen Lehmklumpen, die auf dem ganzen Hof verstreut lagen, erst umschaufelten, in die riesige, schnatternde, klappernde, staubspeiende Mahlmaschine hievten und danach in den Lastwagen, bevor Urbano und seine Frau am frühen Abend völlig erledigt ins Bett fielen.

Während er diese eigenartige Geschichte erzählte, dachte ich dauernd daran, daß es wesentlich einfacher gewesen wäre, bei der Bank einen Kredit aufzunehmen und diesen durch den

Verkauf seiner eigenen Waren abzuzahlen. Dieser Verkauf von Ton konnte finanziell nicht im entferntesten ein Äquivalent zu dem erforderlichen Aufwand erbracht haben, auch wenn sie sich nach einiger Zeit eine kleine Planierraupe für die Grabarbeiten leisten konnten. Doch Urbano verabscheute Kredite – wie Vittorio, wie viele Handwerker oder Kleinbauern, für die Arbeit ganz im Kreis der Familie stattfindet.

Als typisch an Urbanos Biografie erscheint mir dieses Element der Passivität, des Zufalls. Das Leben selbst scheint die Initiative zu haben. Wenn es nicht das Pferderennen von 1926 gegeben hätte, wäre die Familie vielleicht immer noch bei dem Brennofen oben an der Abkürzung zu der alten römischen Straße. Schiebt ihnen das Leben irgendein absurdes Hindernis in den Weg, so stellen sie sich ihm einfach, fast ohne mit der Wimper zu zucken. Wenn sie es überstanden haben, sind sie vorsichtig und verhalten in ihren Initiativen.

Ist das auch bei Michelangelo so gewesen? Ich vermute, ja. Er verbrachte viel mehr Zeit seines Lebens mit Arbeitern und Steinmetzen als jemals mit so anspruchsvollen Blaustrümpfen wie Vittoria Colonna. Doch in den veröffentlichten Schriften von Michelangelo werden die Verträge und die Briefwechsel mit den verschiedensten Betrügern getrennt von seinen Gedichten und den Briefen an Päpste publiziert; man kann ihn also, wenn man es möchte, als Intellektuellen und nicht als Handwerker sehen.

Wenn ich Urbano Fontana irgendeinen bizarren Plan unterbreite – beispielsweise ein Geschäft in München mit Töpferware zu beliefern –, antwortet er: »Ja, ich verstehe, aber…« und dann kommt ein winziges, doch unveränderbares Detail, bei Glasuren und Grundtemperaturen, beim *gasolio* für den Transport oder den Tücken der Mehrwertsteuer. Ich protestiere, sage, daß ich einen deutschen Freund habe, der ihm eine *raccomandazione* geben kann, und ein anderer Freund würde die Töpfe hinüberschmuggeln. Er lächelt, diskutiert ruhig, aber hartnäkkig – stundenlang.

Er scheint sich richtiggehend zu freuen, wenn er mir so etwas ausgeredet hat. Er dreht sich um und geht leichtfüßig durch die Reihen seiner Töpfe, die zum Trocknen dastehen, pfeift, wirft einen Ball aus Ton in die Luft, bevor er sich wieder an die Arbeit macht. Und am Ende des Tages verabschiedet er sich besonders freundlich von mir, kostet ganz befriedigt seinen Sieg aus, daß er mir das aus dem Kopf geschlagen hat. »Ist schon in Ordnung, daß du es versucht hast«, gibt er zu. Jedenfalls habe ich getan, was ich konnte.

Seravezza[1]

✣ So wie Töpfer oft nicht von Keramik, sondern vom Feuer besessen sind, so sind Bildhauer manchmal nicht von Skulpturen, sondern vom Stein besessen. Und die Handwerker, die in Steinbrüchen arbeiten, denken nicht an den Stein, sondern an den Berg. In allen drei Fällen geht es darum, eine kleine Passion mit einer großen zu veredeln. Der Mensch produziert seine kleinen Kunstwerke, doch die wirkliche Herausforderung kommt immer aus dem lebendigen Material, das die Natur bereitstellt.

Um Marmor zu lieben, muß man sich vorstellen, wie er entsteht.

Der Anfang liegt im Meer, wo tausende winzige Organismen ihre kurzen, wildbewegten Leben führen, angetrieben durch nichts anderes als das Sonnenlicht, das von oben einfällt. Diese Organismen schwimmen mit Flossen aus weichem Gallert, mit flatternden Fühlern, mit kräftigen Fortbewegungsstößen. Sie verfügen über alle möglichen Schutzmechanismen: Muscheln, Rückenschilde, Füllhörner, die so weich wie Papier oder mit zarten Stacheln besetzt sein können. Ihre Innereien sind unter die Muschel gedrückt oder schwimmen wie Drachen über ihren Oberseiten. Sie hängen wie Wolken aus betäubtem Konfetti im Wasser, über ihnen ihre Brüder vom Riff, die sich für die Strategie der festen Niederlassung entschieden haben, die Füße fest im Berg verankert, der aus Milliarden ihrer eigenen toten Vorfahren entstanden ist.

Im Lauf der Jahre sterben sie in unzählbarer Menge und mikroskopische Fragmente ihrer Körper fallen auf den Meeresboden. Große Wassermassen bewegen sich in Jahrmillionen zur selben Zeit über demselben Gebiet und das Meer wirkt jetzt wie ein Sieb, das das Material zu gleichartigen Lagen verdichtet. Der Schlick, der weiche Knochenbrei, die Paste aus Kalkgestein sinken auf den Boden und bilden eine dicke Schicht, die später zu Felsen wird.

Nichts scheint gleichförmiger zu sein als diese Millionen Quadratmeter Meeresboden, die von demselben vielversprechenden Material bedeckt sind, unter Tonnen von Wasser, deren Gewicht schließlich Stein erzeugt. Doch der Zufall unterbricht diesen Prozeß ständig. Aus tiefen vulkanischen Spalten schießen mineralhaltige Gesteinsfontänen aus dem Meeresboden empor. Platten aus der Felskruste drücken und reiben sich ständig aneinander, pressen sich ineinander und brechen wieder. Die Kontinentalplatten sind nie ruhig. Die Verfaltungen des Gesteins erschaffen Berge, dabei entstehen immense Hitze und Drücke. *Il peso non dorme*, sagt man in den Steinbrüchen. »Das Gewicht schläft nie«. Die ständige Alterung greift die Haut des betagten Elefanten an, auf dem wir, vergängliche Parasiten, leben.

Im Jahre 1806 füllte Sir James Hall Kalk in ein Geschützrohr, stopfte es fest zu und erhitzte es sehr stark. Es bildete sich Kohlensäure, die in dem Rohr einen hohen Druck erzeugte. Als es nach dem Abkühlen geöffnet wurde, fand man darin Marmorgranulat. Damit war zum erstenmal bewiesen, daß Kalk und Marmor wie anderes Kalkgestein ihren gemeinsamen Ursprung in Karbonsediment haben, das aus alten Knochen und Muscheln entstanden ist, und daß sich Marmor durch die Hitze und den Druck bei der Entstehung der Gebirge herauskristallisiert hat.

Irgendwo habe ich gelesen, daß Michelangelo davon gesprochen hat, einen ganzen Berg hinter Carrara in eine Skulptur zu verwandeln. Das ist eine der Geschichten, über die ich manchmal nachdenke, als ob ich im Geiste ein glückbringendes Hufeisen berühre.

»Man sollte doch eigentlich noch sehen können, wo er gearbeitet hat, finde ich«, sagte Vittoria einmal vor Jahren vor der

Biblioteca Nazionale in Florenz zu mir. »Michelangelo hat eine der Minen hinter Pietrasanta geöffnet, das steht bei Vasari. Ich weiß nicht, welcher Steinbruch das war, und vielleicht ist es ja auch nur eine Legende. Aber es wäre doch nett, wenn man das feststellen könnte, oder?«

Während sie sprach, kämmte sie ihre Haare, und ihre Füße zeigten wie bei einer Tänzerin an der Stange nach außen. Der Tag war warm, und ich mochte diese Vorbereitungen, wie sie ihre Haare pflegte, bevor sie sich mit alten Manuskripten befaßte. Ich habe das Bild noch klar vor Augen. Sie war ganz darauf aus, weiterzusuchen und sehr zufrieden mit sich, daß sie bereits so weit gekommen war.

»Es müßte leicht zu erkennen sein, weil er seine Initiale – den Buchstaben M, ja? – hoch oben in der Wand eingemeißelt hat. Das müßte ein berühmter, gut bekannter Platz in Pietrasanta sein, meinst du nicht auch?«

Ich dachte einen Moment darüber nach. Manchmal kam ich bei Vittorias Ironie nicht gleich mit.

»Kannst du dir wirklich vorstellen, daß Michelangelo seine Initiale in eine Felswand geschnitten hat?«

»Aber natürlich!« sagte sie und nahm ihre Tasche, um aufzubrechen. »Lord Byron hat seinen Namen in eine Säule auf Kap Sunion geritzt, als er es besuchte. Michelangelo hat es bestimmt genauso gemacht. Ganz bestimmt!«

Sie ging, bevor mir eine Antwort einfiel. Aus der Art, wie sie die Treppe hinaufschritt, wo das Sonnenlicht in Streifen auf sie fiel, konnte ich sehen, daß sie recht befriedigt darüber war, das letzte Wort gehabt zu haben.

Pietrasanta ist eine kleine Stadt unterhalb der Marmorberge von Pisa und Lucca. Ein Paradies für Bildhauer, dort sind mehr Künstler anzutreffen, die in Stein arbeiten oder Bronze gießen, als irgendwo anders in der Welt. Heute ist die Bevölkerung des Ortes aus meisterlichen Handwerkern stark durchsetzt mit jungen Ausländern, die dort das Metier zu erlernen wünschen, oder alten Meistern, die ihre Polystyrenmodelle in Stein umsetzen wollen. Alle treffen sich in geselligen Runden in der Bar, um dort den aktuellsten Klatsch auszutauschen und Tips über neue Aufträge oder interessante Orte weiterzugeben.

Ich war schon oft dort gewesen und hatte nie die Frage nach Michelangelos Steinbruch angeschnitten. Gelegentlich unterhielten wir uns, vor allem spät nachts, über das Loch in der Flanke des Berges, und die jungen Lehrlinge wärmten begeistert das Gerücht auf, dort oben wäre noch eine unvollendete Statue von Michelangelo. Wenn man die Leute aus dem Ort direkt fragte, waren sie skeptisch. Kein Steinbruch, kein Quadratzentimeter irgendeines Steinbruchs konnte nach all diesen Jahren noch unerforscht sein. Es gibt keine Geheimnisse dort oben, sagten sie.

Doch eines Abends sprach ich tatsächlich auf der Piazza mit einem amerikanischen Bildhauer namens Caio über die verlassene Mine in den Hügeln. Er fand die ganze Geschichte zwar absurd, doch dauernd fuhr er sich mit den Fingern durch seine außerordentlich schwarzen Haare und sah hinter sich in die Bar, ob dort vielleicht einer der alten Arbeiter aus den Steinbrüchen wäre.

Er packte mich an der Schulter und schob mich in die Bar. Ganz hinten stand bei den Kartenspielern unter dem flimmernden Fernsehgerät ein kantiger alter Mann mit seinen Kumpels, und sprach lärmend über dies und das. Caio zog ihn da mit etwas Mühe heraus, stellte uns vor, und erzählte von Vittorias vager Erinnerung, dem Buchstaben M, der angeblich hoch oben in der Marmorwand eines stillgelegten Steinbruchs wäre.

Romano nickte, war nicht überrascht. Wenn der Buchstabe existierte, dann auf dem Monte Altissimo hinter Seravezza, der nächstgelegenen Stadt auf der Route entlang den Bergen von Apua. Seit seinem zwölften Lebensjahr hatte er in allen Steinbrüchen von Seravezza gearbeitet, sagte er. Ich war begeistert davon, ihn kennenzulernen, seine gute Gesundheit überraschte mich und ich bewunderte seine außerordentliche Erfahrung. Hinter ihm begannen sich auf dem Fernsehschirm zwischen den Flaschen junge, als Schmetterlinge verkleidete Mädchen auszuziehen. Er nahm die Einladung an, mit uns etwas zu trinken, stützte seine Ellenbogen auf die Bar und wartete auf neue Fragen.

Wenn er einmal sprach, so antwortete er sehr überlegt und genau. »Michelangelo hat zwar in Carrara gearbeitet, aber mit den Carraresern kam er nicht gut zurecht. Dann befahl ihm der Papst, in die neuen Minen von Seravezza zu gehen, weil man dort an einer Stelle namens *La Tacca Bianca* eine Ader mit sehr schönem Marmor gefunden hatte.«

»Was bedeutet das?« fragte ich ihn und suchte nach einem Bleistift.

»*Una tacca* heißt die Stelle, wo man mit dem Meißel auf die Ader trifft. *Tac!*« Er machte einen Schlag vor. »Sie haben den Platz so genannt, weil beim ersten Schlag, den ein Arbeiter dort setzte, ein Stück reinweißer Stein zum Vorschein kam. Jedenfalls hat Michelangelo dort gearbeitet, obwohl es sehr abgelegen und schwierig war, und von dort hat er den Marmor für die große *Pietà* in Rom geholt. Die, auf die vor zehn Jahren ein verrückter Deutscher mit einem Hammer losgegangen ist. Und auch für den großen *Moses*. Und dann auch noch für die Säulen von San Lorenzo, was er nie gebaut hat, weil die Steine dafür in Rom gestohlen wurden.«

Caio fragte nach dem Weg. Gab es da nicht einen Weg, den Michelangelo…? »Oh, ja«, sagte ich aufgeregt, »diese Straße wurde bei Vasari auch genannt, vielleicht fällt sie Ihnen ein.«

»Die Straße, die er bauen ließ, um die Steine vom Berg herunter transportieren zu lassen, verlief von Riomagno nach Malbocca hinter Seravezza, bei der Schule, heute heißt sie Via Michelangelo Buonarotti«, sagte Romano ernst. »Nach der Brücke heißt sie Via Monte Altissimo, und ich glaube nicht, daß

Michelangelo diesen Teil bauen ließ. Die Steine brachte er auf einer *lizza dura* bis zur Straße, das ist eine Art Schlitten, der aus zwei großen Baumstämmen gemacht wird, die man aneinanderbindet. Sie sind damals das Flußbett hinuntergefahren. An manchen Stellen mußte er Abkürzungen über das Ufer nehmen, aber die existieren nicht mehr.«

Im Fernsehen gratulierte ein Mann mit Cowboyhut einer jungen Frau, daß sie jetzt mehr oder weniger nackt war und reichte ihr einen Seidenkimono.

»Michelangelo muß hier am Monte Altissimo gearbeitet haben«, sagte Romano und paffte an seiner Zigarette, »denn als sie hier einmal einen Film über ihn gedreht haben, wurden die Aufnahmen hier in Seravezza und nicht in Carrara gemacht. Das war die Geschichte mit Tsarles Hess.«

»Charlton Heston?«

»Esatto: er hat den Moses gespielt.«

»Du meinst, er hat Michelangelo gespielt«, sagte Caio. »Den Moses zwar auch, aber das war ein anderer Film.«

»Das weiß ich nicht, aber der Film wurde hier gedreht. Ich erinnere mich daran, weil ich ihnen die ganzen Minen zeigen mußte.«

Jetzt sah dieser wunderbare alte Mann weit in die Ferne und begann, von den Minen zu erzählen. Mein Briefumschlag war nicht groß genug, um sie alle zu notieren. Monte Bardiglio, ein Steinbruch an der Küste und ein zweiter oben an der Kapelle. Monte Altissimo, wo Michelangelo mit Sicherheit war. Er zeigte der Filmcrew sogar die Mine bei Cervaioli, aus der der Arabeskenmarmor stammt, aber die liegt fast zehn Kilometer weit auf der anderen Seite und hat rein gar nichts mit Michelangelo zu tun. »Sie haben sie alle besucht«, sagte Romano, »und kein einziges Mal haben sie sich gebückt, um auch nur einen Stein anzuschauen!«

Im Fernsehen lief immer noch ohne Ton der aufgeschmockte Amateurstriptease. Romano überlegte einen Moment, wurde dann sowohl leidenschaftlich wie auch geheimnistuerisch. Teile von ausgestreckten nackten Armen und Beinen leuchteten wie vertikal lächelnde Münder in all den Flaschen, zwischen denen der Fernseher stand.

»Man sagt, daß ein Schäfer vor vielen Jahren einmal einen Brocken Lapislazuli da oben gefunden hat. Er hat niemandem davon erzählt, sondern brachte ein kleines Stück zu den Medici und erhoffte sich eine Belohnung. Er starb, bevor er sagen konnte, wo er es gefunden hatte. Und obwohl man alle möglichen Spezialisten aus Florenz hierher geschickt hat, wurde die Stelle nie entdeckt. Auch nicht in späterer Zeit. Also liegt irgendwo dort droben noch ein Schatz in den Bergen...«

In Seravezza zogen sich die Häuser den Hügel hinauf, und an einem Platz im französischen Stil mit buschigen Platanen trafen zwei Flüsse aufeinander. Eine buckelige Brücke führte über den einen Fluß, auf der gelangweilte junge Männer mit Fahrrädern hin und her überlegten, auf welcher Seite man sich wohl am besten aufhalten sollte. Caio ließ mich durch die Gruppe fahren, gegen die Einbahnstraße, hinter uns tönte ein langgezogenes »Ao!« und ein Arm hob sich zu einer mißbilligenden Geste.

Auf der anderen Seite zögerten wir erst, fragten auf einer hübschen *piazzetta* nach dem Weg und fuhren dann nach Norden auf einer Straße, die links in ein Seitental führte.

Dieses kurze neue Stück Straße war die von Michelangelo, und es führte zu dem Steinbruch, den er wiederbelebt hatte. Der Weg verlief parallel zu einem leeren Flußbett und die Landschaft zu beiden Seiten wurde jetzt steiler. Wir kamen durch einen kleinen Weiler und fuhren auf das östliche Ufer. Zwischen uns und dem Bach waren kleine Gewerbebetriebe, in denen Abfallstücke in Platten geschnitten wurde, die man zwischen die Bushaltestellen und die Telephonmasten stapelte.

In dem trockenen Bachbett lagen weiße Findlinge, die die Fluten der Schneeschmelze hierher geschleudert hatten. Caio sagte, daß es dort unten auch große Löcher in den Felsen gab, kalt, aber sauber, und daß die Bildhauer aus Pietrasanta im Sommer oft hier herauf zum Schwimmen kamen.

Hoch über uns standen die baumumkränzten Gipfel gen Himmel, darunter zog sich dichtes, krauses Grün um die Berge. Im Winter war es hier wahrscheinlich nicht sehr hell, doch jetzt brannte die Sonne dort oben und hinderte den feinen Schleier aus Kondenswasser daran, eine richtige Wolke zu werden.

»Das ist ein Bergfürst«, sagte Caio halb ernsthaft, »so wie es auch einen Malerfürst oder einen Dichterfürst gibt.«

In der Flanke des außerordentlich steilen Gipfels, dem wir uns näherten, erschien nah bei der Spitze ein schwarzes Loch. Der Steinbruch von Michelangelo. Die Straße wurde enger und Caio ließ mich an jeder Kurve hupen. Am Straßenrand hielt eine Frau ihre Hand hoch, während ihr Mann einen kräftigen Baumstamm herunterließ, den er gerade gefällt hatte. Das Holz war im oberen Bereich überall schwarz. Dieses Jahr hatte es viele Waldbrände gegeben und die ganze Küste war voller verbrannter Flächen.

Die Asphaltstrecke hörte auf. Wir bogen scharf nach rechts ab, eine steil ansteigende, graue, unbefestigte Straße hinauf; die Vegetation veränderte sich, viel Farn gab es jetzt. Nirgendwo konnte ich Anzeichen dafür entdecken, daß hier Marmor wäre. Die Straße war bereits winterfest gemacht, alle fünf Meter hatte man Rinnen gegraben und versetzte Wälle gezogen, um im Regenmonat November das ablaufende Wasser aufzufangen.

Wir durchquerten ein verwildertes Waldstück und stießen auf einen Wasserlauf mit einer Felswand, auf dem ein mit Brettern völlig vernageltes Haus stand. Die Fensterläden widerstanden unserer freundschaftlichen Annäherung. »Letztes Jahr hat hier ein chinesischer Bildhauer gewohnt«, sagte Caio. Er ging zum Rand eines Balkons, der über die Kluft gebaut war und rief etwas ins Tal hinaus. Stille, Warten auf ein Echo. Mir erschien der Platz nicht geheuer. Ich sagte, wir sollten weiterfahren.

Nicht weit von dem Haus kamen wir zu einem grünen Plateau, wo ein grauhaariger junger Mann auf einem blauen Tisch neben einem Felsen eine einfache Gabel neben einem Messer aufdeckte. Der typische Junggeselle, verbeulter Citroën, Promenadenmischung. Caio kannte ihn ein wenig. Sie grüßten sich mit dem unter Künstlern üblichen Cowboygruß – die Hände schwebten über imaginären Pistolen, breites Lächeln und Zeigen der Zähne.

Er sagte, er hieße France. Seine Karre hatte ein österreichisches Kennzeichen und einen Aufkleber von den Salzburger Festspielen. Er besaß ein kleines Zelt, einen Tisch, Stuhl und eine Flasche Wein. Etwas weiter am Rand gab es auch einen Altar aus drei gespreizten Stöcken, die er am oberen Ende zusammengebunden hatte, dazwischen hing ein Seil herunter, das in einem durchlöcherten Stein endete. »Nur damit ich weiß, wie spät es ist«, sagte er auf meine zweifelnden Blicke hin.

An der Weggabelung hinter uns stand ein auffällig bunter Schrein mit einer Madonna, hellblauer Rahmen und frische Blumen. »Vor zwei Tagen kam die Prozession hier vorbei«, sagte France. Auf einer verlassenen Hütte sah ich einen Zettel mit dem Satz: HEILIGE JUNGFRAU MARIA, BITTE FÜR ALLE, DIE IN DEN STEINBRÜCHEN ARBEITEN. Unbeholfene schwarze Buchstaben eines Gebets oder Befehls.

Caio und France plauderten über Manhattan.

Die verlassene Hütte der Maurer war ordentlich und sauber, es gab Teller, Besteck, Holzregale, all das hatte France offenbar vor kurzem hierher gebracht. Die alte Toilette war frisch poliert, ein handgearbeiteter Thron aus Holz.

Der eine Teil der Straße führte geradeaus weiter, der andere bog nach rechts ab, über die Hügel. Ein frischer Felsabbruch von gigantischen Ausmaßen blockierte den Weg geradeaus. Ich konnte den zurechtgestutzten Pfad auf der anderen Seite des Wasserlaufs erkennen, überwachsen von frischem Gras in einem außerordentlich kräftigen Hellgrün. Das, nahm ich an, war

Michelangelos Route von den Felshängen herunter, vom Steinbruch bis zu dem Schlitten aus Baumstämmen, der im Flußbett wartete.

»Sie haben meine Steine gestohlen«, sagte France lächelnd, als wir zum Auto zurückgingen. »Letztes Jahr habe ich sie zusammengetragen, und jetzt sind sie weg. Vielleicht haben sie sie ins Tal zurückgerollt.«

Ich erzählte ihm, daß auch Michelangelo unter Diebstählen zu leiden hatte.

»Na, dann«, sagte er vergnügt, »bin ich ja in bester Gesellschaft…«

Er sagte, daß das Schlimmste bereits vorbei sei. Wir fuhren weiter, ließen die Bäume hinter uns. Die Welt wurde noch steiler, noch verschwiegener. Mönchspfeffer wuchs im Schatten dunkler Stellen am Straßenrand, wo wenig Sonne hinkam. Zackige Felsspitzen bedrohten die Seiten des Wagens und die Haarnadelkurven verliefen unter Felsüberhängen. Die Sonne trat hinter die Wolke zurück, die sich nach und nach zwischen uns und die Mine schob. Das Loch wurde zu einem viereckigen, schwarzen Maul, das man in das neblige Geröll des Monte Altissimo geschnitten hatte.

Ab und zu kam ein Lastwagen mit Arbeitern aus dem Steinbruch an uns vorbei, auf dem Weg nach unten. Keiner hielt an und fragte, was wir wollten, niemand lächelte oder winkte uns zu.

Weiter oben auf dem Hügel stießen wir auf den Steinbruch, der jetzt in Betrieb war, ein Segment des Berges wurde dort nach mathematischen Regeln amputiert. Eine kristalline Negativform aus perfekten rechten Winkeln, umgeben von tonnenschweren Blöcken, jeder von der Größe eines Kleinwagens. Das Loch war enorm groß; Plastikbänder warnten Fremde davor, hineinzustürzen. Kein Mensch war da. Man konnte auf einen riesigen Querschnitt des Marmorbetts hinunterschauen, die grauen gewellten Streifen im Weiß erkennen, so wie die Gezeiten sie auf dem Meeresboden geformt hatten; dann brachen die Linien um in eine scharfe Diagonale, die entstanden war, als der Berg nach oben gedrückt wurde. Eine lange Verwerfung aus Sand und Schiefer verlief wie eine mit Kohle gezogene Linie in der Mitte. *Dino, ti amo* hatte jemand mit schwarzer Farbe auf die schöne Vorderseite des Marmors vor dem Auto gesprüht, dann in Rot darüber *Silvia, stronza, mi hai tradito*. Ende der Straße. Doch hinter dem Steinbruch schien ein verlassener Pfad hinter ordentlich aufgeschichteten Pflastersteinen den Hügel hinaufzuführen.

Pioniergeist überkam Caio und mich, als wir zu Fuß losgingen. Auf jedem Felsen stand ein Mordskerl, Indianer überall, ein Ruf, dem wir inmitten dieser verwilderten Gipfel zu folgen hatten. Hier und da war der Weg mit Gestrüpp zugewachsen, und gelegentliche Felsstürze hatten schmale Nischen geschaffen, in denen Caio imaginäre Bären aufspüren konnte.

Nach und nach kam ich hinter Caios Humor. Die Drahtstükke, die immer wieder auf dem Boden lagen, waren die abgetrennten Stachel gigantischer Skorpione. Die ausrangierten, rostigen, alten Maschinenteile waren die Steigeisen vermißter Bergsteiger, deren Leichen nie ein christliches Begräbnis erhalten hatten. Ich konnte eine leichte Brise über den Bergen hören, jetzt schien es, als ob wir den Bereich der Menschen verlassen hätten und es nur noch Bäume gäbe. Die Wolken waren zum Greifen nah, einige hundert Meter über uns verwandelten sie sich zu immer neuen Formen.

Caio war begeistert, als er einen frischen Haufen Ziegenkot fand, der wie Oliven glänzte.

»Ich wußte es. Das Weißschwanzgnu!«

Hinter der nächsten Biegung standen dann die Ziegen.

»Ich muß mich korrigieren. Wilde Ziegen. Oder sind es Gemsen?«

»Ich finde die ganz schön fett und träge«, sagte ich. »Wahrscheinlich geben ihnen die Arbeiter mittags *grissini* zu fressen.«

»Mit Gebäck gemästete Ziegen«, sagte Caio. »Eine der besten Köstlichkeiten!«

Nach einer vorletzten Kurve kamen wir an einen kleinen Erdrutsch, Felsbrocken lagen wie Spielkarten herum. Unter dem Pfad fiel die Geröllhalde in einem Winkel von fünfundvierzig Grad ab, bis hinunter zu dem Hang mit dem heimatlichen Plateau von France, der gerade dort unten stand und dessen Zelt wir jetzt sehen konnten. Eine gute Stelle, um Steine vorsichtig ins Flußbett rollen zu lassen; eine üble Stelle für einen kühnen Wanderer.

Hier begann mir Caio zu erzählen, wie er die Höhen verabscheute, wie ihn seine Mutter einmal auf dem Machupicchu allein gelassen und er mit geschlossenen Augen zwanzig Minuten lang gewartet hatte und so weiter. Ich sah ihn an, wie er da regungslos auf einem Felsen stand, breite Schultern, braungebrannt, mit dem Brustkasten eines Mannes, der jeden Tag vor dem Frühstück ein Ungetüm von Marmorblock im Hof zurechtschnitt. Es dauerte einen Moment, bis ich begriff, daß er es ernst meinte. »Um ehrlich zu sein«, sagte er. »Ich habe diese, äh, Geschichte mit der Höhe.«

Ich hielt ihm meine Hand hin und sagte ihm, er solle nicht nach unten schauen. So schafften die Helden den Weg über den Geröllhang, ohne zerschmettert in dem kleinen Tal zu landen. Caio versuchte, nicht zu zittern, als er wieder auf sicheren Boden trat. Die letzten hundert Meter waren angenehm, wie die Auffahrt zu einem Schloß und nicht wie ein Weg zu einem Loch in einem Berg.

Am Eingang Reste verrosteter Eisenbahnschienen. Auf hölzernen Streben grub sich das Moos in filigranen Ranken zwischen den zarten Jahresringen der vergangenen Sommer ein wie ein Pelz, die Luft atmete die Atmosphäre ernsthafter Arbeit, die vor vielen Jahren aufgegeben worden war. Eine windschiefe Hütte mit den eisernen Verankerungen, wo früher eine Maschine gestanden hatte. Vom Fenster spannten sich dünne Drähte über den Abhang hinunter ins Tal. Eine verrottete Seifenschachtel, ein grüner Spucknapf (zumindest sah das Ding so aus), und die Überbleibsel eines Motorrads, durch dessen Sattel die Federn stachen. Alles dauerhafter Abfall, könnte man sagen. Keine Zündhölzer, Zigarettenkippen oder anderes Strandgut des Alltags.

Der Steinbruch erhob sich jetzt über uns wie der Schlund eines versteinerten Wals. Es fiel uns nicht leicht, da hinaufzuschauen. Wir trauten uns auch nicht, hineinzugehen, sondern liefen kichernd und Witze reißend auf dem verlassenen Weg am Rand entlang, vorbei an einem Wellblechschuppen, bis wir ganz unerwartet auf einen Seitenschacht in dem Berg trafen, der irgendwie weniger erschreckend wirkte.

Wir betraten den Tunnel, dessen linke Wand auf Hochglanz poliert war wie im Inneren einer Kathedrale, wo die Pilger mit ihren Ärmeln gerieben hatten. Schmirgelpuder und Marmorstaub bildeten einen weichen Bodenbelag. Unsere Schritte hallten gedämpft.

Wir kamen zu dem Steinbruch im Inneren des Berges. Direkt rechts neben uns ragte eine eigenartige Leiter von oben herab. Mit einer diagonal verlaufenden Reihe von Löchern, die man in den Marmor getrieben hatte, war sie ungleichmäßig an der Wand befestigt. Dann und wann hing ein Holzbrett lose in einem Netz alter, verbogener Drähte, an denen der Roststaub fraß.

Wir näherten uns durch das Querschiff einem kathedralenartigen Schnitt durch das Herz des Berges, die herausgeschnittenen Stücke waren dann draußen wieder zu echten Kathedralen zusammengesetzt worden, in Nachahmung des leeren Raums, aus dem sie stammten. Ein Steinbruch, der zum Teil eine Kathedrale war, zum Teil ein gesunkenes Schiff, mit geneigtem Boden, der sich einer fehlerhaften natürlichen Sedimentschicht anpaßte.

Vom Dach bis hinunter zu einem Drittel seiner Gesamthöhe war der Steinbruch von Hand geschlagen worden. Wenn es das

M von Michelangelo wirklich gab, dann in diesem Bereich. Darunter hatte man den Stein bis zum Boden mit Stahlseilen gesägt. Die von Hand und die mit Stahl geschnittenen Schichten waren wie Vermächtnisse von zwei unterschiedlichen Dynastien.

Ich zog meine Brille aus der Tasche. Ausgerechnet jetzt mußte ich feststellen, daß ich am Abend vorher darauf getreten war. Mit einem gut ausgestatteten linken und einem behinderten rechten Auge suchte ich irgendwo auf dem Dach nach der Initiale M, doch ich sah nur Leitern aus Stahldraht und altem Holz, die an unglaublichen Stangen pendelten. Nach oben zu schauen war wie ein Blick hinunter auf den Meeresboden. Die vermodernden Leitern auf dem Dach bewegten sich wie Seegras in einer beständigen Strömung auf dem Grund eines Ozeans.

Caio gestattete mir, den Abenteurer in ihm für eine Weile zum Schweigen zu bringen, während wir den Geräuschen dieses Ortes lauschten. Anfangs gab es nichts außer dem Rauschen im eigenen Innenohr. Dann konnte ich den zarten Ton von Tropfen hören, die aus großer Höhe auf Sand oder Stein fielen, fragil und schwach, doch in regelmäßigem Rhythmus. Dazwischen ab und zu ein lauteres Klatschen, wenn ein eigensinniges Element auf einen Felsen oder ein vergessenes Ölfaß, eine freischwingende Leiter oder einen lockeren Stein schlug. Weit weg plätscherte ein kleiner Fluß.

Zeit und Luft hatten die herrlichen Farben der Wände mit einer Patina überzogen. Streifen aus roten und grünen Oxiden liefen darüber, wo Eisen, Kupfer und andere Minerale durch schmale Spalten ausgeblutet waren. Wie in einer Kathedrale wirkte das Licht wie losgelöst von jeder Lichtquelle, die man kannte, als ob das Licht allein die Farben übertrüge. Ein blasses Grün beherrschte den leeren Raum.

Caio deutete auf eine sehr große natürliche Verwerfung, die auf der weiter entfernten Wand vertikal durch das Gestein verlief. Wir folgten ihr bis auf unsere Seite: wir saßen hier mitten drin. Es war eine Art seitwärts verschobener Riß, verursacht von nach oben gepreßten Erdmassen, jetzt zuckte er wie eine Arterie durch die gestreiften Marmorwände.

Wir dachten an die Männer, die hier gearbeitet hatten und wurden unruhig. Als wir anfingen zu überlegen, in welcher Nische hoch oben in einer steilen Felswand ein Vorarbeiter gestanden und einige Maschinen gesteuert hatte, wie sie die Schneiddrähte geführt hatten, wie sie die Bohrer von Loch zu Loch weitergeschoben hatten, wie sie trockene Bretter über die Löcher und Rinnsale im Boden gelegt hatten, war das wie ein Rufen nach den Geistern derjenigen, die diesen Platz aufgegeben hatten.

Am Ende des Tunnels, durch den wir gekommen waren, schien das Tageslicht plötzlich hell und frisch. Nachdem wir wieder im Freien waren, standen wir eine Weile am Rand des Abhangs und sahen hinunter auf die Berge, die bevölkerte Ebene und auf das Ligurische Meer oberhalb von Viareggio, auf dessen Strand der ertrunkene Shelley verbrannt worden war. Wolken kamen von rechts, aus der Richtung von Genua. Die Abendsonne konnte sie nicht auflösen.

Der weiße Sturzbach schimmerte direkt unter uns, dann fiel mir wieder ein, daß das Flußbett nicht voller Wasser, sondern aus Marmor war. Und da unten war auch France, neben seinem roten Auto, sein Zelt nicht größer als eine Pflaume.

»Erfrischend«, sagte Caio, »nach diesem Wort habe ich gesucht. Einfach erfrischend.«

Er reckte sich über den Rand und begann zu pfeifen. Noch nie hatte ich etwas Derartiges gehört. Er fiel in eine unglaubliche Folge von Trillern, anmutige, barocke Ornamentierungen, so schön, daß eine Nachtigall daneben wie ein matter Piepmatz gewirkt hätte.

Ich lauschte verblüfft. Er beugte sich vor, legte den Kopf ein wenig schief, als ob er auf eine Antwort hörte und sagte listig: »Bei der Bank geben sie mir dafür Kredit.«

Von unten tönte zweimal das freundliche Hupsignal, als der Bus um eine Kurve bog. Es schien jetzt Zeit zum Gehen.

Ein Mond, den dünne Wolken verschmierten, stieg über dem unteren Steinbruch hoch, während wir zurück ins Tal fuhren. Wir kamen an France vorbei, der gerade einen Findling bearbeitete, hinter ihm erhob sich eine ganze Galerie von weiteren Findlingsblöcken.

»So ganz verstehe ich ja nicht«, sagte Caio ein oder zwei Meilen hinter Pietrasanta, »was diese Marmorgeschichte mit Michelangelo zu tun hat. Wenn du über Michelangelo schreiben willst, mußt du doch deshalb noch nichts über den Monte Altissimo sagen, oder? Du hast doch nicht vor zu behaupten, daß seine Werke mit dem Steinbruch zu tun haben, aus dem der Marmor nun einmal kam, oder doch?«

Abenddämmerung und ein aufziehender Sturm machten bei unserer Ankunft in der Talsohle die Welt gemeinsam plötzlich viel dunkler. Am Stadtrand von Fabriano standen auf einem Parkplatz Autos, die Kennzeichen in schwarzer Schrift auf weißem Grund, Rosenheim und Starnberg, München und Berlin. Die Besitzer drängten sich in einer Pizzeria ein Stück weiter vorn.

»Die Antwort«, sagte ich nach einiger Zeit, »kommt aus einem Traum. Das ist ein wenig schwierig zu erklären, da es sich so eigenartig anhört. Jedenfalls habe ich geträumt, ich wäre in einer großen Ausstellung, nur mit Skulpturen von Michelangelo (einiges stammte gar nicht von ihm, aber im Traum war es doch so), und plötzlich fiel mir auf, wie sehr ihr großartiger Eindruck von Schatten bestimmt wird, von Löchern, leeren Stellen, zurückweichender sanfter Schwärze. Der Traum wanderte dann zu dem Steinbruch, in dem er gearbeitet hat, und da begriff ich, im Traum, daß das der eigentliche Platz der Schatten war, der Ort, von dem sie alle stammten…«

Wir fuhren weiter an den letzten Häusern von Pietrasanta vorbei, suchten unsicher nach einem ruhigen Restaurant auf der anderen Seite, der Wind fuhr schon durch die Bäume. Große Platanenblätter, braun von der Sommerhitze, flatterten über die Straße, und jetzt begann es wie aus Kübeln zu schütten, gerade als wir das Auto abgestellt hatten.

Im Sommer herrscht in den Restaurants an der Küste Hochbetrieb, und einen Platz zum Essen zu finden, war eine heikle Geschichte, in der der Himmel kräftig mitmischte. Wir hatten daher Glück, daß wir einen Freund namens Gianni trafen, der an einem leeren Tisch saß und unerwarteterweise alles hören wollte, was wir an diesem Tag in den Bergen erlebt hatten. Es war nicht einfach, das Stimmengewirr zu übertönen, doch die anderen Gäste sahen aus, als ob sie hier aus der Gegend waren, keine Touristen.

Gianni war früher Journalist und hatte sich zufällig eine Zeitlang mit Michelangelo und Pietrasanta beschäftigt, nur um den Geist wachzuhalten, wie er sagte. Seine Version war folgende:

»Michelangelo arbeitete in Carrara in der Fantiscritti-Mine. Er war gerne dort, denn der Comte Alberigo di Malaspina gab ihm einen Anteil vom Geld des Papstes zurück, mit dem er Steine kaufte. Michelangelo *sapeva i fatti suoi,* er wußte schon, wie er sich am besten um seine Angelegenheiten kümmerte, also *in parole povere*, um es kurz zu machen, er ließ sich bestechen.

Die Mine in Seravezza war zu Zeiten der Römer genutzt worden, jetzt jedoch lag sie fast brach. Die Bürger von Seravezza überlegten sich, daß das Beste, was sie tun könnten, um die Mine wieder zu erschließen, wäre, sie den Medici zu *geben,* umsonst. Denn auch wenn sie vielleicht für die Steine nichts bekämen, so hätten sie doch bezahlte Arbeit als Steinmetzen da oben, oder?«

Caio lehnte sich über den Tisch und schenkte sich Wein ein.

»Also trafen sich alle auf der Piazza von Seravezza und riefen einstimmig *Palle, palle!*« – das bedeutet ›Kugeln, Kugeln!‹ –

»denn das Wappenzeichen der Medici zeigt, wie ihr wißt, etliche Kugeln auf einem Schild.«

Gianni rief das *palle* ziemlich laut.

»Papst Leo X. war ja ein Medici. Er befahl Michelangelo, sofort Carrara zu verlassen und nach Seravezza zu gehen und dort in der neuen Mine der Medici zu arbeiten. Vielleicht wußte er, daß Malaspina Michelangelo bestach, vielleicht wußte er es aber auch nicht. Vielleicht hat man damals sein Geld so wie die Araber verdient – man nimmt sowohl vom Verkäufer wie vom Käufer – und daran hat sich bei uns bis heute nicht viel geändert. Jedenfalls hat Michelangelo alles mögliche versucht, um nicht nach Seravezza gehen zu müssen. Er sagte, der Marmor von dort wäre schlecht, voller Quarzadern, und es gebe keine Straße. Seine Briefe sind voller Beschwerden, die die Historiker zwar sehr ernst nehmen, aber man darf ihm nicht glauben.«

»Ja«, sagte ich, »aber es dauerte doch ziemlich lange, bis er den Weg dort hinauf fertiggestellt hatte? Das ist doch eine Menge vertane Zeit für ein Genie wie Michelangelo, findest du nicht?«

»Das stimmt«, sagte Gianni, »aber er hat sie schließlich nicht selbst gebaut, nicht wahr? Genausowenig wie Mussolini, der in Italien überall Straßen hat bauen lassen und selbst nie eine Hacke in die Hand genommen hat.«

Das fanden wir alle ziemlich witzig.

»Wenn ihr euch Michelangelos Weg anschaut, könntet ihr sehen, daß es ein ziemlich kurzes gerades Stück ist, gegen Ende zu. Und danach hat er sich übrigens direkt Richtung Meer gewandt – das war in gewissem Sinn die Gründung von Forte dei Marmi. Wenn er wüßte, wie es heute dort aussieht!«

»Stimmt«, sagte Caio, »in meinen Augen war die Sixtinische Kapelle immer schon eine Leistungsschau von Muskelprotzen.«

»Die mittelalterliche Straße von Seravezza lief an der alten Via Valentina der Römer entlang und endete am Meer bei einem Ort namens Malamocca, das liegt eigentlich direkt über Viareggio. Die neue Straße war wesentlich besser… Ich wäre nicht überrascht, wenn es leichter war, die Steine von Seravezza und nicht von Carrara über Michelangelos Nuova Strada di Marina ans Meer zu bringen. Schließlich war das zu seinen Zeiten ein moskito- und malariaverseuchter Sumpf, trockengelegt wurde der erst im siebzehnten Jahrhundert…«

Gianni hatte offensichtlich vor, uns einen schnellen Gesamtüberblick über die Geschichte von jedem Quadratzentimeter Boden in dieser Gegend zu geben.

»Und welche Skulpturen sind aus Marmor von Seravezza?«

»Man sagt, der *Moses*… Ich persönlich finde das nicht so entscheidend – du schon? Sicher ist, daß er hier ziemlich viel Arbeit in die Säulen von San Lorenzo gesteckt hat, und diese Säulen sind alle, oder fast alle, verloren.«

Inzwischen hatten wir fast den ganzen Wein von Gianni ausgetrunken, und Caio bestellte neuen. Das kann man nur tun, wenn man den Besitzer des Restaurants kennt. Er kam gleich, ein Mann mit schwarzgeränderter Brille und einem krummen Rücken, und er bat Caio zu pfeifen, bevor er ihm die Speisekarte gab.

»Ein netter Mann«, sagte Caio und versuchte, Zeit zu gewinnen. »Er ist auch einer meiner Bankmanager… Das habe ich dir doch erzählt, oder?«

Beide hielten einander am Arm, zogen und zerrten an der Weinkarte. Ich stand auf und trat durch die offene Tür; während ich draußen auf und ab ging, ließ sich Caio erweichen und gab seine Vorstellung. In den lärmenden Regen hinein schmetterte und trillerte er, die Gäste hörten auf zu essen und drehten sich nach ihm um.

Ich konnte hören, wie der Sturm in Wellen vom Meer hereindrückte, an dem Haus entlangstrich, Trommelwirbel auf dem Wellblechdach der Küche spielte. Mitten in einem Stakkato aus Nässe flackerten die Scheinwerfer der vorbeifahrenden Autos über Asphalt und Chrom. Die Autos fuhren langsam, wie Tiere, die sich durchs Unterholz kämpfen. Hinter mir Gelächter,

Applaus für Caio. Die parallelen Linien der vor drei oder vier Jahren gekappten Platanen ließen an der ganzen Straße entlang ihre dünnen Äste schnell nach unten wippen. Der Rinnstein war bereits voller Wasser, doch der tiefere Graben auf der anderen Seite war noch leer.

Der Rest der Straße lag im Dunkeln.

Michelangelo

Gegen Mitternacht erzählte mir Gianni, daß es an der Brücke direkt vor Seravezza ein Kloster gab, in dessen Garten eine der Säulen aus der Gruppe stand, die Michelangelo für San Lorenzo vorgesehen hatte.

Am nächsten Morgen fuhr ich dorthin, um mir das anzusehen. Es war nicht früh, als ich ankam, doch alle schienen noch zu schlafen.

»Sie schlafen am Tag«, sagte mit unbewegter Stimme der Besitzer eines gegenüberliegenden Antiquitätenladens, »und arbeiten nachts.«

»Wollen Sie damit sagen, daß das eine Art Vampirnest ist?« fragte ich. Er lächelte mich ausdruckslos an.

»Sie beten«, sagte er geduldig, »und das strengt sie sehr an.«

Irritiert fuhr ich den Hügel hinauf und sammelte am Fluß einige große Steine auf. Romano hatte mir erzählt, daß sie sich gut für Bildhauer eigneten, weil die schlimmen Stellen schon abgeschliffen wären.

Als ich zurückfuhr, sah ich, daß die Tür in den Garten der Nonnen offenstand. Still in mich hineinlachend parkte ich, nahm meine Kamera und schlüpfte in den Garten. Ich fand die Säule, ein trauriges, im Lauf der Zeit schwarz verwittertes Ding, hier und dort fehlte ein Stückchen, das skeptische Experten ausgebrochen hatten, um zu sehen, ob der Stein darunter wirklich weiß war.

Eine halbe Stunde später war ich schon über die Abkürzung auf der Autobahn, die Massa mit Lucca verbindet, das Wetter war immer noch unsicher, aber momentan eher trocken. Der westlich von Marseille gelegene *Golfe du Lion* produziert diese blitzartig aufziehenden Stürme, ich weiß nicht genau, warum. Ihre Schönheit liegt in dem oft blutwarmen Regen.

Laut Giannis Version galt es als sicher, daß Michelangelo im Umgang mit Geld ziemlich gerissen war. In der Tat liefern die Historiker keine Erklärung dafür, warum es Michelangelo, der in Gelddingen als das Opfer seiner selbst wie auch der ganzen Welt erschien, gelang, als schwerreicher Mann zu sterben. Wie Michelangelo stammt auch Gianni aus der Toskana und kennt sich daher besser aus.

Aus irgendeinem Grund teilen die Gelehrten die unzähligen Briefe von Michelangelo gern in die nicht miteinander zu verbindenden Kategorien »Kunst« und »Geschäft« ein. Die Ausgabe seiner Briefe, in denen es um die geschäftlichen Aspekte seiner Arbeit in den Steinbrüchen geht, macht die ganze Rivalität zwischen Carrara und Seravezza überaus greifbar.[1]

Im Mai 1517 drängte Michelangelo den Papst, endlich über die Gestaltung der Fassade von San Lorenzo zu entscheiden; er war damals in Carrara und hatte bereits »viele Marmorblöcke in Auftrag gegeben und da und dort Geld gezahlt und an verschiedenen Stellen Marmor zu brechen begonnen«.[2]

Im März des folgenden Jahres war er in Pietrasanta und hatte mit den Carraresern Schwierigkeiten: »Ich war in Genua, um Schiffe zu finden, mit denen ich den Marmor transportieren kann, den ich in Carrara und am Kanal von Avenza liegen habe, und die Carrareser haben die Schiffseigner bestochen und mich so sehr behindert, daß ich jetzt nach Pisa ausweichen muß.«[3]

Diese Aussage könnte bedeuten, daß der Umzug von Carrara nach Seravezza irgendwann zwischen Mai 1517 und dem darauffolgenden März stattgefunden hat, und daß sich die Carrareser darüber ärgerten.

Gegen Ende des Monats ging es dann um die Straße, die den Monte Altissimo hinabführte: »Ich sollte nicht nach Carrara gehen, denn dort bekomme ich in zwanzig Jahren nicht den Marmor, den ich von dort bräuchte. Wegen dieser Angelegenheiten habe ich eine Menge Feinde, und ich müßte aus Bronze sein, um [dorthin] zurückzukehren.«[4]

»Diese Angelegenheiten«? Sind damit die Spannungen zwischen Seravezza und Carrara gemeint, die den Verkauf von Marmor an Michelangelo betreffen? Und um alles noch schlimmer zu machen, klingt in demselben Brief auch durch, daß die Arbeiter bei ihrer Rückkehr nach Florenz verärgert darüber waren, weil Michelangelo seinen Marmor selbst zusammengesucht hatte, und jetzt versuchten sie, die Preise für andere Ausrüstungsgegenstände hochzutreiben, um den Verlust auszugleichen.

Es war schwierig, in Pietrasanta gute Arbeiter zu finden, da er ein Fremder war (*un forestiero*). Die Straße nach Seravezza »hätte man in fünfzehn Tagen anlegen können, wenn die Steinmetzen überhaupt etwas getaugt hätten«, und dann beschreibt er einen bestimmten Felsen, den man in einer Kurve stehengelassen hatte und der weggebrochen werden mußte – vielleicht an einer der Abkürzungen, die es laut Romano einmal gegeben hatte.[5]

Derselbe Brief macht deutlich, wie direkt sich Michelangelo mit den Arbeiten befaßte:

Ich habe die aus dem Steinbruch geschlagene Säule sicher zum Kanal gebracht, fünfzig *braccia* von der Straße entfernt. Das war schwieriger, als ich erwartet hatte. Ein Mann wurde beim Herablassen verletzt, ein anderer stand am ganz verkehrten Platz und wurde auf der Stelle getötet, und ich habe mein Leben riskiert… Die Oberfläche des Steinbruchs ist sehr schwierig und die Arbeiter haben keine Erfahrung. Daher muß man einige Monate lang viel Geduld haben, bis die Berge bezwungen und die Arbeiter geschult sind.

Ein Brief vom April des folgenden Jahres beschreibt meiner Meinung nach den Berg, wo Caio Angst bekam, hinunterzufallen.

Alles ging schlecht, und heute, am Samstag morgen, habe ich versucht, sehr sorgfältig eine Säule herunterzulassen. Es fehlte an nichts, und nach einem Stück von fünfzig *braccia* brach ein Ring der Seilsicherung um die Säule, sie fiel in den Fluß und zerbarst in hundert Stücke. Diesen Ring hatte ein Freund von Donato, genannt Lazzero, gemacht, ein Schmied, und da der Ring gut gearbeitet wirkte, schien er auch stark genug zu sein, um vier Säulen zu halten, und wenn man ihn von außen betrachtete, konnte daran kein Zweifel aufkommen. Doch nachdem er gebrochen war, sahen wir den Irrtum, denn er war innen überhaupt nicht gut gearbeitet, das Metall war nicht dicker als die Verbindung eines Messergriffs, daher habe ich mich gewundert, daß er überhaupt so lange gehalten hat.[6]

Die Deutlichkeit, mit der er laufende Arbeiten schildert, vermittelt den Eindruck, daß Michelangelo alle, die für ihn arbeiteten, außerordentlich stark kontrolliert hat. Doch es ist auch klar, daß er im Zentrum einer unüberschaubaren Woge von Intrigen stand, die aus Carrara, Seravezza, Florenz und vermutlich auch aus Rom heranbrandeten. Ob er um seine eigenen *tangenti* kämpfte, nebenbei eingestrichenes Geld, oder nur versucht hat, andere daran zu hindern, sich dieses anzueignen, ist nicht einfach festzustellen.

Vielleicht haben Honorare und Stipendien im Italien des fünfzehnten Jahrhunderts einen kleineren Teil des Einkommens eines Spezialisten ausgemacht als Bestechungsgelder. Oder vielleicht hat Michelangelo gespürt, daß »Ehrlichkeit die beste Politik« ist. Wie auch immer es war, sein Verhalten in Geldfragen muß als akzeptabel empfunden worden sein, wenn man in

Betracht zieht, daß er schließlich die Bauleitung für die Vollendung der Peterskirche ausübte, des größten Bauvorhabens des Jahrhunderts in Europa.

Man muß nicht alle Einzelheiten von Michelangelos Leben kennen, um intuitiv die Absichten hinter seinen Skulpturen erfassen zu können. Beginnt man, sich mit diesem außerordentlichen Genius zu befassen, so ist es jedoch unerläßlich, sich seines Gespürs für den Stein bewußt zu sein. Florenz bietet hier eine einzigartige Möglichkeit, das zu erforschen.

Michelangelo war der erste Bildhauer, der in schriftlicher Form die Idee festgehalten hat, daß Formen dem Stein innewohnen und ihm nicht vom Künstler aufgezwungen werden können. Dies ist – zusammen mit Leonardos Bemerkung über die Suche nach der Inspiration in den zufälligen Merkmalen in altem Mauerwerk – eines der berühmtesten dicta der Renaissance, doch hier sei es noch einmal angeführt:

Non ha l'ottima artista alcun concetto
Ch'un marmo solo in sé non circonscriva
Col suo soverchio, e solo a quello arriva
La man che ubbidisce all'intelletto.[7]

Es hat der beste Künstler keinen Plan,
den nicht ein einz'ger Marmorblock enthielte...
doch nur *der* Hand gelingt es, ihn zum Bilde
zu formen, die dem Geist ist untertan.

Michelangelos Arbeitsweise mit Marmor war überraschend einfach. Das große Spitzeisen, das Zahneisen mit zwei Spitzen und gelegentlich das Dreierzahneisen – mehr Werkzeuge hat er nicht verwendet. Selten dazu das Flacheisen, sehr selten den Stockhammer oder *bocciardo*, den man braucht, um durch Pulverisieren eine glatte Oberfläche zu erzielen. Seine Technik im Stein war so einfach wie seine Art zu zeichnen: mit einem einzigen

Hilfsmittel zog er deutliche Linien, es gab nichts Verwischtes, Atmosphäre aus Klarheit zu schaffen, war ihm oberstes Gebot.

Der erste Schritt beim Entstehungsprozeß einer Skulptur bestand daraus, den Block mit einem ziemlich großen Spitzeisen zu attackieren, und die Wucht, mit der Michelangelo dieses Gerät handhabte, ist in den *Sklaven* in der *Accademia* und in der *Kreuzabnahme* in den *Opera del Duomo* deutlich zu erkennen. Die Linien dieses großen Eisens verlaufen parallel, sie liegen kaum mehr als zwei Zentimeter auseinander und sind identisch mit den Spuren, die Steinmetzen heutzutage auf den groben *pietra serena*-Pflastersteinen in den Städten der Toskana hinterlassen.

Er entfernt eine Reihe ziemlich flacher Platten mittels paralleler Linien innerhalb sich überlappender kleiner Flächen, jede kleine Gruppe dieser Parallelen verläuft in etwas anderer Richtung. Hier kann man sich lebhaft vorstellen, wie Michelangelo um den Block herumwanderte, aus verschiedenen Winkeln auf den Stein losging.

Beim nächsten Schritt ist der Einsatz eines kleineren Spitzeisens notwendig. Bei den *Sklaven* ist deutlich zu erkennen, wie instinktiv er wußte, daß im Stein eine Ader vorhanden sein mußte und wie er sich direkt dorthin vorgearbeitet hat. Er stieß auf mehrere Adern und jede wurde ziemlich weit herausgearbeitet, aber immer mit dem Spitzeisen oder einem Zahneisen. Sie wurden nicht geglättet oder poliert – obwohl Schmiere und Glanz dies im Lauf der Zeit so erscheinen lassen. Ganz eindeutig konzentrierte sich Michelangelo sehr klar auf das vergleichsweise begrenzte Stück, dessen er sicher war. An diesem Punkt bestand das Werk aus deutlich herausgearbeiteten Adern, die in einem ansonsten fast amorphen Stein nebeneinander existierten, dessen äußere Ränder noch Spuren der anfänglichen leidenschaftlichen Attacken trugen.

Nur unter großen Schwierigkeiten konnte Michelangelo die Inseln auf der Oberfläche in eine einzige Figur zusammenbringen. Stimmten die Proportionen? Wäre er gezwungen, eine besonders geliebte Stelle im Interesse der Gesamtgestalt zu opfern? Es gab ein enormes Risiko, daß seine Assistenten ihn nicht verstanden oder zu grob mit dem Stein umgingen. Ich vermute, daß darin das erste große Hindernis lag, die Skulptur fertigzustellen: die Entscheidung, welcher Teil weichen mußte, würde eine traumatische Wahl werden.

Auch als er diese Hürde genommen und ein Werk geschaffen hatte, das schließlich in allen Proportionen, aus allen Winkeln stimmig war, ging die Arbeit nur langsam voran. Die Skulptur, die Michelangelos gedanklichen Prozeß an diesem Punkt am deutlichsten zeigt, ist der kleine *Apollo* im Bargello, ein Werk, das so dicht vor der Fertigstellung steht, daß seine Aura von Zurückhaltung, die es letztlich prägt, recht geheimnisvoll ist. Die Figur als Ganzes ist vollständig, doch an der Oberfläche der freigelegten Adern aus tieferen Schichten zeigen sich Spuren von Adern, die weiter oben verliefen – wie eine Zwiebel, deren Schale aufgebrochen wurde und die sich jetzt als Abfolge einander umschließender Schichten präsentiert.

Wenn man die Oberfläche eines Stückes betrachtet, das wesentlich weiter fertiggestellt ist, taucht ein anderes Problem auf, das damit zu tun hat. Die anfängliche Arbeit mit dem großen Spitzeisen führte auf der unebenen Oberfläche gelegentlich zu Rissen oder Kerben, und solche Fehler konnten im weiteren Fortgang des Werkes deutlicher hervortreten. Marmor aus Carrara ist lichtdurchlässig und das Licht dringt fast einen ganzen Zentimeter tief in den Stein ein. Das wirkt sich auf zweifache Weise aus. Zum einen werden Risse im Inneren sichtbarer, wenn die Oberfläche geglättet wird und zum anderen läßt das Polieren die Oberfläche des Marmors schimmern, was die Wahrnehmung darüber täuschen kann, wie die tatsächliche Linienführung der Figur verläuft.

Michelangelos Sinn für Formen erfaßte den Marmor vom Inneren her, und er war sich immer des Risikos bewußt, die empfindliche Schale zu zerstören. Sein Werk vermittelt ein außerordentliches Gefühl für die *Haut* einer Arbeit in Stein, d. h. die Oberfläche der imaginierten Form, die zu sehen ist, und vermittelt auch eine Sensibilität für den Stein an sich, aus dem das Bild geschaffen wird.

Michelangelo ist der erste Künstler, der uns bewußt macht, daß man genauso viel dadurch sagen kann, wenn man ein Werk nicht beendet, wie dadurch, daß man es beendet. Doch zu begreifen, wie er das macht, bedeutet, unsere Erinnerungen an die Unmengen nicht vollendeter Arbeiten aufzugeben, die seit seiner Zeit unseren Geschmack bestimmt haben. Geschmack ist das eine, Aussage ist etwas anderes. In Michelangelos Werk ist die Aussage in das eingebunden, was man Fleisch nennt, Haut. Haut des Marmors, Haut des Betrachters, der sich mit dem Marmor identifiziert, beide wirken in ihrer Gegenüberstellung wie Spiegel, fragil, vergänglich.

Michelangelo ist in vieler Hinsicht ein weniger vollkommener Künstler und nicht so guter Bildhauer wie sein großer Vorgänger Giovanni Pisano. Der Stein tut nicht genau das, was von ihm erwartet wird, wird nie gezwungen, einem im voraus festgelegten Entwurf zu folgen. Gemessen an all den Texten, in denen Michelangelo betont, wie wichtig ihm klare Konturen bei seinen Zeichnungen sind, sind seine eigenen Arbeiten in Stein meiner Ansicht nach in der Silhouette weniger scharf als die von Pisano. Pisano setzte außerordentlich kühne Unterschnitte und verwegene, dramatische Verdrehungen des menschlichen Körpers ein und erreichte damit, daß seine *Propheten* (geschaffen für die Kathedrale von Siena, jetzt in den *Opera del Duomo* dieser Stadt) aus jeder Entfernung, aus jedem Winkel klar definierte Posen einnehmen. Bei Michelangelo ist das nicht so. Aus der Entfernung tendiert das innere Licht, das die *Sklaven* verbreiten, dazu, den dramatischen Entwurf aufzuweichen, den Michelangelo im unberührten Felsen des Steinbruchs wahrgenommen hat.

Pisano äußert sich als außerordentlich klarer und gereifter Geist, aktiv in einer gewalttätigen Welt, deren Parameter jedem erkenntlich sind. Doch Michelangelo nimmt uns mit an den Rand der absoluten Ungewißheit – über die Welt, die Position des Bildhauers darin und uns selbst als Beobachter und Bewohner dieser Welt.

Geht es nach dem Geschmack unseres eigenen Jahrhunderts, so gibt es nicht so viele vollendete große künstlerische Werke wie unvollendete.[8] Doch Michelangelo gab seine Projekte nicht aus ästhetischen Gründen auf oder ließ sie deshalb unvollendet. Diese Arbeiten wurden nicht zufällig unterbrochen, denn viele von ihnen blieben über dreißig Jahre in seinem Atelier. Man kann auch nicht mit Sicherheit sagen, daß sie in jedem Stadium in sich abgeschlossen gewesen wären, und keine wesentliche gestalterische Frage dabei offengeblieben wäre. Es ist eher so, als ob der Künstler einfach aus dem Raum gegangen wäre. Jeden Moment hätte er seine Arbeit wieder aufnehmen können, hätte sie fortsetzen und wieder aufschieben können. Das Fleisch seiner Skulptur droht zu reifen und zu vergehen, wie wir selbst.

Careggi

Auf halbem Weg von Siena nach Florenz kam ich an einem kleinen Pritschenwagen vorbei, der in einen Graben gekippt war und auf der Seite lag.

»He, Alessandro«, sagte ich, »ich hoffe, es ist nichts Ernstes passiert!«

Er fuchtelte mit seinen Armen und murmelte etwas. Er war ein ziemlich großer junger Kerl, doch mit seinen wedelnden Armen erinnerte er mich sofort an eine frühere Episode. Als Heranwachsender hatte er sich viel mit dem Tod beschäftigt und während die anderen Jugendlichen aus dem Dorf Fangen spielten oder mit ihren Fahrrädern die Katzen jagten, erschreckte er die Kinder mit einem imaginären Skelett und schrie unheilvoll: »*La Morte Secca*« – ein trockener Tod, ein sauberer Schädel. Unvergeßlich wurde mir das Bild, weil sein eigener Schädel, der des Kindes und der des Mannes, eine seltsame Form hatte.

Vittoria war in *Bagni a Ripoli* bei ihrer berühmten Tante, der großen Eminenz der *Belle Arti*. Ich war immer schon neugierig auf die Villa dieser Dame gewesen. Zu meiner Überraschung hatte man ihre hübsche Fassade aus dem siebzehnten Jahrhundert vor kurzem mit einem ockerfarbenen Verputz restauriert. Das sah völlig gefühllos, fast grausam aus.

Vittoria bestand darauf, einen abgelegenen Weg zur Villa von Lorenzo de' Medici in Careggi zu kennen, den wir heute noch absolvieren wollten. Der Sohn des Nachbars ihrer Tante, erzählte sie, war Anfang des Jahres in einem Verkehrsunfall schwer verletzt worden und sie hatte ihn ein- oder zweimal im Krankenhaus besucht, als er in seinem *gesso*, einem Gipskorsett, lag. Sie sagte, daß sie gern nach Careggi gefahren war. Krankenhäuser machten süchtig. Es gab immer eine Menge zu sehen. Ver-

91

wandte campierten auf den Fluren, hatten kleine Bündel mit Kleidung und anderem dabei, um es sich ein wenig gemütlich zu machen. Zur Unterstützung der Kranken. Die Ärzte bahnten sich, ohne zu klagen, ihren Weg durch die seufzenden Verwandten.

Auf der Strecke durch die Außenbezirke von Florenz gerieten wir wieder in ein »peripheres erhöhtes Verkehrsaufkommen« – ein rotes Verkehrsschild wies uns darauf hin. Arbeiter in blauer Kleidung spritzten flüssige Schlangen auf die Straße, die dann zu Asphalt aushärteten. An der provisorischen Ampel boten zwei junge Marokkaner oder Algerier an, mit einem Gummischaber schnell die Windschutzscheibe zu säubern. Sie hatten ihre Hosenbeine hochgerollt, ihre Füße waren schwarz.

An den parkenden Touristenbussen entlang des Arno putzten ihre Besitzer die Kotflügel, wischten den Staub von Chromteilen ab. Ein junger Mann fuhr in einem kleinen Park unter langbeinigen Zypressen ein Baby im Kinderwagen spazieren. Hinter der Absperrung des Freibads sammelten sich bereits die Badelustigen, bunte Handtücher hingen über den Gittern. So früh am Tag war die Luft noch milchig, am Nachmittag würde es dann sehr heiß werden.

Vittoria erzählte immer munter weiter, über Waisenkinder und amputierte Gliedmaßen, Arbeitsunfälle auf der Ausgrabungsstelle, Messerstechereien zwischen eigentlich friedlichen Arabern an der viertausend Jahre alten Stätte. In dem tiefen Tal zwischen Fiesole und Castello gab es verwilderte Gärten, die jeden aufforderten, hier doch etwas zu bauen. Hier und da standen in Olivengärten noch die toten Bäume, so wie der Frost des Jahres 1985 sie umgebracht hatte, wie feine Drähte schossen an ihrem Stamm junge Sprößlinge auf.

Wir hielten auf einem Besucherparkplatz, unter einigen hohen Pappeln, die am Rand eines Grabens wuchsen. Hinter ihnen erstreckte sich ein steil ansteigendes leeres Feld, darauf ein oder zwei dünne Weinreben, die nach alter Art in beschnittene Akazien hineinwuchsen. Darüber lagen die von Zypressen umgebenen Villen, den Hügel hinauf nach Fiesole zu.

Die Straße mit ihrem pausenlosen Verkehr überquerten wir zu Fuß und schritten durch ein reich verziertes barockes Tor. Sogleich umfing uns eine außerordentlich intensive Stille. Ein breiter Weg zog sich durch eine Gruppe ausgewachsener Bäume, die die klassische Schwermut eines florentinischen Gartens wachriefen. Zu beiden Seiten eine Ligusterhecke, es roch nach Katzenpisse, die staubigen dunklen Blätter hatten die Größe von Hemdknöpfen. Durch den kleinen Wald sah man das Schloß wie einen warmen Block vor dem Himmel. Es fiel schwer, den Blick davon abzuwenden.

Beim Näherkommen sah ich, daß die abwehrende, glatte Fassade von einem ummauerten Balkon belebt wurde, der sich wie Schlagsahne auf einem Kuchen ganz um ein Obergeschoß zog. Ein frivoler Einfall, der den wehrhaften Eindruck aufhob. An der uns am nächsten gelegenen Ecke befand sich ein großes Wappen der Medici, Steinkugeln auf einem Steinschild zwischen steinernem Blattwerk, ein hochkant gestelltes, versteinertes Kranichnest, aus dem die Eier nicht zu Boden fallen wollten.

»Oh, warum kann ich nicht hier leben?« sagte Vittoria, als wir eintraten.

Kleiner, ziemlich voller Hof, Blumen in großen Töpfen und hinten ein Podium, das für Konzerte warb, in denen »noch einmal das feinsinnige Leben eines Prinzen der Medici aufersteht«. Aus ihren grauen Augen blitzte Vittoria mich ironisch an. Heute war sie dem abgründigen Alltagshumor sehr zugetan.

Am anderen Ende des Hofes führte eine steile Treppe direkt in einen leuchtenden Himmelsfleck. In einem hübschen gemauerten Bogen, unter dem diese Himmelsleiter begann, hing eine Laterne, die man dort vor hundert Jahren provisorisch befestigt hatte, jetzt quietschte sie in einem leichten Luftzug, der von den Hügeln kam.

Langsam gingen wir die Stufen aus *pietra serena* mit der gezackten Balustrade hinauf, die durch einen weißen Bogengang steil anstieg.

Vittoria begann, über die Medici zu plaudern.

»…nicht Lorenzos Lieblingsschloß. Ich glaube, er war lieber in Poggio a Caiano. Dort konnte er allein sein, besser allein sein. Doch von Florenz aus war man schneller hier als in Poggio a Caiano, also war er öfter hier. Alle Medici kamen eigentlich hierher, vor allem, um zu sterben.«

»Sterben?«

»Sie wollten Florenz nicht einmal für kurze Zeit verlassen. Deshalb ritten sie, so oft sie konnten, einfach den Hügel hinauf.«

»Wahr ist jedenfalls, daß es hier kühler ist«, sagte ich. »Sogar schon diese kurze Entfernung von der Stadt macht viel aus. Und woran sind sie eigentlich gestorben?«

Einen Augenblick lang versenkte sich Vittoria in die Aussicht von oben, überlegte. Zartgrüne und gelbe Reflexe aus dem Garten strahlten von unten auf ihr Gesicht.

»Was heißt *la gotta*?«

»Keine Ahnung. Was soll das sein?«

»Pietro il Gottoso ist daran gestorben.«

»Aha. War das eventuell die Gicht?«

»Genau! Pietro der Gichtige«, sagte Vittoria, »starb an der Gicht. Lorenzo ebenfalls, glaube ich. Sie ernährten sich schlecht. Sehr viel Fleisch, kein Gemüse, nichts Grünes.«

»Massenweise Dessertweine«, sagte ich, »Unmengen Portwein.«

»Kein Portwein. Malvasier-Wein. Sie müssen sehr gelitten haben unter – was heißt *acido urico*?«

»Harnsäure.«

Wir waren oben angekommen und wandten uns nach links durch einen großen Bogen in einen Raum mit fünf verwitterten geschnitzten Türen aus Kastanienholz. An der Wand hingen drei große Gemälde aus dem neunzehnten Jahrhundert; sie zeigten

Lorenzo, der dem Gelehrten Poliziano bei seinem Vortrag aus einer Homer-Übersetzung lauschte, und den alten Giovanni di Bicci, der Gesandten zuhörte und dabei nachdenklich aussah – oder vielleicht einfach nur gichtig.

»Ich kann nicht glauben, daß diese Porträts stimmen.«

Vittoria betrachtete Poliziano und die Gruppe seiner Zuhörer, die in Pelze gekleidet waren. »Keine sehr angenehme Gesellschaft«, murmelte sie und antwortete dann auf meine Frage:

»Du hast recht. Das berühmte Porträt des Lorenzo il Magnifico, nach dem diese Kopien entstanden, hat Vasari fünfzig Jahre nach seinem Tod gemalt. Wir wissen nicht, ob es ihm ähnlich ist. Vielleicht gab es Zeichnungen, die andere Künstler zu Lorenzos Lebzeiten angefertigt haben. Oder vielleicht eine Totenmaske. Oder vielleicht gab es *una tradizione orale.* Jedenfalls wissen wir nicht, welche Vorlagen Vasari verwendet hat…«

»Ich muß gestehen, daß ich mit Lorenzo il Magnifico ein gewisses Problem habe«, sagte ich nach einer Weile. »Ich weiß, daß die Kunsthistoriker sagen, wie gut er war, wie gebildet, welch ein Förderer und Dichter, eine Schlüsselfigur der Renaissance und so weiter. Es gibt eigentlich nicht wirklich einen Grund, ihn nicht zu schätzen. Vielleicht habe ich zu viel für die republikanische Einstellung der Künstler übrig…«

Vittoria hörte schweigend zu, während ich in dürftigen Worten eine dürftige Logik entwickelte. Sie liebt es, die Argumente in Ordnung zu bringen, ihnen ihr Recht zuzugestehen. Daher sagte sie, daß Lorenzo ein schwer arbeitender Mann war, leise sprach, ein wenig falsch war. Seinen Sohn Piero hätte er nicht so verwöhnen dürfen. Er hätte nicht so früh sterben dürfen.

»Natürlich«, sagte sie, »ist es eine schwierige Frage, wieviel die Medici für die Kunst getan haben. Lorenzo hielt von Malerei vermutlich nicht so viel wie von Juwelen. Möglicherweise mochte er auch keine Maler, vielleicht weil sie, wie du auch sagst, oft republikanisch eingestellt waren. Das zu beweisen könnte schwierig werden. Sicher, er hat sie von Florenz weggeschickt, nach Rom oder Bologna oder Venedig, aber das könnte auch ein intelligentes politisches Kalkül von ihm gewesen sein. Sie waren Botschafter florentinischer Lebensart. Sie gingen voller Respekt, mit seiner *raccomandazione*. Botticelli nach Rom, Verocchio schuf in Venedig die Statue des Corleone. Leonardo, Sangallo...« Vittoria schaute zur Decke mit den aufgemalten Strahlen hoch und zählte an ihren Fingern eine Liste ab.

Ich studierte die Stürze der einzelnen Türen und versuchte herauszuhören, hinter welcher sich vielleicht etwas Interessantes verbarg.

»Filippino Lippi hat er direkt aus einer Kirche in Florenz geholt«, sagte sie, »und ihn nach Rom geschickt, mitten aus der Arbeit an einem Fresko herausgerissen. Sieben Jahre später mußte er es fertigstellen. Lorenzo zog Juwelen der Malerei vor, das meine ich schon. Ein Fresko war so wenig wert, und konnte nie verkauft werden. Doch mit Juwelen konnte er, wenn es notwendig war, zur Bank gehen und Geld bekommen, oder?«

»Als zusätzliche Sicherheit für ein Darlehen?«

Als sie den Begriff verstanden hatte, nickte sie boshaft.

»Wie! 1490?«

»Das habe ich nachgeprüft«, sagte sie selbstzufrieden. »Er hat viele Male Juwelen als Sicherheit für die Medici-Bank akzeptiert, und er war nicht der erste. Ein Fresko kann man nicht zur Bank bringen.«

Sie schien sehr zufrieden mit sich zu sein, da sie wieder ein Stück aus dem Puzzle ordentlich eingefügt hatte.

Als ich meinen Kopf in einen der großen Kastanienholzdurchgänge steckte, stellte ich erstaunt fest, daß die Villa nicht offiziell für den Publikumsverkehr geöffnet war. Im ganzen Gebäude waren Büros, die Hauptverwaltung der USL (*Unità Sanitaria Locale* – lokaler Gesundheitsdienst) und an den Wänden der Büros standen Regale mit Aktenordnern, es gab auch im Kreis angeordnete Schreibtische mit Computern und Schreibmaschinen und vogelartigen, emsigen Sekretärinnen. Ich sah, daß die Regale an den Rückseiten gepolstert waren, damit die Wände nicht beschädigt wurden.

»*Con permesso*«, sagte ich, »könnten Sie uns das Zimmer zeigen, in dem Lorenzo il Magnifico gestorben ist?«

»Nächste Tür«, sagte sie.

Hinter der nächsten Tür traf ich einen Franco, mit dem ich schon einige Male telefoniert hatte, um unseren Besuch vorzubereiten. Er schien alles andere als angetan davon, uns zu sehen, also sagte ich ihm gewichtig, daß wir bedeutende Kunsthistoriker seien. Er stand auf, verschwand durch eine andere Tür. Als er wiederkam, sagte er, daß in dem Zimmer gerade eine Konferenz stattfand und ob wir in, sagen wir, eineinhalb Stunden wiederkommen könnten? »Das könnten wir«, sagte ich, während Vittoria hinter mir mit einem bedrohlichen *Senta* eingreifen wollte.

Signor Franco bemerkte ihre Ungeduld und sagte:

»Die Loggia können Sie immer besuchen.«

»Ah, ja, die Loggia«, sagte ich, »natürlich.« Ein Finger deutete nach rückwärts in die Richtung, aus der wir gekommen waren.

Die Sekretärinnen schienen sich über die Unterbrechung zu freuen und brachten uns zu einer kleinen Loggia im hinteren Teil des Hauses. Säulen aus *pietra serena,* gekachelter Boden, Holzdecke mit mittelmäßiger Verzierung. Unten brütete ein hochsommerlicher Garten voller Insekten, grüne Blätter blitzten zu unseren leicht geblendeten Augen hoch, im Hintergrund schwarze Zypressen.

»Oh, ja, sehr hübsch«, sagten wir. Eine der Sekretärinnen sagte, die Malereien auf der Decke der Loggia wären von Pontormo, möglicherweise unter Mitarbeit von Bronzino. Wir sahen noch einmal hinauf, jetzt mit etwas mehr Aufmerksamkeit.

»Das sind keine Fresken«, sagte Vittoria nach einem kurzen Blick.

»Wie können Sie das feststellen«, sagte die Sekretärin tief beeindruckt. »Sie haben doch nur kurz hingesehen?«

Ich erklärte, daß Fresken aus Wasserfarben bestehen, die direkt und ohne Bindemittel auf den frischen Verputz aufgetragen werden. Wenn der Verputz trocknet, zieht die Farbe ein und bleibt untrennbar mit der Wandoberfläche verbunden. Dadurch wird sie dauerhafter als jeder andere Farbauftrag auf Putz, egal, welches Material man nimmt. Auch wenn er immer weiter verblaßt, so bleibt doch immer noch etwas Farbe auf dem Gips zu sehen –»wohingegen hier«, sagte ich und deutete nach oben, »die Farbe abgeblättert und nichts mehr zu sehen ist. Das zeigt, daß ein anderes Malmaterial verwendet worden ist, das sich nicht richtig mit dem Untergrund verbunden hat.«

Sie war eine kleine Frau mit dicken Brillengläsern und hatte ganz konzentriert eine Hand in die andere gelegt, während sie dastand und zuhörte.

»Aha«, sagte sie voller Zufriedenheit, »jetzt habe ich etwas gelernt. Vor einigen Jahren waren Fachleute hier, aber die sagten, daß man an den Malereien nichts ausbessern könnte, weil sie im späten siebzehnten Jahrhundert sehr schlecht restauriert wurden.«

Vittoria und ich begannen, die ganze Decke Paneel für Paneel genau zu studieren. Wir bogen unsere Köpfe nach hinten, bis unsere Münder offenstanden wie bei hungrigen Vögelchen. Das meiste bröckelte und war bedrückend schlecht überarbeitet worden, doch hier und da fanden wir Stellen, an denen die Farbe frisch zu sein schien.

Unter den Köpfen einiger Grotesken trug ein filigranes Spalier Blätter und Ranken, an den Seiten wurden sie von einer wunderschönen Muschel gehalten, die sehr schnell mit guten Farben gemalt worden war. Die flinke Hand von Pontormo, mit seiner raschen und intensiven Konzentration.

»Ich könnte mir vorstellen«, sagte ich, »daß es zu empfindlich ist, um jetzt eine Restaurierung zu versuchen und die später entstandenen Stellen abzunehmen.«

»Sie haben überhaupt kein Geld«, sagte die Sekretärin mit

fester Stimme. »Man könnte hier so vieles machen, wenn man alles wieder ein wenig in Schuß bringen wollte. Es ist eine solche Verschwendung, daß hier nur Büros sind.«

»Aber für Sie ist das doch schön, Signora«, sagte ich.

»Ich bin so gern hier«, sagte sie. »Ich weiß alles über dieses Gebäude! Von oben bis unten habe ich alles genau angeschaut. Sogar nachts war ich hier, in meinen Träumen. Wissen Sie, dort oben« – und sie deutete auf die Zinnen hinter sich – »habe ich in der Waffenkammer ein kleines Fensterbrett gefunden, in das ein Satz eingeschnitten war: *Hic itur ad astra* – Hier geht man zu den Sternen! Der Raum war ein einziges Chaos! Tote Ratten und andere schreckliche Dinge, und eine Eule lebte dort. Der *Signor Preside* sagte, ich sollte das Fenster schließen, also flog die Eule davon. Als ich am nächsten Tag wiederkam, um nachzusehen, hatten sie die Schnitzerei übermalt! Stellen Sie sich das vor! Aber wie soll man von Mietern auch ein Gefühl für diesen Ort erwarten? Als wir hier neu eingezogen sind, war alles sehr gut gepflegt. Die Schwesternschule hatte ihr eigenes Reinigungspersonal, und sie gingen mit allem gut um. Jetzt hat die USL untervermietet, und die neuen Leute kümmern sich um überhaupt nichts.«

Sie ging zum Rand der Loggia.

»Die Schwestern haben erzählt«, sagte sie, »daß dort drüben, hinter diesem Baum, ein geheimer Durchgang war, der direkt zu dem anderen Schloß dort auf dem Hügel führte.« Sie deutete in die Richtung und in ungefähr eineinhalb Kilometer Entfernung sahen wir ein Schloß, verblichen wie ein zu stark gereinigtes Bild, zwischen grünen Bäumen und vereinzelten schwarzen Zypressen.

»Aha«, sagte Vittoria, »ein Fluchttunnel.«

»Und in der Kapelle gab es sehr viele Fresken«, sagte sie triumphierend, »auch die wurden übermalt. Fresken im Keller, in dem so viel altes Gerümpel steht. Stellen Sie sich das vor! Die alten Kisten von unseren Computern, in einem Keller voller

99

Fresken! Wir haben diesen Ort nicht verdient. Die Nonnen haben alles so gut gepflegt. Und bis 1936 gab es riesige Schildkröten im Garten. Das haben die Nonnen erzählt, als wir einzogen.«

Ich beschloß, dieser netten Sekretärin den wahren Grund unseres Besuchs zu verraten. Sie liebte diesen Ort so leidenschaftlich.

Ich erklärte, daß ich herauszufinden hoffte, ob etwas Wahres an der Geschichte war, daß Poliziano eine Unterredung zwischen Savonarola und dem auf dem Sterbebett liegenden Lorenzo belauscht hatte. Das war ein entscheidender Moment bei der Entstehung der Republik Florenz, doch es gab auch Stimmen, die sagten, daß diese Begegnung nie stattgefunden hätte. Also mußte man als erstes feststellen, ob so etwas physisch überhaupt möglich gewesen wäre, und deshalb mußte ich den Raum sehen, in dem Lorenzo gestorben war.

»*Professore*«, sagte die Sekretärin, »haben Sie Bargellini gelesen?«

Der Professor (ich) verneinte etwas erstaunt.

»Bargellini führt aus«, sagte sie, »daß die beiden sich oben auf der Treppe begegnet sind, vor aller Augen. Und daß Lorenzo, obwohl er krank war, aus seinem Bett aufgestanden ist, um Savonarola zu treffen und gesagt hat, daß es einem Mann besser anstünde, auf den Herrn zuzugehen, als daß der Herr zu dem Mann käme... Ich habe immer wieder darüber nachgedacht, da die Treppe, die hier heraufführt, so steil ist. Kann man sich vorstellen, daß ein sehr kranker Mann dort hinuntergeht? Andererseits: wenn es nicht diese Treppe war – welche dann? Das Schloß hat sich seit 1494 nicht so sehr verändert.«

Ich war verlegen, aber nicht überrascht, daß sie über dieses Thema mehr wußte als ich. Lächelnd verabschiedeten wir uns voneinander. Sie schien sehr erregt zu sein und es zu bedauern, daß sie an einen flackernden Bildschirm und zu alten Arztrechnungen zurückkehren mußte.

Durch eine Seitentür verließen wir das Schloß und gingen in den Garten. Als ich auf den Boden sah, zuckten und zappelten kleine Teilchen wie tropische Fische in meinem Schädel umher. Meine Augen gewöhnten sich an das grelle Sonnenlicht und ich erkannte, daß ich auf einem Weg aus kleinen, bunten Kieseln stand, die in verwitterten Beton eingegossen waren. Als Muster bildeten sie die Kugeln der Medici, eingebettet in verblaßte Rokokorauten, die zum Garten führten.

Den Patio schloß ein Geländer ab, an dessen beiden Enden je ein steinerner Zwerg auf einer Plinte stand. Die zwei Gnome wirkten auf verwirrende Weise realistisch, als hätte ein geistreicher Herzog zwei seiner Diener in Stein gießen lassen. Einer saß auf einer Eule, der andere auf einer Schildkröte, beide Tiere waren an diesem Ort heimisch. Gegen den Efeu kämpften die Zwerge mit Muskeln aus bröckelndem Gestein.

Der Garten war nach englischer Manier angelegt, vor vielen Jahren hatte also jemand einige exotische Bäume in scheinbar natürlichen Situationen gepflanzt. Zwei Libanonzedern, ein Eukalyptus mit leuchtend roter Rinde. Darunter Rasen.

Diese allgegenwärtige Atmosphäre kommunaler Verwaltung langweilte uns, so gingen wir bald zum Schloß zurück und sahen eine hübsche *Limonaia* – ein Ort, an dem Zitronenbäume während des Winters untergestellt werden –, die an die äußere Begrenzungsmauer gebaut war. Hier begegneten wir einer Gruppe von Arbeitern in blauen Overalls – der Farbe der Gemeinde, in Taschen und Körben hatten sie ihr Mittagessen dabei. Ein angenehmes Gebäude, groß und luftig, an der Rückwand gab es Rampen, um die Zitronenbäume aufzustellen, und in der Mitte für die schwereren eine große Winde, wie ein Flaschenzug für Boote. Die Arbeiter saßen auf den Rampen oder auf umgedrehten Terrakottatöpfen. Während wir da standen, kam ein Verspäteter, die Arme voller Zucchini, er mochte wohl den USL-Hungerlohn durch etwas Privatwirtschaft in der Tiefe des Gartens aufbessern.

»Dieses Jahr sind die Zitronenbäume vierzehn Tage lang schnell gewachsen«, sagte ich zu dem am nächsten sitzenden Mann in Blau, »dann war es plötzlich vorbei.« Er sagte: »*E'l*«, als wäre ich nicht der einzige Philosoph, dem dieses interessante Phänomen aufgefallen war. Also palaverten wir über die richtigen Mixturen für Zitronenbäume, die in Töpfen gezogen wurden, die perfekten Mischungsverhältnisse von Eisensulfat, gestoßener Lupinensaat, Karnickelkot und Erde.

Vittoria ging. Ich folgte ihr einen Augenblick später. Sie sah gut aus, ging mit braungebrannten Beinen in einem kurzen Khakirock voraus.

Sie blieb stehen, um an einer an der Schloßmauer kletternden, noch blühenden Glyzinie zu schnuppern – die zerfiel daraufhin völlig, wie ein Zauberstab. Ich lachte. Das wirkte so symbolisch. Ich fing mir einen Donnerblick aus heiterem Himmel ein, dann ging sie davon. Sie mag es nicht, wenn man sie aufzieht.

Später erzählte sie mir, um ihren plötzlichen Anfall von Ich-will-allein-sein wiedergutzumachen, daß sie das Zucchinibeet finden wollte, da in dieses Gartenstück vermutlich wesentlich mehr Liebe investiert wurde als in den Rest. Aber es war wohl zu gut versteckt.

Doch unter einem traurigen Rhododendron erlebte sie eine große Überraschung. Sie stieß auf etwas, das zuerst wie zwei große Müllsäcke aussah, die am oberen Ende lose zugebunden waren. Dann blinzelte einer von ihnen mit einem äußerst lebendigen Auge und im Nu wurden daraus zwei Pfauen.

Hastig kamen sie, mit kurzen Denkpausen, aus dem Schatten heraus und langsam in den Sonnenschein. Schüchtern schienen sie bei jedem Schritt Vittoria mit einem frostigen Blick bedenken zu müssen, erst mit dem einen Auge, dann mit dem anderen. Doch als sie in der Sonne waren, vergaß der männliche Vogel die Gegenwart dieses Menschen und begann, um das Pfauenweibchen zu werben. Er entfaltete sein Rad wie einen großen japanischen Fächer und hob ihn senkrecht über sich. Er schien es mitten auf dem Rücken zu tragen. Die Spitzen seiner Flügel schleiften steif auf dem Boden; er stampfte auf. Das Weibchen nahm keine Notiz. Sein Fächer zitterte. Er sah geradeaus, sein Kopf hob sich stolz und strahlendblau vor dem rindenartigen Muster seines Schwanzes ab.

Vittoria sagte, er sei noch ziemlich jung, da er nur zwei oder drei leuchtendgrüne Federn hatte, die erst zu wachsen begonnen hatten – so rührend wie die Brusthaare auf dem Körper eines Heranwachsenden. Und als der Pfau sich umdrehte, schleifte ein ganzes flaumiges Bouquet weicher Federn hinter ihm, so weich, daß der Schwanz wie in Bronze gegossen wirkte. In der Mitte dieses köstlichen Nests pulsierte sein rosafarbener Anus.

Ihre Beschreibung der Pfauen in wunderbarem Italienisch – ihr Englisch war zwar gut, aber ein wenig gestelzt – zeigte Vittoria in Hochform. Sie wurde zu dem, was sie beschrieb. Sie drehte sich um und für einen Augenblick sah ich einen Pfauenschwanz, der sich aus ihrer Rückenmitte aufrichtete. Ein Reflex des Sonnenlichts, bevor wir wieder unserer Wege gingen.

Während er in einem der Zimmer im oberen Stockwerk in Careggi im Sterben lag, schickte Lorenzo de' Medici nach Savonarola, als dessen turbulente Karriere kurz vor ihrer abschließenden Phase stand und er im Florenz der damaligen Zeit zweifellos die Figur mit dem größten Charisma war.[1]

Der Mönch betrat das Zimmer des kranken Mannes und Lorenzo begann, ohne überhaupt die Frage einer Beichte am Sterbebett zu erörtern, über die drei Ereignisse zu sprechen, die auf seinem Gewissen lasteten: die Plünderung von Volterra – ein betrüblicher und trauriger militärischer Fehler, für den Lorenzo nicht ganz verantwortlich war; der Diebstahl von Geld aus einem Fond für verwaiste Mädchen; und die brutale Unter-

drückung als Folge der Verschwörung der Pazzi, die ein miß-
glückter Mordanschlag auf ihn gewesen war.

Während Lorenzo sich ruhelos in seinem Bett hin und her
warf, wiederholte Savonarola besänftigend, daß Gott gut war,
daß Gott gnädig war.

»Doch wahre Reue«, sagte Savonarola, »fordert dreierlei von
Euch: den Glauben an die Gnade Gottes – «

»*Questa l'ho grandissima*«, sagte der arme Mann: den habe
ich im größten Maße.

»Dann müßt Ihr die Gelder zurückgeben, die Ihr gestohlen
habt« – hier schaute Lorenzo eher aufgebracht als reuig, nickte
jedoch wieder zustimmend.

»Zu guter Letzt müßt Ihr dem Volk von Florenz seine Freiheit
wiedergeben.« Jetzt wandte Lorenzo sein Gesicht ab, ohne zu
antworten. Savonarola ging, ohne ihm Absolution zu erteilen,
und er starb wenige Tage darauf.

Das war die Legende, deren Hintergrund Vittoria und ich
erkunden wollten. Hatte eine derart melodramatische Begegnung je stattfinden können? War es wahrscheinlich, daß Lorenzo
Savonarola rufen ließ, der bis dahin nach florentinischem Verständnis für die *raccomandazione*, die Hilfe, nur Undankbar-
keit gezeigt hatte, die Lorenzo ihm in früheren Zeiten gewährt
hatte? Wenn er wirklich gekommen war, war es dann anzuneh-
men, daß die beiden Männer die Frage der Freiheit von Florenz
besprochen haben? Solch ein Thema in solch einer Situation?

Lorenzo de' Medicis Herrschaft über Florenz spielte sich sehr
stark hinter den Kulissen ab, dadurch blieben die institutionali-
sierten »Freiheiten« unangetastet, an denen die Florentiner so
leidenschaftlich hingen. Jedoch war sein Sohn Piero sehr
schlecht angesehen. Pieros Mutter war eine Orsini und unbe-
liebt, und die Florentiner empfanden Piero als vulgären und
aggressiven Römer.

Lorenzo hat vielleicht gespürt, daß er Piero ein ungesichertes
Erbe hinterließ. Auch wenn der ganze Vorfall etwas Apokryphes

hat, ist es doch möglich, daß Lorenzo Savonarola deshalb sprechen wollte, um ein letztes Mal Unterstützung für seinen Sohn zu finden und die große Kluft zu überbrücken zwischen der herrschenden Oligarchie, der er selbst vorstand, und dem *popolo minore*, das an den Lippen Savonarolas hing.

Savonarola war auf Seiten des Volkes, oder zumindest derjenigen, die seine Kirche füllten und von Höllenqualen gepeinigt weinten, wenn seine Rede sie aufwühlte. Der vergebliche Schrei nach Freiheit, der Savonarola zugeschrieben wird, kann auch eine verfälschte Erinnerung sein, die nach den Ereignissen zurechtgedacht wurde, an eine letzte und verzweifelte Diskussion über die Zukunft von Florenz angesichts Lorenzos Tod.

Man kann sich nicht voll und ganz auf zeitgenössische Berichte verlassen, denen zufolge Savonarola entweder ein großer Held oder ein notorischer Betrüger war. Seine Gefolgsleute der damaligen Zeit wurden *Piagnoni* genannt, d. h. »die Winsler«, so wie seine Gegner als *Arrabiati* bezeichnet wurden, »die Wütenden«. Deren Objektivster war der Humanist Poliziano, ein enger Freund von Lorenzo de' Medici und stiller Beobachter des Mönchs. In einem Brief an einen Freund bezog er sich auf die Begegnung am Totenbett. Er macht deutlich, daß die dramatische Unterredung vor irgendeiner Vereinbarung über eine Beichte geführt wurde – an der er ohnehin rechtmäßig nicht hätte teilnehmen können. Doch er ist ebenso sicher, daß Savonarola ging, ohne Lorenzo gesegnet zu haben und gibt daher Anlaß zu der Vermutung, er habe gewußt, daß alles schlecht ausgegangen war. Die Botschaft scheint zu lauten: »Ich kann nicht sagen, was gesprochen wurde, doch Savonarola ging fort, ohne Lorenzo zu segnen« – und es blieb dem allgemeinen Klatsch überlassen, dem Empfänger des Briefes klarzumachen, was tatsächlich vorgefallen war.

In Careggi schmolz das ganze Problem an diesem Nachmittag auf den einen Punkt zusammen: Poliziano sagte, er wäre Zeuge dieser Beichte ohne Gebeichtetes gewesen. Stimmt! Es ist zu kompliziert festzumachen, wer was zu wem gesagt hat, aber können wir wenigstens grundsätzlich davon ausgehen, daß die Begegnung stattgefunden hat? Wo stand Poliziano, als Lorenzo sich zur Wand gedreht hat?

Zu meiner Überraschung stellte sich heraus, daß die Erkundung des Sterbezimmers ein Abenteuer war, für das sich das Warten gelohnt hatte.

Vittoria traf ich Punkt halb eins im Hof am Fuß der steinernen Treppe unter der rostigen Laterne. Wir gingen noch einmal zusammen in den Himmel hinauf, wandten uns nach links in den Raum mit den unähnlichen Porträts, klopften an der abgelegensten düsteren Tür, wo wir nach kurzem Zögern ins Allerheiligste vorgelassen wurden.

Direktor Dr. Rossi stand an seinem massiven Schreibtisch, ungerührt von der Information, wir wären bedeutende Kunsthistoriker.

Ich erläuterte die mißliche Lage. War dies das Zimmer, in dem Lorenzo starb? Dr. Rossi sagte *prego* und machte eine Geste mit seiner Hand. Als ich die Szene zwei Tage später aus meiner Erinnerung niederschrieb, sah ich ein großes Bett in der großen Wand, schwarz, zerwühlt, leer – und in Wirklichkeit gar nicht vorhanden. Dr. Rossi muß eine sehr starke Ausstrahlung haben, damit mir in seiner Anwesenheit ein Bett erscheint, nur weil er *prego* sagt.

»Möchten Sie gern die *guardaroba* sehen?«

Wir sagten, daß uns das sehr freuen würde. *Prego!* Hinter einer kleinen Tür lag ein winziges Vorzimmer, in dem zwei Kunsthistoriker und ein USL-Fürst Schwierigkeiten hatten, sich in angemessen formeller Verteilung aufzuhalten. Fresken segelten über unseren Köpfen, der Raum war wesentlich höher als breiter.

»Aber diese Fresken«, sagte Vittoria, »das ist doch sechzehntes Jahrhundert…«

»*Certo*«, sagte Dr. Rossi, »doch der Raum ist noch genauso erhalten wie damals, als Lorenzo starb.«

Wir begannen herumzuschnüffeln. Eine zweite kleine Tür führte in einen kurzen Korridor, der zum Ende zu schmaler wurde. Ein etwas provisorisches Waschbecken war in eine Art vertieften Schrank auf der rechten Seite eingesetzt worden. Nach einer windigen Tür befanden wir uns in Dr. Rossis privater Toilette; mit großer Höflichkeit bat er uns, doch weiter zu suchen, nach allen Seiten, unten, oben.

Hmm, oben, das war das Stichwort. Als Vittoria einen Schrank öffnete, sah sie dort, wo die Oberkante sein sollte, auf die Unterseite einer Treppe. »Und wohin führt die?« fragte sie. Verblüfft sagte Dr. Rossi: »*Veramente*. Das kann ich Ihnen nicht erlären.« Wir betrachteten alle die Außenseite des Schranks, wo die Treppenstufen von oben her hätten ansetzen müssen. Nichts. Ein Nichts aus dem sechzehnten Jahrhundert, obendrein. Dann stellten wir fest, daß über der Türkante gerade so viel Platz war, daß die Treppe ihre Richtung ändern konnte…

Voller Entschiedenheit ging Dr. Rossi mit uns in sein Büro zurück, Lorenzos Sterbezimmer, und läutete seiner Sekretärin. »Würden Sie diese *studiosi* freundlicherweise nach oben begleiten, in das Zimmer über uns, und nachsehen, ob es dort eine Fortsetzung dieser Treppe gibt? Danach berichten Sie mir, ob Sie etwas gefunden haben.« Die Sekretärin sah gespannt aus. Eine Schatzsuche!

»Ich bin so froh«, sagte ich zu Dr. Rossi, »daß ich Sie auf etwas neugierig machen konnte, was unter anderen Umständen nur dazu geführt hätte, Ihre wertvolle Zeit zu verschwenden.« Ein sehr verhaltenes Lächeln erschien auf dem Antlitz des großen *Dottore*, als er sich von uns verabschiedete.

Doch die Sekretärin ruinierte meine feinfühlige Abschiedsarie, indem sie eine Geschichte zu erzählen begann, wie sie gerade erst letzte Woche mit Gigi von unten über diese Treppe gesprochen hatte, die sie im Erdgeschoß entdeckt hatten, und daß die doch wohl einen Anfang wie auch ein Ende haben mußte, oder hatte sie da etwa nicht recht? Wieder ganz förmlich sagte Dr. Rossi: »Bringen Sie diese neugierigen Herrschaften nach *oben,* und wenn Sie sie nach *oben* gebracht haben, begleiten Sie sie nach *unten* zu Gigi, und wenn Sie alles besprochen haben, kommen Sie wieder hierher und berichten mir, was dabei herausgekommen ist.«

Die Sekretärin kümmerte sich nicht um ihren Boß und telefonierte bereits mit Gigi von unten, bevor sie uns durch ein weitläufiges Labyrinth aus Korridoren in die oberen Gefilde des Palastes führte.

Unter dem Dach trafen wir auf eine Art Nest von Sekretärinnen, die gerade Mittagspause hatten und im Kreis in einer Dunstwolke aus Zigarettenrauch zusammensaßen, unter ihnen auch eine offensichtlich Hochschwangere, die etwas benommen aussah. »Zwei Kunsthistoriker«, sagte die Sekretärin. Allgemeines Gekicher. Hinter dem Aufenthaltsraum kamen wir – was für ein Laden – in die Toilette der Sekretärinnen aus dem Obergeschoß. Viel zu vollgestopft für eine solche Menge Frauen – Eimer, Scheuerlappen, Besen und ein randvoller Mülleimer.

Meine wachsende Verlegenheit wich echtem Enthusiasmus. Ich war das Ebenbild des rasenden Kunsthistorikers auf der richtigen Fährte. Mit unseren Armlängen nahmen wir Maß. Durch das Fenster sprang ich auf den Balkon, der um die alten Mauern lief, und konnte mit geschickten Schlußfolgerungen beweisen, daß zwischen Abwasserrohren und Außenmauer gerade genug Platz war, damit dort...

Das untere Stockwerk versprach mehr, doch Gigi brachte mich auf den Boden der Tatsachen zurück. »Der Geheimgang«, sagte er gelassen, »beginnt direkt über dem Schrank im hinteren Zimmer.« Wir gingen durch kleine Zimmer, die durch endlose Reihen von nervtötend gleichartigen Aktenbündeln noch kleiner wurden. Wir fanden den Schrank. Darüber gab es eine kleine Luke. Luke geöffnet, Tusch blasen, Hals verrenkt – und hallo *presto,* eine feine, aber sehr kleine Treppe, die nach oben führt. Zehn oder fünfzehn Stufen hatte man abgebaut, um wieder mal eine Toilette einzurichten, diese war jetzt für Herren.

Gierig begann ich, auf einem Regal voller Akten thronend, alles zu begutachten. Die Stufen waren aus *pietra serena* und das Ganze wirkte wesentlich großartiger als die üblichen Lieferanteneingänge.

»Ein echter Geheimgang«, sagte ich, »durch den der Prinz den Mördern entfliehen konnte.«

»Oder Damen nach Hause schicken«, sagte Gigi.

Vittoria setzte zu einigen Ausführungen über die Paranoia der Medici an, ihre vielen Fluchtwege und ihre Eigenart, Kamine als Mikrophone zu benutzen, Leon-Battista Alberti hat das in seinem Buch über Architektur dargelegt. Der Klang ihrer Stimme sagte mir, daß auch sie das Jagdfieber gepackt hatte.

Ich schüttelte Gigi herzlich die Hand. Einen Moment lang wirkte er verunsichert, fühlte sich auf den Arm genommen. Ich ging einen Schritt auf die Sekretärin zu, um sie auf beide Wangen zu küssen, überlegte mir das jedoch noch einmal und so stolperten wir nach draußen. Im Garten nahm Vittoria meinen Ellbogen und wir gingen den Hügel hinunter.

»Das reicht, um zu zeigen«, sagte sie, »daß Poliziano hätte zugegen sein können, als Lorenzo mit Savonarola sprach; er hätte die Geheimtreppe benutzen oder einfach in der *guardaroba* stehen können. Vielleicht wollte Lorenzo sogar, daß er dort war. Wenn es gar keine Beichte war…«

Ausgelassenheit überkam uns, als der Kies unter unseren Füßen knirschte, über uns die großen Bäume mit kleinen Blättern bis weit hinauf.

»Ach so«, sagte ich. »Man vergißt leicht, wie öffentlich sich vieles im Privatleben der Frührenaissance abgespielt hat.«

»Es ist möglich«, sagte Vittoria, »daß du für das Augenscheinliche einen echten Beweis geliefert hast. Bravo!«

»Eine Tatsache«, sagte ich. »Ein Kompliment, und das von dir!

Na, das könnte ich jetzt in Gold drucken lassen und auf das abgelegte Chaneljäckchen deiner Mutter nähen.«

Ein verrückter Angestellter der USL bespritzte uns mit Kies, als er auf einem kleinen, quietschenden Fahrrad zum Schloß hinauffuhr.

Durch das Barocktor kamen wir wieder in den fließenden Verkehr vor dem Krankenhaus von Careggi, und sofort veränderte sich die Stimmung. Einige dünne Wolken zogen über den diamantenen Himmel, zeigten eine durchziehende neue Kaltwetterfront an. Es wurde Zeit. Wir konnten etwas Regen gebrauchen.

Wir fanden die Pappelreihe und das Auto, drehten, umfuhren eine Schlange nachdenklicher Verwandter, die aus der Stadt gekommen waren, um zerschmetterte Patienten zu besuchen und jetzt auf den Bus warteten, der sie wieder den Berg hinunter brachte.

Vor der Kapelle, die immer geöffnet ist, war eine ganze Wagenladung Blumen, der Wagen arg mitgenommen, die Kränze wunderbar, in ihrem Glanz ein wenig wie Girlanden von della Robbia. Zwei Gruppen gutgekleideter Menschen standen zu beiden Seiten des dunklen Kirchenportals und sahen so irritiert drein wie Menschen bei Begräbnissen es eben tun. Ich sah einen verhüllten Mann, der zu der freiwilligen *misericordia* gehörte, die in schwarze Kapuzen wie im vierzehnten Jahrhundert gekleidet sind, er trug ein kleines Tablett mit Gerätschaften die Stufen hinauf. Der Leichenwagen stand weiter vorn.

Wir fuhren in die Stadt zurück. Nach etwa einem Kilometer nahmen zwei eigenartige Geschäfte das sublime Thema des Sterbens auf, das den Tenor dieses Morgens gebildet hatte: *La Casa del Materasso* mit einem ganzen Fenster voller mumifizierter Kissen, und *Salumificio Migrana*. Dinge, die uns ins Auge stachen, während uns Kopfschmerz überkam.

Feuer

Das Feuer, das Savonarola und seine beiden Gefährten verschlang, geriet zu einem der größten Traumen für Künstler aus der Generation Michelangelos. Savonarola stand damals wie heute für republikanisches Denken und einen reformierten Katholizismus, in einer Zeit der Herrschaft autoritärer Prinzen und einer konservativen Kirche. Ekstatische Gefolgsleute von Savonarola verbrannten während seiner Fastenmessen liebgewordenen Tand, aber auch Bilder und Skulpturen. In Gemälden von Botticelli und Michelangelo gibt es ikonographische Hinweise auf Savonarola, und Michelangelo konnte fünfzig Jahre nach dem Tod des Mönchs, als er selbst schon ein alter Mann war, voller Leidenschaft seine Art zu predigen imitieren, zur Überraschung von Bewunderern, die gekommen waren, um mit ihm über ganz andere Dinge zu sprechen.

Im späten Mittelalter war der Tod eines Helden oft ein öffentliches Spektakel, das von potentiellen Verfassern von Heiligenviten sorgsam überwacht wurde. Die letzten Stunden, die unwiderruflichen Worte eröffneten einen fragilen Übergang vom Leben zum Tod, und die Lauscher warteten begierig auf diese Offenbarung, um das gesamte Leben eines Menschen danach zu beurteilen. Savonarola machte aus seinem Tod ein Symbol, ein Enigma. An einem Punkt zwischen den drei Gerichtsverhandlungen, den Folterungen, die seiner Hinrichtung vorausgingen, kam er zu der Überzeugung, daß ihm seine Fähigkeit, die Zukunft vorauszusehen, genommen worden war. In tiefem Nachsinnen über seinen bevorstehenden Tod entschied Savonarola, daß Stille an der Schwelle zu dieser großen neuen Welt das Beste wäre. Christus am Kreuz protestierte nicht gegen seine Peiniger; die letzte Obsession Savonarolas war die

Vorstellung, sein eigenes Leben wäre eine Parallele zum Leben Christi.

Dann geschah etwas, kurz bevor die Exekution stattfinden sollte. Man stellte fest, daß der Galgen wie ein Kreuz aussah, und ein Schreiner mußte die Seitenarme abschneiden, um diese Ähnlichkeit zu beseitigen.

Savonarola und seine beiden Freunde wurden dann in aller Form aus der Kirche ausgeschlossen. Nachdem man ihm seine Kutte ausgezogen hatte, hielt Savonarola eine leidenschaftliche Rede zu Ehren dieses Kleidungsstücks. Dann wurden die drei in aller Form wieder aufgenommen, ihre Sünden erlassen; all das nahmen sie mit gebeugtem Kopf vom Kardinal entgegen, der den Ritus vollzog. Es war wichtig, daß Savonarola nie als Rebell gegen die katholische Kirche galt. Er war es noch weniger als Luther, knapp zwanzig Jahre vor diesem.

Sie sollten erst gehängt, dann verbrannt werden. Als sie über den hölzernen Steg zum Galgen gingen, schoben kleine Jungen Nägel durch die Ritzen in den Brettern, um sie an ihren Füßen zu verletzen. Die drei Männer waren nicht aus ihrer tiefen Konzentration auf die nächste Welt abzubringen.

Savonarola sah zu, wie seine beiden engsten Freunde vor ihm starben, einer nach dem anderen, und als er selbst auf die Leiter stieg, schrie eine Stimme aus der Menschenmenge: »Jetzt ist es an der Zeit für ein Wunder!« An diesem Punkt scheitern die apologetischen Biographen Savonarolas. Eine derart unmenschliche Grausamkeit, erst die Jungen mit den Nägeln, dann die ironische Stimme aus der Menge. Die wunderbaren Biographien von Villari und von Ridolfi akzeptieren im Grunde die Nähe zur Figur Christi. Doch in gewisser Weise bot die Stimme aus der Menge Savonarola eine letzte Gelegenheit, das zu vollbringen, was er immer versprochen hatte, und was das Publikum von Florenz mit Sicherheit erwartete – ein Zeichen Gottes zum Beweis, daß seine Prophezeiungen und schrecklichen Voraussagungen auf göttlichen Eingebungen beruhten. Doch er starb stumm, hüllte eine vieldeutige Karriere in einen Mantel aus undurchdringlicher Abwesenheit.

Nachdem er gehängt und das Feuer entzündet war, drückte ein kräftiger Windstoß für einen Moment die Flammen nach unten und beißender Rauch umhüllte die Menge. Seine Anhänger schrien auf: »Ein Wunder!« Dann stiegen die Flammen höher und verzehrten in der noch immer gespannten Stille die Leichname. Als die Flammen die Seile verbannt hatten, mit denen Savonarolas Hände gebunden waren, hob sich durch die Hitze sein rechter Arm in die Höhe. Mit zwei Fingern schien der Mönch die Menschen ein letztes Mal zu segnen und wieder schrien sie: »Ein Wunder!« Dann warfen einige in der Nähe mit Steinen, bis der Arm vom Körper brach und auf die glühenden Kohlen fiel, wo er verbrannte.

Sein tapferer Tod enthüllt nichts. Das eigentliche Feuerurteil hatte rund acht Wochen zuvor ebenfalls auf der Piazza della Signoria stattgefunden, wo von Savonarola Führertum und Weitblick gefordert wurden, nicht zu reden von vorbereitenden Aktivitäten im politischen Hinterland – was er am Ende doch alles nicht leisten konnte.

Girolamo Savonarola wurde 1452 in Ferrara geboren und trat 1475 in Bologna dem Dominikanerorden als Novize bei. Nach einer gründlichen akademischen Ausbildung, die er an der Universität von Ferrara abschloß, wurde er an das Kloster von San Marco in Florenz geschickt. Vielleicht hat der Zufall zu dieser Veränderung geführt; aufgrund der Kriegsdrohungen in der Romagna schien womöglich die Entsendung einiger der am meisten versprechenden Novizen in sicherere Orte geboten.

Der Beginn seiner Laufbahn verlief enttäuschend. Seine Stimme war hart und krächzend, und in seinen Predigten verwendete er keine sophistischen Zitate aus klassischen Texten oder aus der Dichtkunst, was die gebildeteren Florentiner in seiner Zuhörerschaft eigentlich erwarteten. Angesichts dieses Mißerfolgs in der Stadt verließ er Florenz für fünf Jahre und wirkte als Prediger auf dem Land. 1490 ließ ihn Lorenzo de' Medici zurückkommen.

Savonarola begann erst in San Marco, dann im Dom mit einer Reihe von leidenschaftlichen Predigten, in denen er eine Reform der Amtskirche verlangte und die Rache des Himmels voraussagte, wenn dies nicht geschähe. Diese Predigten bezogen sich immer mehr auf Florenz und forderten Reformen sowohl im religösen wie im politischen Leben. Er bezog schließlich eine republikanische Opposition zur Herrschaft der Geheimpolitik von Lorenzo de' Medici, wie wir in der Legende über seinen Besuch an Lorenzos Sterbelager bereits gesehen haben.

Lorenzos Sohn Piero ließ sich als sein Nachfolger auf eine riskante Außenpolitik gegen die Interessen Frankreichs ein. Dies führte im August 1494 sogleich zu einer Invasion durch Frankreich. Charles VIII. war »ein neuer Karl der Große«, wie Savonarola sagte, »und er kommt nicht in Frieden, sondern mit dem Schwert«. Pisa wurde eingenommen und in der darauf folgenden Panik wurde Piero de' Medici aus Florenz vertrieben. Kurze Zeit sah es so aus, als ob die Stadt angegriffen werden würde. Savonarola schickte man als Botschafter nach Pisa und in den Augen der Florentiner schien ganz allein er Charles davon abgebracht zu haben, denn der zog dann völlig friedlich durch Florenz weiter nach Süden.

Florenz erlebte eine politische Revolution. Savonarolas Popularität war zu diesem Zeitpunkt enorm groß. Seine Predigten widmeten sich politischen Angelegenheiten, und seine zahlreichen Zuhörer und auch eine Anzahl Gelehrter sahen ihn seither als Mitwirkenden bei der Schaffung einer politischen Verfassung, die auf demokratischen Prinzipien beruhte und damals formuliert wurde. Doch die Frage nach Savonarolas Initiative bei all diesen Vorgängen bleibt ungeklärt. Savonarola kann auch nur die Stimme eines Teils der Reformer gewesen sein, für die er in seiner inzwischen auf viele Menschen angewachsenen Herde um Unterstützung warb.

Es scheint eindeutig zu sein, daß Savonarolas vorrangiges Anliegen eine kirchliche, keine politische Reform war. Beide Bereiche verbanden sich miteinander, da das Zentrum beider in Florenz zu liegen schien. Auf dem Gipfel seines rhetorischen Höhenflugs hat er möglicherweise den Papst direkt herausgefordert. Als er im Juni 1497 exkommuniziert wurde, ging er sogar so weit, an alle Führer der Christenheit Briefe zu schreiben, in denen er die Bildung eines nicht an die Amtskirche gebundenen, europäischen Konzils vorschlug – ob er damit gegen die Anklage protestieren oder die Autorität des Papstes in Frage stellen wollte, wissen wir nicht.

Diese Briefe wurden nicht abgeschickt, sondern vernichtet, ihr Inhalt ist nur aus zweiter Hand bekannt, aus Briefen von Mitarbeitern Savonarolas, die an die Höfe von Frankreich und Spanien schrieben. Die Tatsache, daß Savonarolas eigene Aufrufe nie abgeschickt wurden, ist wichtig und wurde in der letzten Gerichtsverhandlung vor den Kardinälen aus Rom bekannt. Denn dadurch konnte Savonarola belegen, daß er die Autorität der Amtskirche nie direkt mißachtet hatte.

Savonarolas Fall verlief extrem verwirrend. Zum Bruch kam es, als der Papst, den Savonarolas äußerst heftige Korruptionsvorwürfe gegen die Kirche sehr aufgebracht hatten, ihn unter ein Interdikt stellte und ihm untersagte, weiterhin zu predigen.[1] Diese Aufgabe fiel seinem engen Vertrauten Fra Domenico zu, der sich dadurch in einer direkten Rivalität mit Francesco di Puglia, einem Gegner aus den Reihen der Franziskaner befand. (Savonarola war Dominikaner und die Dominikaner waren Rivalen der Franziskaner.)

Während einer seiner großen Predigten auf der Piazza della Signoria hatte Savonarola den Blick zum Himmel erhoben und gesagt: »Wenn es nicht wahr ist, was ich sage, soll Gott einen

Feuerball schicken, der mich verschlingt.« Dieses Bild muß den Zuhörern sehr tief im Gedächnis geblieben sein. Am 25. März 1498 forderte Franceso di Puglia, der Opponent von den Franziskanern, Savonarola heraus, »sich den Feinden des Bruders zu stellen«, die offensichtlich sagten, daß es natürlich außer Frage stand, daß er durch das Feuer gehen müsse. »Mach dir keine Sorgen. Vertraue uns«, sagten sie. Man kann sich vorstellen, was in dem Mann vorging. Wer kümmert sich schon um mich, hat er vielleicht gesagt, wenn erst Savonarola brennt? Es war allerdings eben nicht Savonarola, der die Herausforderung angenommen hatte, sondern Fra Domenico.

Un vero pasticcio würden die Florentiner heute dazu sagen – eine böse Geschichte.

Am 30. März kam diese außergewöhnliche Geschichte vor den Rat der Stadt und glücklicherweise sind die Protokolle dieser Sitzung erhalten.[2] Etliche Ratsherren scheinen Abscheu darüber geäußert zu haben, daß sie ihre Zeit für die »Mönchsgeschichte« verschwenden mußten. Ein bekannter Feind von Savonarola sagte: »Wenn unsere Gründungsväter gewußt hätten, daß wir hier so etwas besprechen müssen, würden sie sich mit Sicherheit dafür schämen.« Ein Kollege setzte nach: »Dies ist eine Sache, die Prediger betrifft und die in Rom geregelt werden sollte, wo Heilige kanonisiert werden – nicht in der *Signoria*, wo über Krieg und über Geld verhandelt wird.«

Die politische Situation von Florenz schien damals recht prekär zu sein, denn die Beziehungen zu Frankreich, Venedig, Mailand und zur Amtskirche waren durchaus gespannt. Girolamo Rucellai sagte: »Ich finde, wir nehmen dieses Feuer viel zu wichtig. Vor allem geht es doch darum, den Bruder (d. h. Savonarola) mitsamt seinen Gegnern loszuwerden; danach können wir uns wieder mit der Einheit der Bürgerschaft befassen.« Einer der Ehrenmänner erhob sich und sagte, er persönlich fände die Idee mit dem Feuer ziemlich unangenehm, aber wenn Savonarola sich in Wasser begäbe und dabei nicht unterginge, dann würde er als erster sein Meinung ändern und an ihn glauben. Allgemeines ratsmännisches Gelächter.

Waren Savonarolas Feinde die zynischen Verschwörer, als die seine Biografen sie hinstellen? Die Protokolle aus der Ratssitzung vermitteln nicht diesen Eindruck. Es scheint eher so gewesen zu sein, daß die meisten der recht ehrenwerten Mitglieder mit etwas derbem Humor ihren deutlichen Unwillen darüber überspielt haben, daß sie ihre Zeit mit Erörterungen dieses primitiven Duells verbringen sollten, wo doch so viele wesentlich wichtigere Themen auf der Tagesordnung standen.

Fra Domenicos Gegner von den Franziskanern taten den Gerüchten zufolge alles, um dieser Art der Urteilsfindung zu entgehen. Jetzt war die Reihe an Savonarola und seinen übererregten Gefolgsleuten, die Angelegenheit vorwärts zu bringen. Am 1. April trat eine große Gruppe dieser Unterstützer nach einer Predigt von Fra Domènico auf und verlautbarte, daß auch sie für Savonarola durch das Feuer gehen würden.

Wegen des Interdikts konnte der exkommunizierte Savonarola nicht predigen, aber er konnte beten, und am Morgen des 7. April betete er vor einer großen Menschenmenge vor den Toren von San Marco und kurz bevor er zweihundertfünfzig Anhänger zur Piazza della Signoria führte: »Du weißt, oh Herr, daß ich diese Aufgabe nicht durch Vermessenheit angenommen habe. Du weißt, daß sie von dir kam.«

Paarweise und singend gingen sie, dem Alter nach geordnet, auf den Platz. Fra Domenico, Savonarolas Champion, war in eine flammendrote Kutte gekleidet, Savonarola trug in einem silbernen Behälter die Hostie. Als sie auf der Piazza della Signoria eintrafen, sangen sie lateinisch und riefen den Herrn an, sich zu erheben und die Feinde zu vernichten.

Die Menge war deutlich in zwei Lager gespalten. Die *Piagnoni* – die Winsler, d. h. Savonarolas Unterstützer, hatten ihre eigenen Aufpasser. Ebenso ihre Feinde, die *Arrabiati,* die *Scio-*

perati, die *Compagnacci* – all die unterschiedlichen politischen Gruppierungen, die sich indirekt durch sein Wirken gebildet hatten. Die Wachen der *Signoria* waren angeblich neutral. Im Ratsgebäude plante man nichts Gutes, oder zumindest ließen sich die Ratsherren auf Intrigen ein. Es gab Männer, die Savonarola unterstützten und sich für die Feuerprobe aussprachen, da sie daran glaubten, daß er dadurch entlastet würde, und es gab Gegner des Mönches, die gegen das Spektakel waren, da sie es abscheulich fanden.

Wenn es eine Absprache gab, so darüber, daß man überhaupt *niemanden* dem Feuer aussetzen sollte, denn nicht Savonarola, sondern Fra Domenico war für die Probe ausersehen. Wenn man alles so darstellen könnte, als ob Savonarola die Herausforderung abgelehnt hätte, würden die Verschwörer seine Macht über einen großen Teil der Menschenmenge zerstören, die draußen wartete und ihren Glauben an ihn durch ein Wunder bestätigt sehen wollte.

Der Scheiterhaufen war parallel zur Loggia errichtet, von Rivoires Café zum *Palazzo Vecchio.* Er war ungefähr zwei Meter hoch und vierzig lang, war mit Ziegeln und Schutt bedeckt, auf die man eine doppelte Schicht aus Holz legte, das mit Öl und Bombardenpulver präpariert war. Die zu Prüfenden sollten jeder gleichzeitig an einem Ende des brennenden Scheiterhaufens beginnen, aneinander vorbei und bis zum Ende gehen.

Während Fra Domenico vor einem improvisierten Altar vor der Loggia betete, ließen sich die gegnerischen Franziskanermönche nicht blicken, sondern blieben wohlweislich im *Palazzo della Signoria* und erschienen nicht, um ihre Plätze am anderen Ende des noch nicht entzündeten Scheiterhaufens einzunehmen. Die Absicht war eindeutig: die Franziskaner sollten außer Sichtweite bleiben, doch durch wiederholte Meldungen, die aus dem Palazzo vorgebracht wurden, sollte es so aussehen, als ob Fra Domenico und die *Piagnoni* diejenigen wären, die sich verweigerten. Die Zuschauer wurden ziemlich unruhig. Eine Rauferei brach aus, in der einer der *Arrabiati* Girolamo packen wollte. Mitten am Nachmittag begann es plötzlich zu regnen – ein zehn Minuten während heftiger Guß, der so abrupt aufhörte wie er eingesetzt hatte. Die Savonarola-Leute riefen, das sei ein Zeichen Gottes, daß die Feuerprobe nicht stattfinden sollte. Die Franziskaner brüllten zurück, es wäre nichts als Hexerei.

Das nasse Holz brauchte jetzt Zeit, um wieder zu trocknen, und der Tag verstrich. Doch wieder wurde eine neue Nachricht verlesen, in der dieses Mal Fra Domenico aufgefordert wurde, sein Kruzifix abzulegen, da es verhext sein könnte. Fra Domenico weigerte sich anfangs, gab dann jedoch unter der Bedingung nach, daß er wenigstens die Hostie mit in das Feuer nehmen dürfte. Die Franziskaner bezeichneten das als Sakrileg. In der folgenden langen Auseinandersetzung ergriff auch Savonarola das Wort zu der Frage, ob der Leib Christi an sich Schaden nehmen könnte, wenn die Hostie verbrannte. Dies dauerte bis zum Einbruch der Dunkelheit, dann blies der Rat der Stadt die Sache ab.

Die Menschen gaben sofort Savonarola die ganze Schuld daran. Schließlich hatten sie mehrfach erlebt, daß der Stadtrat ihn durch Botschaften immer wieder aufgefordert hatte zu beginnen, ohne daß etwas geschah.

Unter Schwierigkeiten brachte Savonarola seine Anhänger wieder nach San Marco zurück, und in der Nacht wurde die Kirche von einer großen Gruppe gut bewaffneter Feinde angegriffen, die sich aus einem enttäuschten und zornigen Block aus der Menschenmenge auf der Piazza zusammengefunden hatten. San Marco wurde zwei Tage lang belagert, einige unschuldige Menschen kamen ums Leben, bevor sich Savonarola ergab. In diesen beiden Tagen voller angsterfüllter Gebete hat er vielleicht schon begonnen, sich als jemanden zu sehen, der dem Beispiel Christi folgte, doch die verschiedenen Lebensbeschreibungen sind in der Schilderung der letzten Aktivitäten des Mönches gefärbt von Heiligenverklärung. Fra Domenico leitete die Kapitulation, nachdem Savonarola das Ende des bewaffneten Widerstands befohlen hatte. Als Savonarola ergriffen wurde, folgte ihm Fra Domenico mit den Worten: »Bei dieser Hochzeit möchte ich auch dabei sein.«

Er selbst hat das gesagt – ein Führer der *Compagnacci*. Ein mutiger und arroganter Mann, der nie zugab, daß er einen Fehler gemacht hatte, sondern im Gegenteil noch stolz darauf war – Doffo, sage ich dir. Und nachdem der Mönch tot war, hat er immer wieder damit geprahlt und auch mit den Listen und Tricks, die sie angewendet haben, um ihn loszuwerden.

Und unter den vielen Malen, die er damit angegeben hat, nenne ich dir eines, das er oft wiederholt hat. Er war oft in der Werkstatt eines Malers namens Sandro Botticelli, eines in der ganzen Stadt gut bekannten Mannes, da er einer der besten Maler der Zeit war. In seinem Atelier war immer eine Gruppe *Scioperati* [andere Feinde von Savonarola], und einer von ihnen war dieser Doffo. Oft haben sie sich über den Tod des Mönchs unterhalten und Doffo sagte, daß sie nie vorgehabt hätten, den Franziskanermönch [Francesco di Puglia, Gegner von Fra Domenico] in das Feuer zu schicken und das auch garantiert und ihm immer wieder zugesichert haben; es hat gereicht, daß sie eine Weile so getan haben, damit sich die Kaufleute am Ende schließlich gegen den Mönch wenden und ihn loswerden.

Doffo hat nun im Atelier von Sandro [Botticelli] so oft davon erzählt, daß Simone, Sandros Bruder, der immer da war, das in seinem Tagebuch notiert hat... Diese Bemerkung von Doffo schien ihm wert, festgehalten zu werden, um in dieser eigenartigen Geschichte die Wahrheit herauszufinden.[3]

Ein Bruchstück des Tagebuchs von Simone Filipepe, Botticellis Bruder, hat überlebt und darin fährt er fort, die Szene zu beschreiben:

Als er den Lärm im vorderen Laden vernahm, kam Sandro, um nachzusehen, was dort los war. Als wir erklärt hatten, worüber wir gesprochen hatten, sagte er: »Ich verstehe nicht, was der Mönch Böses getan hat.«

Welch ein Privileg, über Savonarola diesen kleinen Einblick in das Atelier von Sandro Botticelli zu erhalten![4]

In seinen *Vite* behauptet Vasari, daß Botticelli sich Savonarola zuwandte, bald nachdem er die Illustrationen zu Dantes *Inferno* angefertigt hatte, »die ihn die meiste Zeit gekostet und von seiner Arbeit abgehalten haben und zu einer unendlichen Unordnung in seinem Leben führten. Dann veröffentlichte er den *Triumph des Kreuzes* des Bruders Girolamo Savonarola aus Ferrara, und dieser Sekte stand er sehr aufgeschlossen gegenüber. Dies war der Grund, warum er das Malen aufgab, und da er kein Einkommen hatte, geriet sein Leben in Unordnung. Er bezog sehr hitzig Partei und gab seine Arbeit auf, um nur noch ein *Piagnone* zu sein, darüber wurde er alt und man vergaß ihn und er kam auf einen schlechten Weg.«[5]

Inzwischen wird die Geschichte, daß Sandro Botticelli ein bekannter *Piagnone* war, heruntergespielt. Die Liste seiner Werke endet nicht mit dem Jahr 1498, Savonarolas Todesjahr. Im Gegenteil nimmt die Anzahl der Arbeiten jedes Jahr leicht zu. Neueste Forschungen zeigen, daß Botticelli in seinem späteren Leben nicht wegen Savonarola ins Abseits geriet.

Wenn wir uns die Situation noch einmal vor Augen führen, zeigt dann die Beteiligung von Sandro Botticelli an dieser Auseinandersetzung im Atelier, daß er nachdrücklich Partei ergriffen hat? Auf der einen Seite haben wir Doffo Spini, Ex-Anführer der Anti-Savonarola-Fraktion, ein arroganter und leicht gewalttätiger Mann, mit einigen Gesinnungsgenossen, die zufällig in Botticellis Atelier arbeiten. Auf der anderen Seite ist Simone, Sandros Bruder, ein bekannter Sympathisant der *Piagnoni*. Ein Kampf beginnt. Auftritt Sandro, aus seinem Atelier im Inneren des Hauses. Er fragt, um was es geht. Als man es ihm erklärt, sagt er, daß der Mönch seiner Meinung nach nichts Falsches getan habe.

Das ist unter den gegebenen aufgeheizten Umständen sicher die neutralste Bemerkung, die er machen konnte – und vielleicht eher von Sympathie für seinen Bruder als für Doffo getragen, doch ist das im Ganzen betrachtet bewundernswert distanziert.

Vasari war der Begründer der modernen Kunstgeschichte und schuf eine Vorstellung davon, wie das Leben eines Künstlers von außen betrachtet aussehen sollte. Für ihn ist die Person eines Künstlers ganz und gar heroisch. Er bezog dies aus Plutarchs *Vitae Parallelae,* wo ganz offensichtlich ist, daß die Tatsachen verdreht wurden, um eine moralische Botschaft zu transportieren. Plutarch sagt so viel dazu: Seine Absicht sei es, den Leser moralisch zu erheben, indem er die anregendsten Seiten seiner Helden zeigt, die Aspekte der Selbstaufopferung und des Patriotismus mehr betont als die persönlichen Ambitionen.

Weil Vasari Plutarch so wörtlich genommen hat, hängen wir alle bis auf den heutigen Tag immer noch der Überzeugung nach, daß die Kunst die Leben derer auffrißt, die sie ausüben. (Die leere Leinwand oder der Felsbrocken sind so zu den Mauern von Corioli oder dem tobenden Hellespont geworden.) Das glauben nicht nur Kunsthistoriker, sondern auch die Künstler selbst, die ihre Existenz nach einem Vorverständnis gestalten, das der Spätantike entspringt und von Giorgio Vasari noch mit Renaissanceschnörkeln versehen wurde.

Und wenn Napoleon vor einer Schlacht Plutarchs *Vitae* als Bettlektüre lesen konnte, warum geht das nicht bei all denen, die nicht Kanonen mit Blei, sondern Pinsel mit Farbe versehen?

122

Meiner Meinung nach gibt es keinen Zweifel daran, daß Savonarola großen Einfluß auf das Leben von Botticelli und Michelangelo hatte. Was fehlte ihnen denn noch, wenn sie schon Dante und die Heilige Schrift hatten? Doch wer die Anwesenheit Savonarolas in den Deckenmalereien der Sixtinischen Kapelle oder der *Calunnia* in den Uffizien aufspüren wollte, würde in sehr grober Weise mißverstehen, was aus dem wirklichen Leben in Gemälden wiedergegeben sein kann. Denn Bilder können niemals die interpretierten Vorstellungen anderer vollständig zusammenfassen. Dann wären sie nichts weiter als Illustrationen und würden sich nicht mehr vom Werbefernsehen unterscheiden, dem Heißluftballon, der nach den Abendnachrichten über den Bildschirm schwebt und Seifenpulver anpreist. Natürlich können Bilder die Summe aus den eigenen Erfahrungen des Malers sein und in diesen kann die Vorstellung eines anderen Menschen – vieler anderer Menschen – enthalten sein, doch das ist etwas anderes. Es bekommt Bildern nicht, wenn man sie durch Interpretationen enträtselt, indem man dem geknickten Baum oder der herabschwebenden Taube eine Bedeutung entlockt. Bilder existieren als Tatsachen in einer Welt von Tatsachen, und Tatsachen kann man wahrnehmen und sich zu ihnen verhalten, sie jedoch niemals erklären.

Noch mehr als hundert Jahre nach seinem Tod legten die Florentiner an der Stelle Blumen auf die Steine der Piazza della Signoria, wo Savonarola den Feuertod gestorben war. Es ist kein Zufall, daß dort inzwischen der große Neptunsbrunnen steht. Die Herzöge der Medici versuchten schließlich, mit endlos strömendem Wasser das Feuer auszulöschen, das in der Vorstellung ihrer Untertanen nie erloschen war.

Eine Zeitlang wurde der Brunnen zur Insel, während der Rest des Platzes von Archäologen auf den Kopf gestellt wurde und sich in eines der teuersten Löcher verwandelte, die jemals gegraben worden waren. Einige Bürger protestierten und wiesen darauf hin, daß man dafür fünfzehn oder zwanzig künstliche Nieren hätte anschaffen können – die traditionelle moralische Aufrechnung mit den leichtsinnigen Aufwendungen für Kultur. Doch kein Florentiner blieb von der Faszination dieses Loches unberührt, solange es da war. Es schien ein so großartiges Symbol einer Stadt, eines Landes, einer Denkweise zu sein.

Es gab Schichten aus dem Mittelalter, die Grundmauern von Türmen, die abgerissen wurden, als der *popolo minore* die Geduld mit den Aristrokraten verlor. Es gab Schichten aus der Römerzeit, die allein schon deshalb interessant waren, weil sie römisch waren und in Florenz auftauchten. Doch wie es mit römischen Ruinen so ist, langweilten sie bald. Irgendwo fand man ein Versteck mit islamischen Goldmünzen aus der Zeit eines lang verblichenen Fatimiden. Keine Statuen, keine Kunstwerke.

Doch bei jeder Schicht, auf die man stieß, schien es darunter noch eine tiefer gelegene zu geben und ganz unten in dem römischen Keller unter dem mittelalterlichen Keller unter dem... ganz, ganz unten war immer noch ein Loch, das noch tiefer ging. So entstand die Vorstellung von einer Stadt wie unsere eigene, nur eben in die Tiefe gehend; ihre Ziegeldächer wiesen ruhig zum Mittelpunkt der Erde, so wie Dante es beschrieben hat.

Wenn es regnete, füllten sich die unteren Löcher mit Wasser. Die Piazza della Signoria ist inzwischen wieder gepflastert, und das unterstreicht, daß Wissen immer sich selbst genügt und sich verdientermaßen wieder verflüchtigt, sobald es erst einmal mühsam erworben wurde. Doch während es greifbar war, konnte man, wenn man genau hinschaute und sich ein wenig durch den Metallzaun zwängte, in den tieferen Pfützen nach dem Regen das Bild eines früheren Florenz erblicken, einen Spiegel unserer selbst.

Deutsche

✤ In wohlgeordneten Reihen haben die Marschformationen von Reitervolk und Fußsoldaten der deutschen Heere Italien immer wieder heimgesucht, von der Zeit Karls des Großen am Beginn des neunten Jahrhunderts bis zu Friedrich II. im dreizehnten. Irgendein schicksalhafter Instinkt lockte sie gen Süden, denn keine dieser Invasionen hielt lange an und oft verschied der herrschende Monarch dort unten jämmerlich. Die letzten Jahre von Friedrich dem Staufer sind von einem eigenartigen Willen zu versagen gekennzeichnet. Er war so nahe daran, die Lombardischen Bünde zu besiegen, hatte es fast geschafft, eine kaisertreue, effiziente Verwaltung zu errichten und hatte beinahe schon eine starke Verbindung zwischen Sizilien und Süddeutschland hergestellt. Doch an einem bestimmten Punkt gab er weitere Versuche einfach auf.

Wenn ich über Geschichte schreiben wollte, müßte ich über die klassische Tradition sprechen, die Welt der Mittelmeerländer, das Traumbild des Heiligen Römischen Reiches. Über das Bedürfnis deutscher Monarchen, ein wahres, europäisches *Reich* von Gottes Gnaden zu errichten und dem Umstand etwas entgegenzusetzen, daß die deutschen Herrscher gewählt wurden und ihre Macht daher an sich schon instabil war. Wollte ich eine psychologische Studie verfassen, würde ich über den atavistischen Ruf der alten Gottheiten schreiben, über Goethes Zitronenbäume und C. G. Jungs Archetypen. Hier kann ich ganz einfach schreiben, was ich denke – und meiner Meinung nach kamen die deutschen Herrscher deshalb in den Süden, weil es auf ihrer Seite der Alpen regnet. Auf der italienischen Seite scheint immer die Sonne.

Über diese Fragen unterhielten wir, Vittoria und ich, uns auf dem Weg zu Böcklins Haus. Vittoria war überzeugt davon, daß sie bereits mit ein oder zwei jetzt noch nicht vollendeten Aufsätzen eine berühmte Historikerin werden könnte, und da ich immer bereit bin, den Nachwuchs mit meinem funkelnden Geist zu überschütten, lieferte ich ihr eine jener transzendeten Theorien, die ganz abrupt an einem Punkt enden.

»Jeder, der gern in einem Schwamm lebt«, sagte ich, »sollte es unbedingt mit München versuchen.«

»Eine Sonnenscheintheorie der Monarchie?« sagte Vittoria lachend. »Und was ist mit den netten jungen Leuten im Englischen Garten, die sich im Sommer nackt ausziehen und Frisbee spielen?«

»Teil des klassischen Erbes.«

Doch gelegentlich denkt Vittoria, daß man sich über sie lustig macht. Im Italienischen heißt das *prendere in giro* und wird nicht sehr geschätzt.

»Als Gelehrter«, sagte sie ernst, »hast du alles Selbstvertrauen eines Menschen, der noch nie versucht hat, einen Seminarraum zu beherrschen. Wenn du solche Witze machst, könntest du das verlieren.«

Nachdem sie mir diesen Rüffel verpaßt hatte, sah sie einen Moment lang zum Autofenster hinaus. Sie trug die Uniform der Sommerakademie, ein leichtes Baumwollhemd, Sandalen und einen kurzen Rock, der ihre dünnen, aber muskulösen Beine sehen ließ. Die hatte sie auf das Armaturenbrett gelegt und beim Fahren konnte ich so immer wieder einen Blick darauf riskieren. Dann seufzte sie leicht. Aus ihrer Schultertasche – ein großer, schlaffer Lederbeutel aus Mexiko, der einmal hellgrün gewesen, jetzt jedoch grau geworden war – zog sie eine kleine Palette mit kräftigen Farben und begann, mit einem weichen Kamelhaarpinsel ihre Lippen nachzuziehen. Sie wählte einen Farbton, der zu ihren lackierten Zehennägeln paßte, als Lippenstift jedoch glänzte. Ihren Humor fand sie erst wieder, als sie meinen Blick auffing, der vielleicht ein wenig ängstlich war, und plötzlich sah ich in dem zur Seite gedrehten Spiegel in der Handfläche ihrer isolierten linken Hand ein drittes Auge, gleichgültig und leidenschaftslos wie das Auge eines Wals.

Sie schenkte mir ein strahlendes Lächeln, das Lächeln eines Mädchens, das seinen Lippenstift ausprobiert.

»Und nach Barbarossa«, sagte ich – nur damit überhaupt etwas gesagt wurde –, »zogen all diese Soldatenhorden in den Osten, wie Cromwells wilde Rotjacken, um glücklosen Polen die Köpfe abzuschlagen.«

»Kann ich dir etwas Parfum geben?« sagte sie.

»Welches?«

»Jasmin. Es ist aus Damaskus«, und sie tupfte etwas auf die Innenseite meines Handgelenks. Ich roch unendliche Wüsten voller Trockenheit, einen Wüstenwind, der am Abend eines glühend heißen Tages Kühlung bringt.

»Künstler«, sagte ich besänftigend, »ich meine, während die Soldaten nach Osten zogen, gingen die Künstler in den Süden. Sie hatten nichts dabei außer einem kleinen Rucksack mit ihren Badesachen.«

Wir parkten in einer engen Straße, in der der Asphalt sich von der Mauer auf der einen Seite bis zu der auf der anderen erstreckte, es gab nicht einmal die Andeutung eines Gehsteigs. Die verschmutzte Wasserrinne, die zur Hintertür des Gartens von Böcklins Villa führte, ging Vittoria entlang, als wäre es ein ausgetrocknetes Flußbett in Griechenland, durch das erst vor kurzem ein Sturzbach gerauscht war. Der Golddruck auf ihren Ledersandalen blitzte einmal kurz auf.

Die Tür knarrte, als wir sie öffneten.

Böcklin wohnte nur in den letzten sechs Jahren seines Lebens in Fiesole. Nach seinem Tod verkauften die Erben die Villa an den Großvater des heutigen Besitzers, ein ruhiger Apotheker namens Dr. Gericke.

Wir standen im unteren Teil des Gartens und sahen uns etwas verwundert um. Als Kopie aus einer mittelalterlichen Abtei lief eine Arkade vom Haus zu der kleinen Tür, durch die wir eingetreten waren.

»Obwohl es vorne ein hervorragendes Eingangstor gibt«, sagte Dr. Gericke, »das viele Leute bevorzugen.«

Die Reihe der herrlichen Bögen hatte keine gestalterische Bedeutung, sah jedoch wunderbar aus. Ihre Säulen aus behauenem Travertin wären einer gothischen Kathedrale würdig gewesen, wenn man sie um das Vierfache vergrößert hätte.

»Natürlich«, sagte Dr. Gericke, »ist der Turm nicht echt.«

»Es ist wunderbar. Wie ein Theater«, sagte Vittoria. Es stimmte, dem Ort fehlten nur einige lebendige Figuren, die ein stilles Drama aufführten. Die Frau im Totenhemd, die im Garten umgeht und nie ihr Gesicht zeigt.

»Gibt es hier keine Gespenster?«

»Gespenster?« sagte Dr. Gericke. »Nicht daß ich wüßte. Es ist schon schwierig genug, hier in Fiesole einen Gärtner aufzutreiben.«

Wir gingen eine steinerne Auffahrt hinunter in den Garten. Auf kleinen Podesten standen in klassischer florentinischer Tradition Zitronenbäume. Geschützt von den Bögen der oberen Brüstung erhob sich auf einem niedrigen Grasplakken ein marmorner Brunnen, baufällig, doch schön gearbeitet. Um seinen Sockel wanden sich Fische mit schuppigen Schwänzen. Hätte der Brunnen im Wasser geglänzt, hätten sie im Sonnenlicht gefunkelt und geglitzert. Doch er war trokken, abgebrochene Marmorstücke hatte man daneben aufgeschichtet.

»Böcklin ist vielleicht einer der größten Schweizer Maler, doch wir bekommen keinerlei Hilfe von der schweizerischen Regierung«, sagte Dr. Gericke. »Keine Unterstützung irgendwelcher Art. Wir versuchen unser Bestes. Leider können wir den Garten in diesem Zustand nicht für die Öffentlichkeit zugänglich machen. Sie hatten Glück, daß Sie mich hier angetroffen haben.«

Also bedankten wir uns bei ihm.

Da ich sehr gern Böcklins Atelier sehen wollte, führte uns Dr. Gericke durch die verschiedenen Bereiche des Gartens, in denen es immer wieder kleine Plätze gab, an denen Terrakottatöpfe die Stelle von Schauspielern einnahmen. Hoch oben auf der Wand des Stalls sah ich ein Pferd aus Terrakotta wie aus einem Gemälde von Giorgio de Chirico.

»Hier oben hat Böcklin gearbeitet«, sagte Dr. Gericke und deutete hinauf. »Sein Atelier war schwarz ausgemalt und er hatte Hunderte von Töpfen mit Pigmenten. Er hatte einen großen Spiegel, um beim Zeichnen Körperhaltungen überprüfen zu können.«

»Was ist mit all seinen Bildern geschehen?« fragte ich.

»Das Zimmer wurde im Krieg geplündert«, sagte Dr. Gericke traurig. »Die Soldaten kamen mit einem Lastwagen und warfen alles hinein, was im Atelier war, dann fuhren sie davon. Regale mit Gefäßen voller Farben, die es in meiner Kinderzeit alle noch gab. Außerdem noch viele bunte Glasscheiben, durch die er die Landschaft betrachten oder Dinge einfach nur in einer anderen Stimmung auf sich wirken lassen konnte. Wie diese ›Claude-Gläser‹, die im achtzehnten Jahrhundert Mode waren, um durch sie italienische Landschaften anzuschauen, damit man die Aussicht mit den Augen von Claude Lorrain genießen konnte. Wir haben versucht, herauszufinden, wo das Material gelandet ist, doch es wurde schlicht weggeworfen. Das Zimmer brauchten sie für eine Funkstation. Es war traurig, denn wir hatten Zettel in englisch und französisch angebracht und darum gebeten, es zu respektieren. Und natürlich auch in deutscher Sprache.«

»Das tut mir sehr leid«, sagte ich.

»Lange nach dem Krieg erhielten wir von einem schottischen Offizier mit einem Brief einige Bücher zurück. Er schrieb auch, daß er einige bronzene Pferde aus dem Stall mitgenommen hatte, diese jedoch als rechtmäßige Beute behalten werde.« Dr. Gericke lachte. »Kriegsbeute.«

Sternförmige Platanenblätter flogen über unsere Füße, die heiße Brise, die aus dem Tal kam, ließ sie schrumpfen.

Wir gingen zur Rückseite des Hauses. Grob zurechtgehauene Steinquader, die Kapitelle werden sollten, lagen offensichtlich noch aus Böcklins Zeit auf untersetzten Säulen, die die Fassade des Flügels am unteren Ende des Gartens bilden sollten. Um 1890 muß das sehr gewagt ausgesehen haben. Links lag eine kleine steinerne Loggia, der Beton war grau gestrichen. In der Mitte des Rasens ein efeuüberwachsener Brunnen.

»Den Bambus«, sagte Dr. Gericke, »hat Böcklin gepflanzt. Natürlich wächst er eigentlich nicht in der Toskana.«

»Doch er dient dazu, den großen Gott Pan anzuziehen?«

»Genau.«

In der Mitte des Rasens blieb Vittoria stehen, dehnte sich, indem sie ihre Finger ineinanderhakte und sie weit nach oben streckte.

»Ich würde gern«, sagte sie, »unter dieser Zeder liegen und darauf warten, daß ein Faun mich aufweckt.« Pause, ein Blick zu mir. »Nicht du.«

Nach einem kurzen Zögern verbeugte sich Dr. Gericke und bot uns den Rasen an, dann ging er um das Haus herum zurück. Im Fortgehen wurde er schneller, da er sich daran erinnerte, was er alles noch zu tun hatte.

Es ist eine durchaus überraschende Erkenntnis, daß wie bei Piet Mondrian der größere Teil des Werks von Böcklin aus veritablen, sehr genau gearbeiteten und oft sehr schönen Landschaften besteht, die ihn, wenn das alles gewesen wäre, als Künstler nicht weit gebracht hätten. Seine großen Gemälde bestehen aus einer Handvoll Themen: Der große Gott Pan, in einer Landschaft, Zentauren. Das unvergeßliche Bild *Toteninsel*, in dem sich ein Boot einer Insel mit großen Zypressen nähert. Dann gibt es eine Serie mit Gemälden von Meerjungfauen, die vergnügt in sehr nassem Wasser schwimmen. Und eine Villa am Meer inmitten einer geheimnisvollen Vegetation.

Betrachtet man diese Bilder ausschließlich in einem nordeuropäischen Kontext, so stiften sie Verwirrung. In New York belauschte ich einmal zwei Kritiker, die zögernd sagten: »Kitsch? Wäre das das richtige Wort?«

Auch in seiner eigenen Umgebung wäre Böcklins Position fragwürdig, gäbe es da nicht die ungeteilte Bewunderung anderer Maler, allen voran Giorgio de Chirico. Und aus neuerer Zeit Johannes Grützke, der die umhertollenden Zentauren Mitte der 70er Jahre voller Enthusiasmus nach Berlin brachte.

Der entscheidende Punkt bei Böcklin ist, daß er den Gott Pan *et al.* nicht deshalb in eine Landschaft gesetzt hat, um eine vorgefertigte intellektuelle Ansicht über die Welt der Antike zu illustrieren. Es war auch keine verschwommene Nostalgie nach dem Motto *»Schöne Welt, wo bist du?«* Es war eine unmittelbare Erfahrung, die aus einem intuitiven Empfinden gegenüber Italien entsprang.

Pan ergab sich anscheinend spontan als Thema für Böcklin, kurz nachdem er eine Italienerin geheiratet hatte und vergnügt auf dem Land in der Nähe von Palestrina malte. In derselben Weise entstand die *Villa am Meer* unmittelbar aus dem tiefen Eindruck, den die südlich von Rom gelegene Villa von Hadrian auf Böcklin machte. Die zahlreichen Bilder, deren Thema ein Haus am Meer ist, können ganz ohne unmittelbaren Bezug zum Dargestellten entstanden und einfach Ausdruck seiner Vorstellung sein, am Meer zu leben. Direkter Hintergrund der Meerjungfrauen ist das intensive Studium der Wellen an der Costa Salernitana südlich von Neapel. Ziemlich spät in seinem Leben nahm Böcklin die weite Reise nach Neapel auf sich, nur um dort unten die sich brechenden Wogen zu beobachten.

Und so sind die Meerjungfrauen, die alten Götter einfach nur da. Sie sind zusätzliche Fakten, die mit dem jeweiligen Ort zu tun haben. Sie illustrieren nichts. Sie sind so bedeutungsvoll und wichtig wie die Blätter an den Bäumen oder die Wassertropfen, die von den Wellen aufspritzen. Eine seiner grundlegenden Absichten bei diesen Bildern war in der Tat, den Ausdruck der Figur auf einen solchen Punkt der Verschmelzung mit seiner Umgebung zu steigern, daß das Eine der Ausdruck des Anderen und umgekehrt zu sein schien. Die Figur müsse dem Betrachter so kalt, naß, wild und drohend erscheinen, daß er die Empfindung habe, er selbst wäre in die Tiefen des Meeres gezogen worden.

Anders ausgedrückt: Böcklin versuchte, Symbolismus zu vermeiden. So weit ich das sagen kann, setzte Böcklin seine natürlichen visionären Anlagen nur bei zwei Gelegenheiten ein: einmal direkt nach dem Französisch-Preußischen Krieg von 1870, als er auf einem Bild zwei kämpfende Zentauren darstellte. Das ist verständlich, war dies doch der erste von drei idiotischen Kriegen, die die europäische Zivilisation beinahe vernichtet hätten. Zum zweitenmal nur wenig später, als ihn eine vor kurzem verwitwete Frau um etwas bat, womit sie »träumen« könnte und ihn diese Bitte zu dem Bild *Die Toteninsel* anregte.

Dieses Bild wurde gelegentlich mit dem englischen Friedhof bei der Piazza Donatello in Florenz in Verbindung gebracht. Wäre der Verkehr dort nicht so störend, so könnte man an diesem schönen Ort gut mit Böcklin träumen.

Während der Arbeit an einem Bild konnte Böcklin sehr ungehalten gegenüber seinen Freunden werden und ging auf Distanz zu seiner Familie. Er unternahm lange einsame Spaziergänge durch die Landschaft. Oder er saß in der Bar, ohne sich an den Gesprächen zu beteiligen und skizzierte plötzlich ein Detail eines zukünftigen Bildes auf das Tischtuch. Danach seufzte er, denn er hatte endlich ein Problem gelöst, das ihn bedrückt hatte.

Die eigentliche Arbeit des Malens ging sehr zügig vonstatten.

Mit Pinsel und Terre verte legte er eine Skizze an, arbeitete in heftigen Bewegungen seines ganzen Körpers, denen lange Stunden bewegungslosen Verharrens vor der Leinwand folgten, ohne zu malen, ohne sich zu rühren. Das ist, kurz gesagt, die Technik vieler Künstler, von Rubens bis de Kooning.

Er hatte interessante Unterstützer und Freunde: lange Zeit Jakob Burckhardt, Wölfflin äußerte sich anerkennend, und im hohen Alter war er mit Gottfried Keller bekannt. Er lernte Wagner kennen, der Bühnenbilder für den *Ring* und für *Parzival* haben wollte. Die Begegnungen waren jedoch kein Erfolg. Cosima Wagner schrieb am 24. Juli 1880 eine kurze Notiz über das zweite Treffen in ihr Tagebuch: »Abends Besuch des Malers Böcklin, eigentümlich markige Natur, durch Erfahrungen bitter gemacht. R. ist bald müde.«[1]

So oft im Leben kommt beim Aufeinandertreffen zweier gigantischer Egos die Liebe auf den ersten Blick aus irgendwelchen Gründen nicht zum Blühen.

Ich sah zu der Zeder hinauf. Nach einer Weile wurden ihre äußersten Äste zu weit gestreckten Armen, zu Händen und Fingern, die Handflächen flach ausgebreitet, um unter der abweisenden Erde Wasser aufzuspüren. Die Terrakottakübel mit Zitronenbäumen, die in der Nähe standen, durchbrachen die karge Fläche des vertrocknenden Rasens.

Vittoria war anscheinend eingeschlafen. Ich sah nach. Ihre Hand war geöffnet, entspannt. Sie hatte sich halb auf die Seite gedreht, dem Gebäude zu, wie um nachzudenken.

Sie wurde zu einer Statue, die im Garten lag und deren Podest die Wurzeln des großen Baums im Lauf der Jahre besetzt hatten.

Ich umfaßte meine Knie und sah Vittoria an, war sicher, daß sie mich nicht als Beobachtenden wahrnahm. Denn verzehrt man ein Modell mit den Augen, während es wach ist, muß das eine sehr formelle Situation sein, die durch das soziale Lächeln eingegrenzt wird. Die schlafende Vittoria nahm die Eigenschaften von Marmor an. Doch sogar, wenn ich sie ansah, füllte sich die Luft in ihrem Baumwollhemd mit seltsamer Energie. Große gezackte Linien zogen sich von der einen Brustwarze zur anderen und schufen blaue Schattenspalten in dem weißen Stoff. Sie hatten keine Größe und kein Maß. Sie waren das atmende Gebirge.

Zwischen solchen Gräben, in den schartigen Tälern genauer Konzentration konnte ich mir vorstellen, den Stein zu schneiden, im grünen Halbdämmer, wenn sich das Denken auf die Nacht eingestellt hat, einen Bruchteil Zeit vor dem Schlaf.

Mein Blick wanderte hinauf, dann hinab. Ich bemerkte die Schattenspiele auf den Säulen, die Umrisse, die sich ständig veränderten. Wie Ebbe und Flut hörte ich die Luft in Vittorias Lungen. Und da zwanzig Minuten mit diesen Betrachtungen vergingen und weil zwanzig Minuten eine lange Zeit sind, um etwas Einfaches zu vollbringen, verlor ich jedes Gefühl für den Unterschied zwischen dem toten Gebäude und dem lebendigen Körper. Beide schienen sich zu bewegen. Wenn ich diese beiden Bilder in meiner Erinnerung wieder an mir vorbeiziehen lasse, scheinen sie so langsam anzuschwellen und sich zu verändern, daß sie eine gemeinsame strukturelle Beschaffenheit angenommen haben.

Vittoria wurde wach und gab in ihrer typischen Weise vor, niemals eingedöst zu sein. Nach einem schnellen verstohlenen Dehnen (nichts als ein kurzes Strecken der Zehen und Arme) stand sie auf. Sie wischte die Zedernnadeln und Zapfenstückchen von ihrem Rücken, die an ihrer Kleidung hingen.

»Hast du mir nicht neulich einmal erzählt«, sagte sie, »daß Böcklin *zu Fuß* von Florenz in die Schweiz gegangen ist, als er kein Geld mehr hatte?«

Wölfflin schrieb, die *Toteninsel* sei »ein Bild, bei dem wir uns nicht vorstellen können, es habe nicht existiert«. Dies beschwört das eigenartige Gefühl von *déjà vu*, das Böcklins Werk immer noch hervorrufen kann. Giorgio de Chirico sagte dasselbe etwas detaillierter:

> Jedes seiner Werke vermittelt das Gefühl von Überraschung und Unruhe, das wir ähnlich einem Fremden gegenüber empfinden, den wir bereits zu kennen glauben, uns jedoch an Ort und Zeit der Begegnung nicht erinnern können; oder wenn wir zum erstenmal eine Stadt betreten und einen Platz, eine Straße, ein Haus finden, in denen wir schon gewesen zu sein meinen.[2]

De Chirico selbst bewahrte sich eine dauerhafte Begeisterung für die Gemälde von Böcklin. »Ich war noch ein Kind, als ich zum erstenmal eine Reproduktion seines Werkes sah. Das war ein unvergeßlicher Eindruck und auch heute noch, nach all den Erfahrungen, die ich gemacht habe... empfinde ich jedesmal, wenn ich ein Bild von Böcklin sehe, wieder diese seltsame Freude, dieses Gefühl von Glück, das mich ermutigt, es besser zu machen; Beleg für die Freude und das Vertrauen, die nur große Kunst mir geben können.«

Böcklin beeinflußte die äußere Wirkung von de Chiricos Arbeit in hohem Maß. Er malte sprunghaft, Energieanfälle wechselten mit langen verträumten Phasen, de Chirico hingegen malte pragmatisch, wie ein Bäcker einen Kuchen backt. Der Effekt ist jedoch bei beiden derselbe. Der Himmel ist der Himmel, der Boden ist hart, der Pinselauftrag ist sichtbar, der Strich ist gleichmäßig. Die stoffliche Qualität der Pigmente und ihre Verwendung bringen uns in die Welt der Tatsachen zurück. Wir werden eher mit Ziegeln und Mörtel als mit poetischen Beschreibungen von Mauerwerk konfrontiert.

»Böcklins Denken war dem Richard Wagners genau entgegengesetzt. Während bei Wagner alles undefiniert bleibt, alles vor sich hingemurmelt und verworren ist, die Kraft seiner Anrufung des Kosmos aus einer Art unklarem und unerreichbarem

Gesang entspringt, kommt bei Böcklin die metaphysische Kraft aus der Präzision und Klarheit exakter Offenbarung. Er malt nie Nebulöses, zieht nie eine undeutliche Kontur; darin liegen sein Klassizismus und seine Größe.« Präzision war alles. Und daher fuhr der junge de Chirico, um malen zu lernen, nach München. Dort hoffte er, besseren Unterricht als irgendwo in Italien zu erhalten.

Es könnte sein, daß seine Serie *Le piazze d'Italia* einen Versuch darstellt, in seine eigene Zeit das Gefühl zu übertragen, das Böcklin in ihm geweckt hatte. Nicht nur diese Bilderfolge, sondern auch viele andere sind in München entstanden, denn in ein oder zwei der *Piazze d'Italia* hat er Ausschnitte aus dem Münchener Hofgarten eingefügt. Ein seltsames Detail dieses eigenartigen Menschen, der sich selbst für einen Genius hielt. Und doch wäre es ein trauriger Tag für die zeitgenössische Kunst in Italien, wenn die Kritiker darauf bestehen sollten, die Folge in *Le piazze di Monaco* umzutaufen.

Wir gingen zu der kleinen, in der Zypressenreihe versteckten Hütte, um uns zu verabschieden. Dr. Gericke entschuldigte sich für den Zustand der ganzen Anlage. Es war nutzlos, ihm zu versichern, wie schön wir alles fanden, da uns die Villa so ganz ohne die klamme Hand irgendeiner schweizerischen Institution wunderbar erschien.

Ich versuchte, meinem Staunen darüber Ausdruck zu verleihen, wie etwas, das neunzig Jahre zuvor innerhalb von acht Jahren entstanden war, immer noch derart viel von der erkennbaren Atmosphäre eines Malers bewahren konnte.

Endlich lächelte er.

»Vielen Dank für Ihren Besuch«, sagte er. »Sie kennen das ja. Wenn man an so einem Ort lebt, sieht man nach einer Weile nur noch die Risse, das, was nicht mehr funktioniert, was fehlt. Die Schönheit kann man gar nicht mehr erkennen.«

»Ich verstehe nicht, was du vorhast«, sagte Vittoria eine

Woche später ärgerlich zu mir. »Ich verstehe nicht, wie du ein Buch über die Toskana schreiben kannst und ein ganzes Kapitel für zwei langweilige Deutsche hergibst.«

»Böcklin war Schweizer.«

»Ich hasse Böcklin, und von Hildebrand habe ich noch nie gehört. Was ist mit dem *Palazzo Pitti*? Mit Brunelleschi? Mit Raffael?«

»Ja, was ist damit?«

Manchmal kann man mit ihr einfach nicht diskutieren. Nachdem ich also schnell durch die Zinntür der Piazza San Francesco da Paola gegangen war, wandten wir uns nach links dem Hügel zu. Eines der Wunder von Florenz ist, daß man nur einen halben Kilometer von der *Porta Romana* entfernt in völliger Stille eine von Hildebrand mit Zypressen bepflanzte Straße hinauf gehen kann, um die Ruinen der Befestigungsanlagen zu besuchen, deren Bau Michelangelo organisiert hat, um Florenz vor der Belagerung von 1523 zu schützen. Liguster und Buchsbaum müßten geschnitten werden und Fingerhut wächst büschelweise in den Löchern zerfallener Mauern. Wo die überreich vorhandenen kleinen Blüten der Zypressen den Boden bedecken, ist das Gras vertrocknet und die Schritte klingen dumpf wie auf gepreßter Baumwolle.

»Falls wir morgen etwas Italienisches sehen könnten«, sagte sie klagend, »beispielsweise den *Rosso Fiorentino*, von dem du immer sprichst…«

Eine Liebesgeschichte.

Liebe, und ein besonderer Augenblick der Jugend.

Adolf von Hildebrand war der Sohn eines liberalen deutschen Nationalökonomen, der nach der Revolution von 1848 aus Deutschland geflohen war. Er wuchs in Zürich auf und sobald er seine akademische Ausbildung beendet hatte, ging der junge Bildhauer in den Süden nach Rom, wo er sich bald einer sehr interessanten Gruppe von jungen deutschen und schweizer Künstlern um den Kritiker und Förderer Konrad Fiedler anschloß.

1873 ging Hildebrand im Alter von erst sechsundzwanzig Jahren mit Fiedler und dem Maler Hans von Marées nach Neapel, um an den Dekorationen für die Bibliothek des neuen Aquariums zu arbeiten. Marées malte die ausgesprochen schönen Fresken (die inzwischen übrigens äußerst in Mitleidenschaft gezogen sind), während Hildebrand die Bas-Relief-Gestaltungen und Porträtbüsten in Angriff nahm.

Diese Zeit war die heroische Periode in ihrem Leben. Fiedler unterhielt sich während der Arbeit mit ihnen und gemeinsam entwickelten sie Ideen, die sie den Rest ihres Lebens über zu klären versuchten. Ideen von der Auseinandersetzung mit dem klassischen Griechenland, und das Konzept der idealen oder »reinen« Form und davon, wie und in welchem Maß ein modernes Kunstwerk diese Prinzipien beherzigen sollte. Ein heiteres Fresko von Marées zeigt die ganze Gruppe, vereint durch untrennbare Bande künstlerischer Brüderschaft.

Während sie arbeiteten, erhielten sie Besuch von einer hübschen jungen Frau namens Irene Schäuffelen.

Irene war das erstemal im Alter von sechzehn Jahren mit ihrer Mutter nach Italien gekommen. Sie war völlig überwältigt von der Kunst Italiens. Doch bei ihrer Rückkehr ins heimatliche Schwaben ging sie eine unglückliche Ehe ein. Als sie in Dresden über ihren ungeliebten Ehemann und den lebenslustigen Frühling ihres Lebens nachdachte, wuchs aus Italien, der Kunst und ihren Erinnerungen eine starke Sehnsucht, sich zu verändern. Auf irgendeine Weise mußte ihr Leben die Kunst einbeziehen, und Italien, und einen Künstler, wenn das möglich wäre.

Hans von Marées hatte sie kennengelernt, kurz bevor er nach Italien aufbrach und sich fast in ihn verliebt. Fast, aber nicht ganz. Sie hatte ihr Bestes getan. »Die Seele der Kunst ist die Poesie, die Seele von Marées verbindet sich mit mir durch die Poesie, die ich in seinem Werk finde.« Unglücklicherweise »ist

138

da etwas Absurdes, Lächerliches um seine Gegenwart, seine Person, das sich dem Geschehen des Verliebens hoffnungslos entgegenstellt…«

Nachdem das Aquarium von Neapel im November 1873 fertiggestellt war, hegten Fiedler, Marées und Hildebrand den Wunsch, ihre Brüderschaft auf eine dauerhafte Grundlage zu stellen. Kurz nach seiner Ankunft in Florenz stieß Marées auf den verfallenen Konvent von San Francesco da Paola, ein großes Gebäude am Fuß von *Bellosguardo* im Südwesten der Stadt. Die Baulichkeiten waren seit der Auflösung der Mönchsorden durch Napoleon siebzig Jahre zuvor mehr oder weniger verlassen und renovierungsbedürftig.

Als einziger von den dreien verfügte damals Fiedler über Geldmittel. Doch er war zurückhaltend bei der Vorstellung, eine derart gewichtige Bindung einzugehen, und so war es Hildebrand, der das Gebäude mit einem Kredit von seinem Vater erwarb. Zum Ausgleich kam Fiedler für einen großen Teil der Renovierungskosten auf, einschließlich der Einrichtung eines Ateliers im Obergeschoß für Marées, der überhaupt kein Geld hatte.

In der Zwischenzeit kam Irene Schäuffelen, die weder Dresden noch ihren Ehemann länger ertragen konnte, allein nach Florenz zurück. In einer Pension am *Lungarno Acciaioli* mietete sie sich ein. Sie sah sich die Sehenswürdigkeiten der Stadt an und ging in dem kleinen Garten hinter ihrer Pension spazieren. Und zu diesem Zeitpunkt begegnete sie Hildebrand zum zweitenmal, und sie verliebten sich.

Es gelang ihnen recht gut, ihre Affäre geheimzuhalten. Als Fiedler später im selben Jahr in Deutschland war, erhielt er einen verzweifelten Brief von Irenes Mann, der schrieb, daß seine Ehe in Gefahr war. Fiedler reiste unverzüglich nach Dresden, in der Annahme, daß Marées der Schuldige wäre. Die Ehe mußte gerettet werden! Marées mußte davon abgebracht werden, ein glückliches Heim zu zerstören!

Eigentlich war Fiedler selbst mehr als nur ein wenig verliebt in Irene. Seine eigene Selbstbehrrschung, sein Respekt für eine bereits verheiratete Frau brachten ihn dazu, gleich für den Ehemann Partei zu ergreifen. Man kann sich vorstellen, was in Fiedler vorging, als er erfuhr, daß nicht Hans von Marées, sondern Hildebrand der Schuldige war.

Irene über Hildebrand: »In Adolf habe ich die Sonne gefunden, das Licht, um das ich mich wie eine Sonnenblume drehe, mich drehen muß, da er die Erfüllung meines vergangenen Lebens war.«

Mit Fiedlers Hilfe verfaßte der Ehemann ein Ultimatum an Hildebrand mit der Aufforderung, Irene entweder ab sofort nicht mehr zu treffen oder sie zu heiraten. Fiedler kehrte dann nach Florenz zurück und versuchte mehrere Monate lang alles in seiner Macht Stehende, um Irenes Ehe zu retten. Doch auf einer Kutschfahrt an einem Sommernachmittag nach Fiesole entschied sich das Paar für sich. Irene würde sich scheiden lassen. Sie und Hildebrand würden heiraten.

Der in Dresden lebende Ehemann erhielt die Hälfte ihres Geldes. Glücklicherweise blieb noch genug für Irene, um Hildebrand zu unterstützen, seinem Vater den Kredit (mit Zinsen) für den Kauf von San Francesco zurückzuzahlen und schließlich einen großen Haushalt mit zahlreichen sorglosen und unglaublich schönen Kindern führen zu können.

Die Brüderschaft der Künstlerfreunde ging selbstverständlich sofort in die Brüche.

Hans von Marées, der sowohl San Francesco (das er gefunden hatte), wie auch die Brüderschaft und die Dame verloren hatte und zu allem noch völlig mittellos war, ging nach Rom zurück und sah die beiden anderen nur noch einmal in seinem ganzen Leben wieder. Man kann sicherlich davon ausgehen, daß diese Erfahrung sein Leben zerbrach. Er verbrannte fast alle seine Dokumente, Aufsätze und Briefe, bevor er starb – was überaus traurig ist, da man schwerlich ohne Mitleid für diesen begabten und gequälten Mann sein kann.

Fiedler hatte wegen der von ihm übernommenen Reparaturkosten noch einige Ansprüche auf San Francesco. Doch Hildebrand pflegte die Kunst der Freundschaft, und so blieb Fiedler noch einige Jahre dort, genoß die Überreste der Brüderschaft und verharrte im Respekt vor Irene, die immer noch verheiratet war, allerdings inzwischen mit einem neuen Mann.

Als schließlich auch Fiedler heiratete, entwickelte sich zwischen den beiden Ehefrauen eine gewisse Rivalität. Frau Fiedler war immer ein wenig eifersüchtig auf Frau Hildebrand.[3]

Fiedler starb verhältnismäßig jung. Nach seinem Tod versuchte seine Frau, die Hildebrands in die musikalische Fehde zwischen Wagner und Brahms hineinzuziehen. Frau Fiedler war – darf ich sagen, natürlich? – eine Wagnerianerin. Aber Hildebrand schätzte Brahms, dessen Musik er auf seiner Geige spielte. Wagner mochte er gar nicht, obwohl er dies verbarg, als Wagner nach San Francesco kam, um Hildebrands Skulpturen anzusehen. Und zu dem Zwist sagte er taktvoll, daß er von moderner Musik nichts verstünde und hielt sich heraus.

Herr und Frau Hildebrand waren ein wunderschönes Paar. Ohne jede Anstrengung raubten sie den ganzen Sonnenschein.

Ein kleiner Hund kam durch eine Seitenmauer des Gartens und begann, uns anzubellen.

»*Professoressa*«, setzte ich an und wollte einen Scherz machen.

»*Professore*«, sagte sie blitzschnell, »das bist *du* vielleicht, aber ich habe noch keinen Titel. Ich habe keinen *ruolo,* ich bin noch nicht einmal Assistentin von jemandem, der *di ruolo* ist. Ich bin eine nicht existente Persönlichkeit auf der Landkarte der italienischen Wissenschaft! Ich existiere nur, damit mein Professor meine Ideen stehlen kann.«

»Professoren stehlen keine Ideen«, sagte ich, über ihre Bitterkeit bestürzt.

»Professoren stehlen alles. Ideen, Körper, Töpfe, Fakten. Vor allem Fakten! Professoren lieben Fakten mehr als Körper, viel mehr. Mein Professor mag meine Fakten, sehr sogar. Und ich kann sie ihm nicht geben, denn sonst stiehlt er sie für seinen eigenen Gebrauch. Und wenn ich sie ihm *nicht* gebe, werde ich keine *professoressa*!«

Da begann sie zu lachen, und ihr Gesicht war abwechselnd im Schatten der Zypresse und im Licht, als ob eine Jalousie ein Bild auf einen Film brennt.

Fiedler und Hildebrand sahen in einem Kunstwerk weder die Darstellung real vorhandener Gegenstände noch das Symbol einer Idee, sondern betrachteten es als unabhängiges Objekt, würdig des Respekts, der allen autonomen Dingen gebührt. Beim Betrachten oder Schaffen von Kunst ist es wesentlich, Bezüge zu nicht direkt sichtbaren Eigenschaften zu vermeiden.

Selbstverständlich gibt es Unterschiede zwischen einem einfachen Gegenstand und einem Kunstwerk. Ein Kunstwerk ist das vom Künstler erarbeitete Ergebnis von Empfindungen, die er durch sein Leben in dieser Welt erfährt. Denkt man über ein Kunstwerk nach, so wendet man sich ihm im Begreifen mit denselben intuitiven Gefühlen über Raum und Substanz zu, die der Künstler bei der Arbeit eingesetzt hat. Doch sollte man keine Zeit darauf verschwenden, nach mehr als dem Vorhandenen zu suchen.

Dies ist in knapper Form Fiedlers bemerkenswerte Definition davon, wie wir Kunstwerke herstellen und sie genießen sollten.[4] Hildebrand übertrug dies in einen konkreteren Bereich, als er über das konstante Bedürfnis sprach, beim Sehen immer wieder den Tastsinn zu überprüfen. Ein Bildhauer mußte seine Arbeit von allen möglichen atmosphärischen Illusionen und perspektivischen Tricks befreien – von allem, was sich dem Sehen des tatsächlich Vorhandenen in den Weg stellte.

Die Vorstellungen von Fiedler und Hildebrand führten direkt zu Bernd Berensons Theorie der »taktilen Werte« in der Kunst, erstmals veröffentlicht bereits drei Jahre nach Hildebrands Buch *Das Problem der Form in der bildenden Kunst.*

Die Schuld dieser beiden Männer gegenüber Hans von Marées, der bereits in so vieler Hinsicht Leidtragender in dieser Geschichte war, muß erst noch festgestellt werden. Bedauerlicherweise hinterließ Marées außer seinen Gemälden nur wenige Dokumente, nichts davon ist relevant für philosophische Betrachtungen. Doch anscheinend sprach er in der gemeinsamen Zeit der drei in Neapel sehr leidenschaftlich und präzise über die Struktur und Funktion des menschlichen Auges. Er war derjenige, der die philosophischen Probleme beim Vorgang des Sehens aufdeckte.

Hildebrands Werk eröffnet leider nichts über seine Vorstellungen. Trotz seiner (für die damalige Zeit) ungewöhnlichen Hinwendung zur direkten Arbeit am Stein sehen seine Schöpfungen oft wie langweilige, mechanische Kopien von Tonmodellen aus. Welch gut gearbeitete *accademia,* sagt man im Vorübergehen. Schade, daß die Arbeiten so konventionell sind, so *classicheggiamente,* wie man hier sagt, so »klassisch angehaucht«.

Ab 1880 erfreute sich Hildebrand eines beachtlichen Erfolgs, besonders in Bayern, wo er einige wichtige öffentliche Aufträge ausführte. Er pflegte enge Beziehunge zum bayerischen Königshaus, vielleicht weil er ansehnlich und liebenswürdig war, unbefangen, in einem romantischen und nostalgischen alten Kloster umgeben von Arbeit und seinen Kindern lebte. In Fragen der deutschen Politik war er Föderalist, oder genauer gesagt, hatte er eher pro-bayerische als pro-preußische Sympathien. Kaiser Wilhelm hat er anscheinend gehaßt. Die großen Brunnen in München, der Hubertusbrunnen und der Wittelsbacherbrunnen, stammen von ihm, und wenn München heute etwas von der Atmosphäre eines schönen, jedoch vergangenen Königreiches hat, ist das zum Teil Hildebrand und seinen Gönnern zu danken.[5]

Weder Böcklin noch Hildebrand hinterließen zu ihren Lebzeiten irgendeinen Eindruck in Florenz. Böcklin inspirierte de Chirico, Hildebrand überlieferte einige interessante Ideen, die über Berenson nach Italien zurückflossen. Im ganzen neunzehnten Jahrhundert fühlten sich die italienischen Künstler nicht in der Lage, sich mit ihrer ruhmreichen Vergangenheit zu befassen, die großen Meister der Renaissance als Quelle der Inspiration zu verstehen. Die englischen, amerikanischen und deutschen Kritiker waren es, die in gewisser Weise diesem immensen Fund wieder zu seinem früheren Recht verhalfen. Von 1820 bis zur Mitte der faschistischen Periode empfanden die italienischen Künstler den französischen Realismus als den stärkeren Einfluß. Entweder Realismus oder eine besondere Spielart des Symbolismus, der ebenfalls aus Paris kam.

Für die meisten von uns ist die Vergangenheit so undeutlich. Auf unterschiedliche Weise bemühten sich Böcklin und Hildebrand intensiv darum, Präzision und Genauigkeit dem hinzuzufügen, was in den meisten von uns nur ein vages Gefühl ist.

Der einzig faire Kommentar zu einem Kunstwerk besteht in einem neuen Kunstwerk. Und wenn uns das zweite, d. h. ihre eigene Kunst, weniger klar ist als das Original – nun denn, vielleicht ist das einfach Geschmackssache?

Cosima und Saskia, die junge Nachkommenschaft einer »alternativen Kleinfamilie«, die sich Ende der sechziger Jahre bei Siena
aufs Land zurückgezogen hat, um Bohnen, Kohl und Kinder
zu produzieren.

Don Osvaldo Secciani, der Dorfpfarrer von Monti di San Marcellino, vor der Kirche San Giusto in Salcio bei Radda. Er erteilte Matthew Spender den Auftrag für ein Kruzifix aus Holz für die Kirche aus dem 11. Jahrhundert.

Der Kunsthandwerker Ettore Fallani aus Florenz, der Kammeen schneidet, hält hier die Positivformen, nach denen der Pantograph verkleinerte Versionen in Lapislazuli oder Perlmutt herstellt. Hinter ihm steht ein Gipsabdruck von Michelangelos David.

Libero, der Dorfschreiner, bei Restaurierungsarbeiten an einer Kommode in dem kleinen Dorf, San Sano.

Michelangelos Hand-
schrift: Meißelspuren
an der Rückseite
einer seiner unvoll-
endeten Arbeiten im
Bargello in Florenz…

… und ein Steinmetz,
der ein Pflaster aus *pietra
serena* in Siena glatt-
zieht. Diese beiden Foto-
grafien zeigen, daß die
Technik, die Michel-
angelo einsetzte, wenn
er einen Stein bearbei-
tete, sehr ähnlich derjenigen eines erfahrenen
Steinmetzen von heute
ist. Die gleiche Direktheit
kann man in Michel-
angelos Zeichnungen
und Fresken beobachten:
Deutlich wird dadurch,
daß die Fähigkeiten die-
ses außergewöhnlichen
Genius nicht so sehr
im technischen Bereich,
sondern vor allem im
Ausdruck lagen.

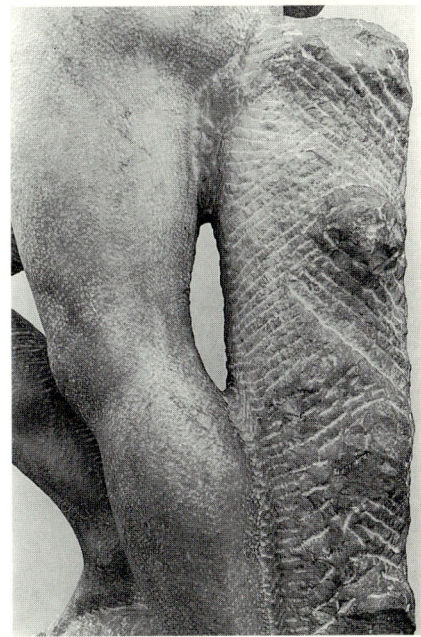

Luciano Fosi (*rechts*) mit Libero Mugelli, dem Dorfschreiner,
nachdem sie einen Tag lang Wildschweine gejagt haben.
Das einheimische Wildschwein wurde nach dem Krieg durch
den Import einer schwereren ungarischen Rasse »verbessert«.

Stiefelmacher Seppe Mugnaini aus Gaiole in Chianti hält hier
einen von ihm angefertigten Schuh und eine kleine Tuba,
die man *bombardino* nennt. Er spielt sie in der *Associatione
Filarmonica di Gaiole.*

Garten der Villa in Fiesole, in der Arnold Böcklin die letzten
sechs Jahre seines Lebens verbrachte. Nach seinem Tod verkauften die Erben die Villa an ihren heutigen Eigentümer.

Oliven

Der Spätherbst ist oft wunderbar. Den ganzen Tag scheint die Sonne schräg, von weit unten am Horizont herab, und das Licht wird dünn und gelb. In der klaren Luft erschaffen die Schatten der Bäume zarte Abbilder ihrer selbst und jagen sich über die Erde. Grasflecken zwischen den gepflügten Feldern leuchten in hellem Grün. Da in den Weinbergen nur noch wenig Arbeit mit den Maschinen getan werden muß, sind Traktoren nur selten zu hören. An den Wochenenden klingen die Kreissägen wie versteckte Tiere in den Wäldern, wenn die Kleinpächter die Krüppeleichen ausdünnen, um Brennholz zu bekommen. Die Wälder nehmen die Farbe von mattem Kupfer an. Die Luft kühlt schnell ab, sobald die Sonne gesunken ist.

Ungefähr einen Monat dauert es, bis die Oliven geerntet und gepreßt sind, und in dieser Zeit kann in der Landschaft und im Klima viel geschehen. Bei der zweiten oder dritten Fuhre zur Olivenpresse, mit Säcken voller Oliven im Auto kann sich das Wetter sehr verschlechtert haben. Im Januar 1985 kamen in einem Schneesturm mit anschließendem hartem Frost die meisten Olivenbäume in der Toskana um, bis auf einige bei Lucca und, seltsam genug, lange Baumreihen in den höheren Lagen am Rand des Appenin. Bis dahin war das Wetter hervorragend gewesen und alle Bäume bis auf diesen Streifen standen noch im Saft. Die Temperatur sank bis auf −15 °C. Der Saft gefror und brach die Zellwände in den vielen Bäumen, die noch aktiv waren, dadurch starben sie.

Die schneebedeckte Landschaft war unglaublich schön. Ich fuhr die Mädchen jeden Tag zur Schule nach Siena, sechsundzwanzig Kilometer, ein nutzloser Kavaliersdienst, da die Eltern aus Siena ihre Kinder bei diesem Wetter nicht einmal auf die

Straße schickten. Meine Töchter saßen allein in ihren Mänteln im Klassenzimmer vor ihren Lehrern. Doch für uns drei war die Fahrt jedesmal ein echtes Abenteuer. Während wir über die ganze Straßenbreite schlitterten und rutschten, sangen wir Lieder über Schlittenfahrten in Sibirien, fuhren mit imaginären Huskies zum Pol.

Später stellte ich fest, daß die Wärme der vorbeifahrenden Autos gerade ausgereicht hatte, um die Bäume am Rand der scharfen Kurve an der Straße von San Giovanni zu retten.

In der zweiten Frostnacht ging ich auf die weiße Wiese, um das Aufsteigen des Vollmonds zu beobachten, der nikotingelb vor den blauen, schneebedeckten Hügeln stand. Einen Moment lang überkamen mich Wut und Verzweiflung. Fünfzehn Jahre Pflege waren in einer Nacht zunichte geworden, gerade, als meine Arbeit begonnen hatte, Ergebnisse zu zeigen. Schnee lag auf den Terrassen, Schnee drückte die Bäume nieder, er war halb geschmolzen und dann wieder gefroren und brach die Äste mit dem toten Gewicht des Eises. Während ich mich umsah, verwandelte die Kälte meine Tränen in Diamanten.

Nachdem der Schnee verschwunden war, ging der schlaueste *contadino,* den ich kannte – ich meine Tullio, den Eigner-*contadino,* der in dem Kapitel über Siena noch zu Ehren kommen wird –, mit seiner Kettensäge auf die Felder und legte alle seine Olivenbäume um. In seinem freundlichen Gesicht gab es nicht die Spur von Sentimentalität, als er mir das einen oder zwei Tage später im Dorf erzählte. Er wußte etwa zwanzigmal soviel wie ich über Oliven und hatte außerordentlich viel Arbeit für seine Olivenbäume und die in der ganzen Nachbarschaft aufgewendet, doch auf seinen Wangen wurden keine Tränen zu Diamanten.

Wir anderen schwankten. »Es ist nicht ganz sicher, daß sie sterben werden«, sagten wir, obwohl wir genau wußten, daß es passieren würde. Der *Consorzio Agrario* riet, diese oder jene schmackhafte Giftbrühe zu spritzen, doch wir weigerten uns.

Stattdessen gingen wir hinaus, als alles vorbei war und schüttelten die Äste, sahen zu, wie die Blätter wie Konfetti zu Boden fielen. Wir hoben sie auf und befingerten sie, rochen an ihnen, strichen über die rauhen Baumstämme, doch nichts wurde wieder lebendig. Dann warteten wir noch ein wenig länger, um unsere Schadensmeldungen für die EG auszufüllen. Schließlich lagen wir ein Jahr hinter Tullio zurück, der in der Lage gewesen war, eine intellektuelle Entscheidung zu treffen und sie so kaltherzig wie der härteste Marktmogul des Landes auszuführen. Als der Frühling kam, schickten die Oliven Triebe aus dem Fuß ihrer Stämme oder aus anderen Teilen, die der Frost nicht in Mitleidenschaft gezogen hatte. Der Vorteil, den Tullio erzielt hatte, lag darin, daß er nicht im ersten Jahr die empfindlichen neuen Schößlinge stören mußte. Seine Bäume waren bereits gefällt und ausgeholzt, als sich der Saft wieder zu regen begann. Wir übrigen mußten im Juni eine ermüdende Schlacht schlagen und versuchen, die toten Stämme durch einen Gürtel aus jungen Trieben hindurch zu fällen, die sofort abbrachen, wenn man sie berührte. In den beiden folgenden Jahren wurden die Olivenbäume auf die Größe von Flaschenbürsten zurückgeschnitten. Erst nachdem man sie zwei weitere Wachstumsperioden in Ruhe gelassen hatte, konnte man daran gehen, die neuen Führer auszuwählen und den Baum wieder zu gestalten.

In dieser ganzen Zeit war an eine Olivenernte natürlich nicht zu denken und insgesamt hat das Sterben der toskanischen Olivenbäume eine ganze Reihe von Problemen geschaffen, von denen wir uns erst jetzt wieder zu erholen beginnen. Ganz wichtig, daß alle Olivenpressen schließen mußten und etliche bis jetzt noch nicht wieder arbeiten. Wenn sie wieder öffneten, sahen sie sich mit einer Anzahl neuer Hygienevorschriften konfrontiert, die ökologische Fragen zur Müllentsorgung regeln und den Pressen vorschreiben, Rückhaltetanks oder Senkgruben einzubauen. Viele Besitzer waren nicht bereit oder in der Lage, diese Ausgaben zu tätigen, und das machte die Mühlen, die trotzdem offen blieben, sehr nervös. Es war lästig, die Oliven zu einer illegalen Presse zu bringen, wo die Arbeiter ständig nach Regierungsinspektoren Ausschau hielten und sich so schlechtgelaunt wie Räuberbienen benahmen.

Dann fehlte denjenigen, die einen erfolgreichen Vertrieb für ihr eigenes Öl hatten, die Ware zu einer Zeit, als der Markt blühte. Um die erreichte Position zu erhalten, kauften sie Öl aus Umbrien oder Apulien ein und gaben es als ihres aus. Als dies entdeckt wurde, geriet das gesamte Konzept des beim Erzeuger abgefüllten Olivenöls in Gefahr.

Gutes Olivenöl ist von vielen Faktoren abhängig: Klima, die jeweilige Baumsorte, die Gesundheit der Bäume, der richtige Schnitt und so weiter. Zwei Faktoren sind im Moment des Pressens entscheidend: die Früchte müssen schnell genug zur Mühle gebracht werden und man braucht die richtige Ausrüstung – vor allem einen sauberen Filter.

Oliven tendieren dazu, gleich nach dem Pflücken zu oxidieren und nach und nach sauer zu werden, und der Säuregrad beeinflußt die Qualität des Öls beträchtlich. Die »Jungfräulichkeit« des Öls ist, wenn man so will, relativ zu seiner Säure, die unter 0,5 liegen muß, damit es als gut gilt. Fragen Sie mich nicht, was dieses 0,5 bedeutet. Ich kann nur sagen, daß die Säure zunimmt, wenn man die Oliven zu lange liegen läßt. Aus Ländern, wo die Früchte aufgrund der natürlichen Schwerkraft zu Boden fallen dürfen, stammt daher wahrscheinlich eher ein Öl von zweifelhafter Jungfräulichkeit. Was auch immer geschieht – man muß raus und die Oliven von den Bäumen pflücken und sie danach ziemlich fix zur Presse bringen.

Ich nahm immer die Nachtschicht in der Olivenpresse. Die Schicht von drei bis sechs Uhr morgens hat etwas Zeitloses, wie im Maschinenraum eines Ozeandampfers. Spät in der Nacht oder früh am Morgen kann man das Dröhnen und Knattern der Maschinen hinter sich lassen und hinaus an Deck gehen, um die riesigen versteinerten Wellen am ganzen Horizont zu sehen, die leere Luft schnuppern, nach den Sternen navigieren.

Jeder Besitzer eines Kontingents Oliven, die gepreßt werden, kümmert sich um seine eigenen Erzeugnisse. Es ist Tradition, den Müllern zu mißtrauen. Jeder weiß, daß Müller hinterhältige Kreaturen sind, gern stehlen, Meister des offenen Lächelns, das Betrug verbirgt. Chaucer hat das gesagt, Boccaccio hat das gesagt, sogar Petronius Arbiter hat das gesagt, und diese Schriftsteller haben bestimmt nicht gelogen.

Die Oliven werden in der Nacht vorher gewogen und man darf jeden, der in der Nähe steht, darum bitten, einem mit den Säcken zu helfen. Im vergangenen November habe ich den führenden Rechtsanwalt in Strafsachen von Siena herumkommandiert, da er in der Mühle war, nichts zu tun hatte und unbedingt wie ein einheimischer Bauer wirken wollte.

Wenn alles gewogen ist, geht man nach Hause und wartet, bis man an der Reihe ist. Und woher weißt du, daß der verschlagene Müller nicht die Säcke mit Oliven klaut, während du schläfst? Eine gute Frage. Die Antwort lautet: erst zählt man sie und schreibt die Anzahl auf ein kleines Stück Papier, das man sorgfältig bei den Säcken zurückläßt. Dann bindet man sie besonders vertrackt zu, wie man das nur selbst zustandebringt. Ein doppelter Paalsteek in rosa Borte, vielleicht. Oder Goldband mit Stickerei, auf das mit Tusche dein Name geschrieben ist. Oder Kordel. Irgendetwas Ungewöhnliches. All die Bauern, die so verloren und ziellos in der Mühle herumhängen, tun schließlich nichts anderes, als auf offenkundig Unehrliches zu achten, beispielsweise einen Müller, der mit einem Sack durch eine Seitentür verschwindet, und jeder direkte Versuch der widerrechtlichen Aneignung wird ziemlich sicher bemerkt. Planlosigkeit in einer Mühle ist ein Symptom scharfsichtiger Aufmerksamkeit für genau solch eine kriminelle Tat. Es ist eine konzentrierte Planlosigkeit, eine absichtsvolle Ablenkung.

Wenn die Zeit gekommen und deine Nummer dran ist, nimmt

man die Säcke, schnürt sie auf und kippt die Oliven in einen Trichter, der im Fußboden der Mühle in einer Ecke versenkt ist. Aus dieser Grube trägt ein Förderband aus Gummi die Oliven handvollweise bis fast an die Decke, von wo sie in eine vibrierenderatterndewackelnde Maschine fallen, die mit einer Reihe von Sieben alle Steine und Erdklumpen entfernen soll, die beim Ernten aufgenommen wurden. Am oberen Ende des Förderbandes saugt ein kräftiger Ventilator die Blätter ab und schleudert sie durch ein kurzes Rohr in die Nacht hinaus, wo sie durch die Luft fliegen und wie ein struppiger Teppich auf einem benachbarten Feld liegen bleiben.

Ströme von Wasser, die durch die Siebe fließen, lassen deine Oliven glänzend und gesund aussehend am anderen Ende der Maschine herauskommen, wo sie in eine andere Grube im Boden fallen, die der gegenüberliegt, in der sie angefangen haben. Von dort werden sie von einer unsichtbaren Schraube in den Schacht des steinernen Mahlwerks im nächsten Raum transportiert, ein Vorgang, den sie zermampft und zerkaut überstehen, so daß sie schon etwas zermatscht neben die Mühlsteine fallen.

Die eigentliche Mühle besteht aus zwei Granitscheiben, die ein starker Elektromotor antreibt, der wiederum auf einer dritten Granitscheibe steht. Es sind keine freitragenden Scheiben, so gibt es eine leichte Verwindung, wenn sie in Bewegung sind, und die Oliven werden nicht nur zerquetscht, sondern leicht gemahlen. Wenn zwischen den Pressungen für kurze Zeit keine Oliven in der Mühle sind, hinterlassen die Räder eine weiße Linie auf der Basis, wie die Kriechspur einer Schlange – Granitstaub, der die unglaublichen Kräfte dieser Steine zeigt.

Innerhalb von zehn bis zwanzig Minuten bleibt von zwei oder dreihundert Kilo Oliven nur noch ein öliger Matsch. Von der Reinheit dieses Matsches hängt ziemlich viel ab. Ist er zu grob, widersetzen sich die Olivenkerne der Presse und es kommt weniger Öl dabei heraus, ist er zu fein, verklebt er das Geflecht.

Mechanisch wird der Matsch auf geschichtete Matten mit einem Loch in der Mitte gehoben, und jeder Stapel aus vier oder fünf Matten liegt auf einer kreisrunden Stahlscheibe mit einem gleich großen Loch; an diesem Punkt packt ein Paar Maschinenarme das Quintett und hebt es auf eine Stahlsäule, die in einem gußeisernen Tablett auf Rädern steckt. (Das ist schlecht ausgedrückt, doch eine wirklich genaue Beschreibung der Maschine schaffe ich nicht.) Es ist eine ziemlich ekelhafte Maschine, die sich etwas reptilienhaft in steifen Sprüngen bewegt, und es ist natürlich nicht anzuraten, ihr in die Quere zu kommen. Ich habe gesehen, wie die leere Klaue des Mattenträgers einem Mann ein Stück seines Kopfes aushöhlte, und da ich größer bin als das Sicherheitsgitter, halte ich mich lieber fern. Man muß ziemlich geschickt sein, um sie zu bedienen, und der Landarbeiter, der das tut, gilt soviel wie ein Handwerker.

Der Brei in seiner zwei Meter hohen Säule aus vollgesogenen Matten ist so schwer, daß man ein kleines verrücktes Zweirad braucht, um das Ding unter die Presse zu manövrieren. Die breiten Räder dieses winzigen Gefährts rutschen auf dem öligen Beton, und der Kampf mit einer vollen Säule ist eine anstrengende Sache. Die Presse selbst ist ein schwerer Bogen aus Stahl auf einer hydraulischen Pumpe, so daß die Säule nach oben und nicht nach unten gedrückt wird. Öl und Schmutzwasser laufen von den Seiten der Matten in das gußeiserne Becken und dann in einen Tank.

Jetzt besteht das Produkt aus einer trüben Mischung aus Öl und Abfall, die durch einen Zentrifugalfilter getrennt werden muß. Dieses Biest stelle ich mir in etwa wie den Magen eines Haifisches vor, nur aus rostfreiem Stahl. Sein schimmerndes Äußeres enthält eine große Wanne mit feinen Löchern, die sich mit hoher Geschwindigkeit auf einem Antriebsrad bewegt. Dieses Prinzip nutzt die unterschiedliche Viskosität von Wasser und

Öl. Das Wasser läuft durch die Löcher, das Öl rinnt nach unten; oder vielleicht ist es auch umgekehrt. Jedenfalls kommt das Schmutzwasser auf der linken Seite heraus, in eine Sickergrube, während das Öl rechts in ein Edelstahlrohr läuft. Wenn die Mühle die neuen Hygienevorschriften befolgt, wird das Abwasser in einem Tank gesammelt, in regelmäßigen Abständen abgeholt und zu Dünger verarbeitet. Ist das nicht der Fall, sollte man von der Frage nach der weiteren Verwendung taktvoll Abstand nehmen.

Der Moment, wenn das Öl endlich aus dem Filter kommt, ist der Anblick, an dem man sich weiden kann – ein dünner Faden aus reinem Öl von gelbgrüner Farbe fließt in das Becken, mit einigen winzigen Luftblasen, die seltsame Muster und Wirbel in der langsam vollaufenden Wanne bilden.

Irgend jemand muß sich inzwischen um die unangenehme Aufgabe kümmern, die Matten von der Säule zu holen und den Matsch zu entfernen, der inzwischen so hart wie alter Teekuchen ist. Eine im Boden verankerte Schraube löst diese Substanz, die dann an der Rückseite des Gebäudes durch ein Rohr in den Hof geleitet wird. Die Pyramide, die dabei entsteht, wird von Zeit zu Zeit entfernt und erst zu weiterem Öl destilliert (das heißt dann *olio di sansa*), dann mit verschiedenen Nährstoffen angereichert und ergibt solchermaßen eine Köstlichkeit für das liebe Vieh.

Die Mühle, die ich beschreibe, ist ein langweiliges Gebäude, einer Schule nicht unähnlich, und wird nur von den beiden Rohren für den Abfall belebt, die wie ein Paar lächerlicher Hörner abstehen. Aus dem einen flattern die Blätter in die Luft. Aus dem anderen fällt die *sansa* in den schmutzigen Hof.

Kaltgepreßtes Olivenöl, d. h. ein Öl, das in einer wie der von mir beschriebenen Steinmühle hergestellt wird, soll besser schmecken als Öl, das im Bauch eines fetten Mahlwerkes aus Metall entsteht, von Wärmeröhren temperiert – das ist die moderne Alternative. Diese Diskussion wird ohne Ende geführt,

152

während man in der Mühle wartet und nichts zu tun hat, so wie die kretischen Schäfer stundenlang über die relativen Vorteile von Gummi- oder Ledersohlen gegenüber der Fußbekleidung ihrer Riesen debattieren. Wenn das Öl erhitzt wird, lautet das Argument, so steigert das die Produktion, weil es feiner wird und leichter gewonnen werden kann. Aber das Öl wird dadurch auch »gekocht«, der Geschmack verändert sich, und das sollte von allen ernsthaften Produzenten reinen Öls vermieden werden.

Ich muß gestehen, daß ich zu dieser weltbewegenden Alternative keine Meinung habe. Jedoch werde ich fanatisch, wenn es um den Zustand des Filters geht. Ein schmutziger Filter hinterläßt Rückstände, die auf dem Grund des Tongefäßes, in dem man das Öl aufbewahrt, einen schwarzen Bodensatz bilden, und das kann sehr schnell den Geschmack verderben. Es gibt Mühlen, die tun so, als ob sie die Filter reinigen, aber in Wirklichkeit spülen sie ihn nur mit wenigen Litern Wasser. Das ist ärgerlich, und ich wehre mich dagegen, doch ist es schwierig, mich mit meinen Argumenten gegenüber dem Fachmann an der Maschine durchzusetzen. Als einzige Antwort bleibt mir, die Mühle zu wechseln.

Alle müssen lügen, um in der Mühle dranzukommen, wenn es soweit ist. »*Dottore*«, sagt man zum Vorarbeiter des Müllers, und beginnt so schon mit einer jämmerlichen Schmeichelei, »ich habe diese kleine *partita* Oliven – nicht viel, knapp dreihundert Kilo oder so (d. h. ausreichend für eine Ladung unter den Steinen oder dreißig Minuten Zeitaufwand). Könnten Sie mich dazwischennehmen?« – »Nun«, sagt der *dottore* , »wenn du die Schicht um vier Uhr morgens nimmst, kann ich das vielleicht machen. Bring sie heute nachmittag zum Wiegen – aber nicht mehr, eh?« – »Nein, nein«, sagt man, und kommt mit der sechsfachen Menge, kurz vor Mitternacht, wenn der *dottore* nach Hause gegangen ist, und mit einem beachtlichen Meisterstück an Überredungskunst drängelt man sich dazwischen.

Die Olivenernte findet zwischen November und Mitte Januar statt, in einem guten Jahr vielleicht sogar später. Das Öl hat zu Beginn der Saison eine bessere Qualität, und wenn das Wetter richtig kalt war, wurden die Oliven »gekocht«. Extreme Hitze und Kälte beeinträchtigen den Geschmack gleichermaßen. Wenn man über Weihnachten in der Toskana ist, sollte man in der Bar in irgend einem Dorf in der Gegend nach dem *frantoio* fragen, einen kleinen Glasballon oder Plastikbehälter erwerben und das Öl direkt dort einkaufen. Man wird überrascht feststellen, daß es teurer ist als in London oder München, sogar als im co op an der Ecke, aber man bekommt das wirklich Echte. Das, was man nie im Handel bekäme, außer rein zufällig.

Sinalunga

✤ Vittorias vornehme Freundin Chiara Paradiso lernte ich in der Bibliothek eines herrschaftlichen *palazzo* in Siena kennen, wo die Bücher hinter Maschendraht standen, den man auf Barockrahmen genagelt hatte. Sie sprach über ihre Forschungsarbeit. Ab und zu kam ein Kellner vorbei und bot auf einem Silbertablett kleine raffinierte Eßwaren an, und gelegentlich sahen wir uns die anderen Gäste an.

In einer derartigen Umgebung war es nicht schwer, in das achtzehnte Jahrhundert zurückzusinken. Decke von Giulio Romano (jedenfalls seine Schule), Notare aus Siena gingen vorüber, milder, doch leicht säuerlicher Gesichtsausdruck, wie ihre perückentragenden Ahnen in den Gemälden an der Wand.

Chiara erzählte mir von einem Zimmer, das sie in ihrem Landhaus entdeckt hatte: zufällig war es versiegelt geblieben, bis ihr Vater in den fünfziger Jahren darauf stieß. An der Wand gestapelte Handschriften, und in der Ecke ein verfallenes Spinett. Das Zimmer, in dem der einstmals berühmte Kastrat aus Siena, genannt *Il Senesino*, Händels Lieblingssänger, gestorben war.

Sie hatte nackte Schultern und eine scharfgeschnittene Nase und befaßte sich damit, Listen von Objekten für eine Doktorarbeit zu erstellen. Auch ich mag Listen gerne. Einige meiner besten Momente habe ich laut meinen Bewunderern damit verbracht, Listen in eine chronologische Reihenfolge zu bringen. Und sie kannte sich mit Papier aus, und wußte, wie man aus Wasserzeichen Datierungen bestimmt. Es war eine Freude, einer solchen Leidenschaft zuzuhören, und nach einer Weile wurde ich neugierig auf das Material, das sie beschrieb.

Bald darauf lud sie mich in das Schloß bei Sinalunga ein. Wir verabredeten uns für die ungewöhnliche Uhrzeit von halb drei Uhr nachmittags, »um noch einen Vormittag Arbeit in der Bibliothek zu ermöglichen«, sagte sie.

Ich vergaß, mittags etwas zu essen. Der Tag war heiß und die letzten acht Kilometer Anstieg aus dem Tal, wo die Felder in Wald übergingen, taten meiner Seele weh. Die Eichen sahen aus wie übereinandergebeugte Krallen, die mit der Oberfläche des Bodens ringen und die dürren, abgemähten Weizenfelder brannten in den Augen. Um mich zu trösten, stellte ich sie mir in Holz geschnitten vor, mit dünnen, harten Schatten, die die Konturen verschärften.

Am Ende einer langen, schmutzigen Straße erhob sich das Schloß, so schwarz wie ein Holzschnitt vor der grellen Sonne. Zwei steinerne Finger. Seufzend, keuchend zog ich mich hoch und sah mit beschatteten Augen auf die Bauten, bis ich die Struktur der Mauern aus gleichmäßigen Schichten wie gestapelte Brotscheiben erkennen konnte. Darunter ein Garten mit verbrannten Gehölzen.

Ich hatte nicht erwartet, bei meiner Ankunft Vittoria über den Weg zu laufen und war reichlich perplex. Irgendwie war ich davon ausgegangen, daß sie diesen Sommer auf der Insel Ponza verbringen wollte.

»Ich war dort«, sagte sie bestimmt, »und jetzt bin ich nicht mehr dort.«

Chiara kicherte.

»Wir waren alle sehr glücklich und zufrieden. Es war sehr friedlich, alle waren ruhig, wir sind geschwommen. Wir konnten sogar ein wenig arbeiten. Dann fuhr Elisabetta eines Tages mit ihrem *motorino* ins Dorf und rammte eine Kuh. Sie wurden beide verletzt, die Kuh nicht so sehr, Elisabetta mehr. Aus irgendeinem Grund hat uns dieser Vorfall alle sehr aufgebracht... Vielleicht, weil es die einzige Kuh auf der ganzen Insel war.«

Chiara kicherte noch mehr.

»Warum hast du mich nicht angerufen, als du zurückgekommen bist?«

»Aber Matteo«, sagte sie, »ich muß dir doch nicht alles über mich und meine Freunde erzählen. Wenn du gestattest…?«

Es machte ihr sichtlich Spaß. Sie hakte sich bei Chiara Paradiso unter. Eine kleine Verschwörung gegen den Vorzeigemann.

Auf einem von Unkraut überwachsenen Kiesweg gingen wir zwischen unbeschnittenen Zitronenbäumen, die in einer Reihe auf kleinen Podesten in zersprungenen Töpfen standen. Verkümmerter Buchsbaum wuchs an den Wegrändern, Rosmarin besetzte die Zwischenräume in der Gartenmauer.

»Ein weiter Weg«, murmelte ich höflich zu Signora Paradiso, »um jeden Morgen nach Siena zu fahren.«

»Oh, ich wohne hier doch nicht. Ich komme immer nur hierher, wenn das Haus verkauft werden soll«, sagte Chiara.

Wieder eine Bemerkung, bei der ich eigentlich nachfragen müßte. Eine hohe Mauer strahlte die Hitze in den Garten zurück. Sie nahmen mich tatsächlich auf den Arm, genossen meinen angespannten Zustand. Oben sah ich zwanzig kleine Fenster, eines war offen, ein Paar Männerunterhosen hingen dort.

»Mein Vater lebt hier«, sagte Chiara, »doch er versteckt sich lieber vor Besuchern.«

»Stören wir ihn? Ich kann wieder gehen…«

»Nein, nein! Das ist nur, weil er so viele Schulden hat… Wir versuchen jedes Jahr, zu verkaufen, und es kommen viele Interessenten, um sich das Haus anzuschauen, aber niemand kauft. Sie können sich das vorstellen. Wenn man einmal bedenkt, was es kosten würde, eine solche Anlage zu restaurieren.«

Ich bekam Kopfschmerzen. Das Schloß hatte an jeder Ecke ein knollenförmiges Türmchen. Aus den Drecklöchern des herrlich unrestaurierten Daches wuchsen haarige Gräser.

Chiara erwähnte einen Vorfahren der Ghibellinen, noch weiter oben im Familienstammbaum als Il Senesino. Ich begann, über das dreizehnte Jahrhundert zu sprechen, schnell und piepsend.

»Natürlich waren überall in den Tälern zwischen Florenz und Arezzo die Ghibellinen, nachdem die Welfen die großen Städte eingenommen hatten. Irgendwo hier in der Nähe muß der junge Mann von der *brigata Spendereccia,* der sienesische Herumtreiber, den Dante erwähnt, in einem Hinterhalt der Aretiner umgekommen sein. Ich hatte immer das Gefühl, daß er mit einem solchen Namen ein Verwandter von mir sein müßte. Und wenn man schon einen Kastraten als Vorfahren hat…«

»Ma quanto sei 'struito«, sagte Vittoria ironisch, wie randvoll ich mit höherer Bildung sei. Außer daß man das abgekürzte Adjektiv normalerweise nur zu schlauen kleinen Buben in der vordersten Schulbank sagt.

Ich war so gerne bereit, ihnen meine historischen Querverbindungen zu eröffnen, mit meinen Ansichten über Dante, den hakennasigen Barden von Florenz, zu glänzen. Doch sie waren nicht empfänglich für den Charme eines leidenschaftlichen Amateurhistorikers, und so ließ ich sie zwischen den traurigen Statuen und vertrockneten Bäumen des Gartens ein wenig vorausgehen.

Ich ging zu einem Brunnen in der Mitte, wo sich all die vernachlässigten Wege trafen. Saß auf dem Rand aus *pietra serena,* warf ein Steinchen in das Loch. Pause. Klong. Der Brunnen war trocken. Sofort breitete sich eine Ahnung von Verzweiflung über den ausgedörrten Besitz.

Durch ein rostiges Tor, das mit einer Kette und einem Vorhängeschloß gesichert war, konnte man undeutlich das Val di Chiana erkennen, auf der in der Mitte gelegenen *Autostrada* huschten einige Perlen entlang. Weit weg in Richtung Arezzo lagen die Alpe di Luna, die schönsten Berge der Welt.

Der Garten war angenehmer im Geruch als im Aussehen. Ich schloß meine Augen vor seiner Ungepflegtheit und sog den wilden, intensiven Duft von Zypressen ein, das dünne Parfum des sommerlichen Rosmarins und den gelegentlichen kühlen Hauch des Waldes, der nach überhaupt nichts roch. Die Themen der Zikaden spannen sich in meinem Kopf fort, und ich döste eine kurze Weile in der Sonne.

Ein Streit weckte mich wieder. Ich stand auf, ging blinzelnd durch die Sonnenbänder zwischen den Bäumen, umrundete das Schloß auf der rechten Seite und fand die Tür einer gemauerten Barockkapelle, die sich an die Hinterseite eines Turms lehnte.

Die Stimmen kamen aus dem Inneren. Eine tief, die beiden anderen zwitschernd.

Die Kapelle war in einem schlechten Zustand, der Stuck nur mehr feines Gekrümel an der Einfassung, der Altar nachlässig mit Brettern vollgestellt, ein alter Vorhang hing vor der Tür, die in die Sakristei führte. Der Türrahmen bestand aus geschnitztem Kastanienholz, die Tür selbst fehlte.

Auf der anderen Seite schauten Chiara und Vittoria in ein mit Stein eingefaßtes Loch und sprachen mit einem zerknirschten *contadino*. Vittoria kniete sich plötzlich auf die Erde und steckte ihren Kopf in das Loch.

Chiara sagte zu dem Bauern. »Ich dachte, wir wären sie alle losgeworden.«

»O, *Signora*, die im Garten begraben waren, haben wir alle dem Bischof zurückgegeben, aber die hier habe ich wirklich vergessen.«

»Vergessen! Aber die sollten doch unter allen Umständen weg! Die im Garten waren kein Problem, haben niemanden gestört.«

Sie sprachen über tote Mönche.

»*Veramente, Signora*«, sagte der *contadino* belustigt, »die hier werden auch niemanden mehr belästigen, in dem Zustand!«

Ich hatte genug von menschlicher Gemeinschaft, fand nicht einmal die Vorstellung witzig – die mir jetzt als sehr ulkig erscheint –, daß ein Friedhof mit toten Mönchen aus dem sechzehnten Jahrhundert zwangsgeräumt werden mußte, um Platz zu schaffen für eine Kanalisation, bevor sich ein potentieller Käufer die Anlage ansah.

»Wer weiß«, sagte Vittoria, ihre Stimme dröhnte von unten herauf, »hier unten könnte ein Heiliger liegen.«

»Es gab einen in der Kapelle«, sagte Chiara, »aber den haben wir Baron Ricasoli gegeben.«

»Warum?« fragte ich.

Sie zuckte mit den Achseln. »Er war sowohl ein Ricasoli als auch ein Heiliger.«

Ich verließ sie und betrat durch eine kleine Tür das kühle Untergeschoß des Schlosses, stolperte dabei über die Schwelle.

Es dauerte einige Zeit, bis ich mich an die Dunkelheit gewöhnt hatte. Schließlich sah ich eine Kutsche, die man hier vor fast fünfzig Jahren geparkt hatte, seitdem stand sie hier. Die Außenmauern waren so riesig, daß der Ort beengt und klaustrophobisch wirkte.

Im ersten Stock gab ein herrschaftlicher *salotto,* ein Wohnzimmer, das optimistische Versprechen, daß im Lauf der Jahre viele Generationen in patriarchaler Einheit dort miteinander sitzen würden. Einige der verzierten Bilderrahmen enthielten jetzt Fotos aus den 50er Jahren, Babies am Strand lächelten im Sand, unpassenderweise hingen sie gegenüber einem häßlichen Ölgemälde mit einem Porträt der Urgroßmutter. Die mit Leim aufgetragenen Fresken blätterten ab.

Unaufgefordert ging ich die Treppe hinauf. Die Stimmen von draußen waren nicht mehr zu hören. Ich hatte das Gefühl, eine Himmelsburg zu erklimmen.

Oben unter dem Dach lag ein selten benutzter Korridor, Türen zu beiden Seiten. Auf dem Fußboden ein Handschuh. Ich hob ihn auf. Er war aus verblichener Seide, mit Spitze und Zuchtperlen am Handgelenk. Die Hand war bemerkenswert klein.

Ich lauschte, konnte jedoch nichts hören außer dem siedenden Sog der Zikaden draußen in den Wäldern. Hier oben hatte ich nichts verloren. Ich öffnete die nächstgelegene Tür.

Ein schmaler Riß in den Fensterläden erhellte das Spinett, das am Fenster stand. Das Instrument war so intakt und anregend wie der Panzer eines Hummers, der gerade verzehrt wurde – ein kitschiges Ding aus Elfenbein und rotem Draht und verstummten Tasten.

Mir fiel eine gläserne Vitrine in der Ecke bei dem anderen Fenster auf. Ich versuchte, sie zu öffnen, doch sie war verschlossen. Die drei obersten Regalböden waren voller Portfolios mit alten Handschriften – schwer zu sagen, von wann. Auf dem untersten Boden lagen einige gläserne Rosenkränze, ein hölzernes Kruzifix und einige englische Flugschriften. An der Rückseite hing eine Karikatur aus dem achtzehnten Jahrhundert, sie zeigte einen dicken Mann mit Perücke, die Wasserfarbe war bis auf einen Sepiaton verblaßt. Daneben das Foto des Sängers, Francesco Bernardi, nichts als Schmachtlocken und Fettleibigkeit. Händels große Entdeckung, die beiden eine Zeitlang eine schöne Karriere bescherte. Ein singendes Schweinchen, unberührbar und daher der Schwarm der Damen. Gab es im London von 1730 für eine Dame von Welt ein geeigneteres Liebesobjekt?

Sehnte sich Il Senesino nach seinem heimatlichen Siena? Nein, er war nicht sentimental. Die Toskaner sind gegen Nostalgie immun, sie sind von Geburt an nicht zimperlich mit der Vergangenheit; das ist eine ihrer angenehmsten Eigenschaften. Er stritt mit Händel wegen Geld und ging auf die andere Straßenseite, um mit Niccola Porpora zu arbeiten. Zog sich nach zehn Londoner Jahren mit fünfzehntausend Gulden zurück – damals ein Vermögen – und lebte von da an mit seinem Spinett und seinem Freund Paolo Rolli in Sinalunga. Ließ die jammernden Damen in ihrer aufgeweichten Landschaft verfaulen.

Ich schloß die Fensterläden und verließ leise den Raum. Für einen Moment wollte ich gern ausruhen, ein wenig nachdenken, Vittoria mit ihrer Stimmung geheimen Einverständnisses

161

meiden. Also saß ich unbequem auf dem Treppenabsatz, weder drinnen noch draußen, weder oben noch unten, und ließ den angestauten Trübsinn dieses Tages durch das ganze Schloß aufsteigen.

Das Nachsinnen über Il Senesino brachte mich auf das Thema des Exils. Erzwungenes Exil, freiwilliges Exil – *fuoriusciti* wie die Ghibellinen, für die das Schloß ursprünglich erbaut worden war.

Mir fiel ein, daß Maro einmal auf einer Eisenbahnplattform bei New York gerufen hatte: »Wo sind die Etruskergräber?«

Und als sich besorgte Gesichter ihr zuwandten, fügte sie etwas weicher hinzu: »Ich weigere mich, irgendwo zu leben, wo es keine Etruskergräber gibt.«

In Amerika muß Verrücktheit gemieden werden, also drehten sich die anderen auf dem Bahnsteig weg. Nur ich kehre gelegentlich voller Sympathie zu dieser Szene zurück, da sich mir im Verstreichen der Jahre die verschiedenen Ebenen des Exils eröffnen.

Für Maro sind die Etruskergräber greifbare Symbole einer Luft, die gründlich geatmet wurde, durch viele Lungen gezogen ist, und von Schmutz, der in Freude und Schmerzen mit menschlichen Knochen angereichert wurde. Das ist etwas, worüber sie brüten kann, wenn sie im Frühling mit bloßen Händen in der Erde wühlt. Jeder Teil der Welt mit diesen Eigenschaften ist für sie bewohnbar. Sie trägt ihr Heimatland bei sich, wenn sie unterwegs ist.

Laut Maro sollte in dieser Welt voller Leiden jedes Individuum auf einen stärkeren Impuls hören als auf den einer Gruppe, die angeblich durch Rassen abgesteckt ist. Die weitere Familie, Freunde, die man gewonnen hat, die planlose Auswahl der Blutsverwandten. Doch außer diesen Glücksgaben, zu denen man so loyal wie nur möglich sein sollte, erkennt sie keine andere Einheit an als die Gesamtheit der Menschen. Durch Zufall, durch Liebe gehört man zu einer Gruppe von fünfzehn, zwanzig Menschen, ansonsten zur Welt. Und daher nieder mit ethnischen Minderheiten und ihren unerträglichen Forderungen.

Ganz oben auf der Liste dieses Chaos aus ineinander verwirbelten Rassen stehen die Engländer, die noch viel mehr deshalb schon eine ethnische Minderheit darstellen, weil sie sich dieses Umstandes nicht im geringsten bewußt sind. Und ich vom Stamme der Engländer, welche Stimme kann ich zu ihrer Verteidigung erheben?

Brüder, es gab Momente in fernen Landen, in einem koksgetränkten Hinterhof in Szechwan, als ich einen Geruch wie im London meiner Kindheit einsog (vor dem Luftreinhaltungsgesetz von 1959) und Tränen liefen über meine Wangen. Zeiten, in denen ich zusammengesunken spät nachts vor dem Kamin saß, in der Ecke eines roten Sofas, das ich 1966 auf dem *Church Street Market* erstanden hatte und durch *London from A to Z* geblättert und mich nach London gesehnt habe. Unfähig, mich dabei zu konzentrieren, habe ich in den Gefilden der Gaswerke auf der Karte nach den Wikingergräbern gesucht, die für mich Etrusker honoris causa sind. Mit zerbissenem Fingernagel habe ich den Verlauf des *Grand Union Canal (Paddington Branch)* erschöpft von Seite zu Seite verfolgt.

Meine Frau reist ohne Ballast. Ich bin mit einem blutenden Stück Erde unterwegs, das immer Hampstead bleiben wird.

Ohne es zu bemerken, hatte ich auf den verlorenen perlen- und spitzenbesetzten Handschuh auf dem Boden gestarrt. Ich stand auf, ging zurück in das Zimmer des vor so langer Zeit verstorbenen Sängers, und legte den Handschuh auf die Tastatur des Spinetts, als ob er nach einem leeren Akkord griffe.

Ich kam auf den Gedanken, daß die beiden edlen Forschungsassistentinnen vielleicht eine geheime Absprache getroffen hatten, damit ich all dieses Zeug zu sehen bekäme. Man weiß nie, was wirklich Zufall ist und was nicht, oder? Aus

irgendeinem Grund kehrte bei dieser Vorstellung meine gute
Laune zurück, zum Teil trug ein kalter Wind sie heran, der gegen
Ende des Tages endlich von den Hügeln strich.

Und so lud ich die zwei ins nächste Dorf zum Abendessen
ein, wo wir Wein tranken und zusahen, wie die Sonne im Meer
versank, wie ein Vogel hoch über Viareggio.

Siena

✿ Vittorio hatte sich geweigert, das Haus zu kaufen, in dem er lebte, da er nicht die nächsten vierzig Jahre verschuldet sein wollte. Kurz bevor er es räumen mußte, erzählte er mir eine Geschichte, die die Rivalität zwischen Florenz und Siena in eine etwas finstere Volkssage verwandelte.

»Du weißt«, sagte er, »daß die Florentiner und die Sienesen niemals gut miteinander auskamen, und einander immer bekämpft haben. Nun, eines Tages sagten sie sich, daß genug Blut geflossen sei und jetzt der Zufall die Grenzen zwischen den beiden Staaten festsetzen sollte. Zwei Hähne sollten im Morgengrauen jeweils eine der beiden Städte verlassen und aufeinander zugehen, und dort, wo sie aufeinander trafen, wäre dann die neue Grenze.

So suchten die Sienesen einen schönen, jungen Hahn aus, fütterten ihn, bereiteten ihm ein Ehrenlager in der Kirche, so wie sie es mit den Palio-Pferden tun, und behandelten ihn rundum gut. Die Florentiner aber nahmen einen dürren, alten Hahn mit langjähriger Erfahrung, tauchten ihn in kaltes Wasser, und setzten ihn draußen auf ein Dach. Er verbrachte eine schlaflose Nacht, und beim ersten Schein der Morgenröte am Horizont sagte er sich: ›Ich habe genug von Florenz, ich gehe nach Siena.‹

Ungefähr um die Mittagszeit traf er auf den Hahn aus Siena, der ausgesprochen gut und ausgeruht aussah. Der sienesische Hahn war spät aufgewacht, hatte ein gutes Frühstück zu sich genommen, ein wenig gebetet und sich dann auf den Weg gemacht, Stunden später als sein Rivale. Und deshalb liegt die Grenze zwischen Siena und Florenz so viel näher bei uns als bei denen.«

Wir... die. Als Vittorio mir diese Geschichte erzählte, waren wir gerade in einer Bank. Es gab kein Gelächter, sondern das Knistern eines mürrischen Verdrusses auf Seiten der Anwesenden. »Bis Poggibonsi geht es mir gut«, sagte jemand. »danach möchte ich lieber keinen mehr von denen sehen.«

Ganz nebenbei subtrahierte ich auf einem Bankbeleg die Daten des sienesischen Sieges über Florenz bei Montaperti von dem Datum auf dem Kalender an der Wand; ich kam auf über 730 Jahre. Eine lange Zeit, um Groll aufrecht zu erhalten.

Dante hielt nicht besonders viel von den Sienesen. *Or fu giammai / Gente sì vana come la sanese? / Certo non la francesca sì d'assai.*[1] Was bedeutet: »Gab es jemals solch ein eitles Volk wie die Sienesen? Eins ist sicher, noch nicht einmal die Franzosen sind so schlimm.« Eitel im doppelten Sinne: »nutzlos« und »selbstgefällig«, und soviel ich weiß, denken die Florentiner bis heute haargenau das Gleiche über die Sienesen (und die Franzosen).

Ich habe Siena immer als undurchsichtig empfunden. Die Besessenheit der Sienesen vom *Palio* macht sie schwer greifbar, einzigartig. Oder aber der Palio ist das Symptom eines tiefgehenden Gefühls, das nur innerhalb von Stadtmauern existieren kann. Weil die Sienesen den Palio haben, brauchen sie jedenfalls nichts vom Rest der Welt.

Der Palio ist ein Pferderennen, das zwei-, manchmal auch dreimal im Jahr in Siena stattfindet. Es wird auf der *Piazza del Campo* abgehalten, dem Hauptplatz, der mit Sand aus Tuffstein bestreut wird, so daß er zumindest auf der Rennstrecke der Pferde freiem Feld ähnelt. Die eigentümliche Ausstrahlung dieses Rennens kommt für den Nicht-Eingeweihten teilweise von diesem Gegensatz zwischen der dichtbesiedelten, städtischen Umgebung und den Rennpferden, die man eher mit dem Lande verbindet.

Matratzen und Polster bedecken die Steinvorsprünge der kritischen Ecken. Pferde fallen, werden überritten. Das Rennen ist brutal und bemerkenswert kurz. Ein reiterloses Pferd kann gewinnen. Oft werden Pferde verletzt, manchmal erschossen. Die Begeisterung, die dieses Rennen hervorruft, ist absolut jenseits des Verständnisses aller Nicht-Sienesen im Publikum, bei Italienern genauso wie bei Fremden.

Bei diesem Rennen geht es nicht um Geld. Es gibt keine illegalen Wetten, keinen goldenen Pokal und kein Bargeld. Die Pferde in diesem Rennen repräsentieren die verschiedenen *contrade*, Stadtteile von Siena, und es geht nur darum, den eigentlichen *palio* zu gewinnen, eine lange Fahne, die jedes Jahr von einem anderen Künstler gestaltet wird. Der *palio* wird dann zu anderen Fahnen in ein stickiges Mausoleum im Erdgeschoß eines *palazzo* der siegreichen *contrada* gehängt. Den *palio* zu gewinnen ist am Ende im allgemeinen der Ruin der siegreichen *contrada* auf dem ersten Platz, denn dies erfordert Schmiergelder, Kostüme, Umzüge, Essen in den Straßen zusammen mit den Verbündeten, und auch Vertretern der Feinde von der zweitbesten *contrada*, dem eigentlichen Verlierer des Rennens.

»Und Ihr Pferd hat also gewonnen? Sie sehen so fröhlich aus.«

Das Mädchen hinter dem Ladentisch des co op sprach langsam, wie zu jemandem, der von Geburt an schwachsinnig ist.

»*Signore*«, sagte sie, »wenn mein Pferd gewonnen hätte, wäre ich nicht hier. Ich freue mich, weil mein Feind Zweiter geworden ist.«

Sie ist sehr hübsch, dachte ich mir. Ihr Haar war immerzu in Bewegung, wie ein Bienenschwarm. Und wie soll ein unwissender und unvorbereiteter Fremder so eine Bemerkung verstehen? Und wenn er einen erwachsenen Mann mit einem Schnuller um den Hals die Straße entlanggehen sieht, wie soll er darauf kommen, daß dies »wiedergeboren« bedeutet – nach einem gerade errungenen Sieg beim Palio?

Der Palio entstand bei einem Versuch des Stadtrats, Bürgeraufstände zu unterwerfen, die im Mittelalter jedes Jahr während des Karnevals auftraten – genau wie zu den Zeiten der Römer.

Carnevale, quando ogni scherzo vale – im Karneval ist alles erlaubt, lautet das Motto. Aber im Jahre 1291 gab es Wettkämpfe oder *gare* zwischen rivalisierenden *contrade*, nach denen einige Tote auf den Straßen zurückblieben. Daraufhin reduzierte sich die Liste der zugelassenen Spiele. Es wurden weniger Stöcke und Steine erlaubt, dafür aber Stöße und Fausthiebe *(il giuoco di pugna)*. Außerdem Stier- und Büffeljagden, Reiterturniere, Gladiatorenkämpfe und wilde Tiere.

Der Palio ist das einzige Überbleibsel einer ganzen Reihe von Wettkämpfen, die zu ihrer Blütezeit schrecklich gewesen sein müssen. Obwohl er wahrscheinlich der Harmloseste von allen ist, gibt der Palio uns heute einen knappen, aber lebhaften Eindruck davon, wie das Leben im späten Mittelalter ausgesehen haben könnte. Es ist ein Privileg, im eigenen Leben – wenn auch nur für kurze Zeit – eine Epoche nachempfinden zu können, die ansonsten so weit entfernt ist.

Die Unruhen des Jahres 1291 traten kurz nach dem sienesischen Sieg über Florenz bei Montaperti und der darauf folgenden Niederlage bei Colle Val d'Elsa auf – Gefechte, die Siena in äußerst nervöse Spannung versetzt haben müssen. Als Altertumsforscher im achtzehnten Jahrhundert begannen, den Palio zu studieren, hoben sie seinen kriegerischen Hintergrund hervor. Ursprünglich war die Stadt aus Gründen der Verteidigung in drei *terzi* eingeteilt, deren Unterabteilungen die siebzehn heute am Palio teilnehmenden *contrade* sind.

Pecci erläutert, daß die Verwandtschaft zu altertümlichen römischen Saturnalien schon sehr früh bewußt gepflegt worden ist. Die Umzüge, die außergewöhnlichen Kostüme, sogar die Ausrüstung hatten römische Ursprünge. Er behauptet, daß die *macchina*, der Triumphwagen, der im sechzehnten Jahrhundert Bestandteil der Umzüge der *contrade* wurde, von den altertümlichen Sänften abstamme, die während des Kaiserreiches von Elefanten getragen wurden.

In einer Beschreibung eines solchen Wagens der *Contrada*

dell'Oca heißt es: »1650 zeigten sie einen Wagen, in dem sich Glauco befand, die berühmte Sängerin des Ptolemaios aus Ägypten, die mit ihrer süßen Stimme alle verzauberte, und sie wurde begleitet von vielen Sängern, Spielern und Nymphen, alle wunderschön gekleidet, wofür sie einen kostbaren Preis gewannen... Die jungen Männer dieser *contrada* haben immer die beste Miliz abgegeben, die jemals im Dienste der Republik stand.«[2]

Die gesamte Stimmung dieser Festivitäten ist eine Mischung aus großem Ernst und Lächerlichkeit: hundert junge Männer, verkleidet als Nymphen, oder als deutsche Flüsse, als Schafhirten, altertümliche Trojaner oder Wassergeister – jedoch sofort bereit, bei einer Bedrohung durch einen äußeren Feind zu den Waffen zu greifen und wirklich zu kämpfen.

Auf die Schlachten bei Montaperti und Colle folgte eine lange Periode, in der Florenz ihre Rivalin in Schach hielt, indem es nach und nach ihren Zugang zur Außenwelt einschränkte. Von Zeit zu Zeit versuchte sich Siena zu befreien. Extrem dramatisch wurde die Situation im Jahre 1555, als Siena vom Habsburger Kaiser Karl V. belagert wurde.

Angeblich ging es mehr um europäische als um toskanische Interessen. Siena war ein kleines strategisches Pünktchen, das sich dem Versuch Karls V. widersetzt hatte, ganz Europa in einem einzigen, katholischen Kaiserreich zu vereinen. Da sich aber Cosimo de' Medici mit Karl gegen Siena und die Franzosen verbündet hatte, war die nun folgende Belagerung von der alten Rivalität der beiden toskanischen Städte gefärbt.

Anführer der Verteidiger war ein französische Berufssoldat, Blaise de Monluc, der in fortgeschrittenem Alter eine so interessante Autobiographie schrieb, daß man sie später »die Bibel des Soldaten« nannte. Ein großer Teil des Buches behandelt die Belagerung von Siena. Dies ist seine Huldigung an die Frauen der Stadt:

Unmittelbar nach dem großartigen Entschluß der Bewohner von Siena, ihre Stadt zu verteidigen, teilten sich die Frauen aus Siena in drei Kompanien. Die erste unter Signora Forteguerra, violett gekleidet, wie die wohlgeborenen Frauen in ihrer Gefolgschaft; sie selbst trug das kurze Gewand einer Nymphe, so daß man ihre kurzen Schnürstiefel sah. Die zweite war Signora Piccolomini, in rotem Satin, wie die ihr Ebenbürtigen. Die dritte war Signora Livia Fausti, ganz in Weiß, wie die ihr Folgenden; sie trugen weiße Fahnen, die mit vielen schönen Parolen beschrieben waren. Ich weiß nicht, was ich darum geben würde, sie jetzt noch zu erinnern.

In anderen Worten, die Frauen von Siena formierten sich, wie sie es in späteren Jahren für einen Palio getan haben könnten. Mit Hacken und Schaufeln bewaffnet war es ihre Aufgabe, die Haupttore der Stadt mit Anwerfungen aus Erde gegen ein eventuelles Bombardement zu schützen. Während sie marschierten, sangen sie Loblieder auf den französischen König. Monluc schrieb, daß er sein »bestes Pferd geben würde«, wenn er sich noch an die Texte dieser Lieder erinnern könnte.[3]

Während der Belagerung nahm ein junger sienesischer Schneider namens Bernino einen stattlichen, jungen Spanier gefangen, der sehr gut in Form war. So brachte er ihn, ohne seine Uniform, mit zur *Piazza del Campo*, um bei einem Rundtanz *(ballo tondo)* mitzumachen – vielleicht einem in der Art, wie ihn die deutsche Kavallerie vor Montaperti tanzte, oder wie der auf Lorenzettis Fresko *Die Gute Regierung*, das man heute immer noch im Palazzo Pubblico von Siena sehen kann. Und danach ein Fußballspiel. Andere kamen dazu, und zu guter Letzt wurde es zu »auf ganz natürliche Art und Weise« einer Balgerei mit Fäusten.

Nach und nach rauften so viele Sienesen, daß man zu den Waffen rufen lassen mußte, um sie auseinanderzubringen. Dies alles beobachtete Monluc, und er lachte so sehr »über ihren

Mut«, daß ihm die Tränen die Wangen herunterliefen. Als sie voneinander abließen, sagte einer zu ihm: »Stell' dir jetzt einmal vor, wie wir es unserem Feind geben werden, wenn wir untereinander schon so loslegen und abends wieder Freunde sind?«[4]

Viel von dieser natürlichen Hochstimmung findet sich auch heute noch im Palio. Heute geht es vielleicht weniger gewalttätig zu, allerdings auch nicht immer.

Vor einigen Jahren sah ich nach einem Palio zwei voll bewaffnete Carabinieri schnellen Schrittes zum Krankenhaus gehen. Der eine war jung, der andere alt, und ihrem Akzent nach kamen sie aus dem Süden.

»Siehst du«, sagte der Ältere, »jetzt müssen wir zum Krankenhaus gehen, um zu verhindern, daß der Jockey von dem Pferd, das auf den zweiten Platz kam, von seiner eigenen *contrada* zusammengeschlagen wird.«

»Aber wenn er doch in der ersten Kurve heruntergefallen ist und sich ohnehin schon einen Arm und ein Bein gebrochen hat…?«

»Ha! Die sagen aber, das hätte er absichtlich getan.«

Er schüttelte ungläubig den Kopf. Derart unsinnige Ursachen hat die Gewalt hier oben im Norden! Im Süden, schien er damit auch auszudrücken, hat sie zumindest einen Hintergrund aus konsequenter Logik.

Einmal traf ich einen Herrn aus Siena, der mir fröhlich erzählte, daß sein Vater nach einem Palio an einem Faustschlag in die Leber gestorben sei.

»Und er wußte, wer das getan hatte«, sagte der Herr lächelnd. »Aber natürlich hat er das niemals jemandem erzählt, nicht einmal auf dem Totenbett. Noch nicht einmal mir.«

Monluc und die Franzosen verloren, Siena fiel an Karl V. und geriet durch diesen innerhalb weniger Jahre in den Einflußbereich der Medici in Florenz. Aber Cosimo I. war intelligent genug, Siena all seine Institutionen zu belassen. Seine Kontrolle beschränkte er auf die auswärtigen Angelegenheiten und vielleicht darauf, die wirtschaftliche Ausbreitung von Siena zu erschweren. Innerhalb der Stadtmauern konnten die Sienesen mehr oder weniger so leben wie bisher.

Als Großherzog Peter Leopold zweihundert Jahre später die Geschichte der Stadt aufschrieb, machte er deutlich, daß die Aristokraten und die obere Kaufmannsschicht völlig davon in Anspruch genommen waren, in Verwaltung und Ratsversammlung verschiedene Schlüsselpositionen zu erlangen und zu halten, die oft einander überlappende Bereiche der Rechtsprechung mit sich brachten und genügend Intrigen, Schmiergeldgeschichten, Rivalitäten, Beleidigungen, Familienfehden etc. produzierten, um sie allesamt über Jahrzehnte hinweg ununterbrochen bei Laune zu halten. Genau wie in der Republik. Und genau wie in Florenz.

In Florenz ist der Adel extrem ungebildet, studiert oder arbeitet überhaupt nicht, kultiviert die Muße ohne Kultur oder Bildung und hat im allgemeinen wenig oder gar kein Ehrgefühl. Gegenüber dem Volk, anderen Klassen und gegenüber Abkömmlingen der niedrigeren Klassen neigt er zu Arroganz und Herablassung; man scheint dort zu erwarten, daß man die Handwerker nicht zu bezahlen und die Dienerschaft nicht gut zu behandeln braucht... [Diese Aristokraten] sind hochmütig und nicht vertrauenswürdig und glauben, daß die gesamte Toskana einzig und allein ihrem eigenen Vorteil und Vergnügen dienen sollte, wie in den Tagen der Republik. Diese Tendenz muß unbedingt aufgehalten und die Entwicklung der ländlichen Gebiete gefördert werden, denn aus zahlreichen Gründen fließt Geld vom Lande in die Hauptstadt.[5]

Ein Gemälde im *Palazzo Pitti* zeigt Maria Theresia von Österreich umringt von ihren zahlreichen Kindern, darunter Marie-

Antoinette, die unglückselige spätere Königin von Frankreich, und Peter Leopold, der die Toskana lange Zeit regierte. Die seidenen Gewänder sind wunderschön, ansonsten ist das Bild fade. Jedoch regt es seltsame Fantasien an. Lehrte sie, die liebenswürdig dralle Mutter, ihre Kinder wirklich alle Geheimnisse der Absoluten Monarchie? Die Notwendigkeit zu zentralisieren, an intelligente Untergebene zu delegieren, die vorzugsweise nicht aristokratischer Herkunft waren? Die Liebe zum Recht, die Förderung des Gewerbes, die Bedeutung einer schlagkräftigen Polizei? Und das alles mit ihrem Kleinen auf dem seidenen Knie?

Peter Leopold beschreibt sowohl seine Diener wie auch seine Untertanen mit strengem und klarem Blick. Wohin er auch kam – und er bereiste die gesamte Toskana –, gliederte er die sozialen Schichten in klare Abschnitte und fand im allgemeinen in jeder Falsches. Seine schriftlichen Ausführungen wiederholen und widersprechen sich, manchmal bis an die Grenze zur Paranoia. Nach einer Zeit fallen die Adjektive *ignorante* und *quiete* besonders auf: Das erstere im Sinne von roh und ungebildet, das zweite meint gehorsam, ohne Ärger; gute Untertanen.

Sein Ideal war der hart arbeitende, selbständige Bauer und Landbesitzer, vielleicht nach dem Vorbild der Freisassenbauern oder des kleinen Landadels im England der damaligen Zeit. Mit beharrlicher Gründlichkeit hegte er diesen Gedanken an ein imaginäres Zukunftsvolk und griff dabei zu Mitteln, die eher in unserem Jahrhundert üblich sind als in seinem. Er liberalisierte den Erwerb und den Verkauf von Grundbesitz, unterstützte den Getreidemarkt und förderte die Gründung neuer Bauernhöfe. Die Bank gewährte Darlehen, wenn man Land kultivieren und einen Musterbetrieb aufbauen wollte.

Aber damals wie heute nehmen eher die bereits Reichen Darlehen in Anspruch als die Besitzlosen. Und wenn die Bauern die Zuschüsse erhielten, was eher in seinem Sinne gewesen wäre, sorgten oft einige aufeinanderfolgende Mißernten dafür, daß der Kredit im Laufe von vielleicht zehn Jahren gestrichen wurde. Das Eigentum fiel wieder an die großen Grundbesitzer, die die schlechten Zeiten aussitzen und dann alles für einen Apfel und ein Ei aufkaufen konnten.

Die Toskana des achtzehnten Jahrhunderts ist im Kleinformat ein Abbild der Schwierigkeiten der gesamten Epoche. Intelligent und beharrlich wurde versucht, die Kluft zwischen einem absoluten Herrscher und der niedrigsten Ebene der Gesellschaft zu überbrücken, doch mit dem Ergebnis, daß es den kleinen, wohlhabenden Kasten im Zentrum von Jahr zu Jahr besser ging und offensichtlich wurden sie immer selbstsüchtiger.

Die *Relazioni sul governo della Toscana* ist zweifellos eines der bedeutendsten Dokumente des achtzehnten Jahrhunderts über Regierungsformen in Europa. Peter Leopold schrieb es vor seiner Abreise nach Wien, wo er 1790 Kaiser (Leopold II.) wurde, nachdem er vierundzwanzig Jahre lang die Toskana regiert hatte. Eine der beeindruckendsten Qualitäten dieses Werks ist seine Tonlage, halb als denke er laut allein vor sich hin, halb als erteile er in Gedanken seinem Nachfolger Ratschläge. Das Werk war nie zur Veröffentlichung vorgesehen; in Prag und Wien wird es schlicht unter *Familienarchiv* geführt, als sei die ganze Toskana sein Privatbesitz gewesen.

Kurz nachdem er nach Wien zurückgerufen worden war, um ein übermäßig ausgedehntes, durch die Französische Revolution bedrohtes Kaiserreich zu übernehmen, starb er. Das Bild, das er in seinen Schriften hinterlassen hat, ist letztlich eher privat als politisch. Im zweiten und dritten Band der *Relazioni* sind alle Reisen zusammengefaßt, die er durch die vernachlässigte Landschaft machte. *Pro memoria* schrieb er für sich selbst auf, um mögliche Verbesserungen in die Wege leiten zu können. Alle Aspekte der Verwaltung werden in genauen Detailbeschreibungen angeschnitten: vom Minister mit Spitzenkragen und Dreispitz bis zum schmierigen und korrupten Gutsverwalter, der mit der Mütze in der Hand im Haus lauert.[6]

Die Landschaft, die vor uns liegt, kann in vieler Hinsicht seine genannt werden. Eine von Hand geschnitzte Landschaft.

Sobald Fels den Humusboden durchdringt, stößt man südlich von Florenz auf die Terrassen aus dem achtzehnten Jahrhunderts. Obwohl manche verlassen und andere zerstört wurden, um Platz für moderne, maschinelle Anbaumethoden zu schaffen, sind viele in bemerkenswert gutem Zustand, wenn man bedenkt, daß sie von zweihundert Jahre alten Trockensteinmauern gestützt werden.

Die Bauernfamilien bauten jedes Jahr eine Terrasse, da dies eine der Bedingungen war, um ein Haus zu pachten. Die Terrassen wurden parallel zum Horizont angelegt, folgten den Konturen der Berge und begannen am Fuße einer Seite eines Hügels. Erst entfernte man den Wald und die Krüppeleichen und trug dann die Erde ab zu der neuen Mauer, die aus dort gefundenen Steinen zusammengesetzt wurde. Vertikale Wasserrinnen in regelmäßigen Abständen sollten eine Erosion des wertvollen Bodens durch abfließendes Wasser verhindern. Es konnte ein ganzes Jahrzehnt dauern, bis ein Hügel vom Fuß bis zur Spitze wieder aufgebaut war.

Fast sind diese Felder wie Skulpturen, von anonymen Meistern mit Hacke und Pickel in die Flanken der alten Waldungen geschnitzt. Skulpturen oder Gärten, denn der Gartenbau im englischen Sinne hat in Italien keine eigene Tradition, da er von Kriterien abhängt, die bewußt und in großem Maße landwirtschaftliche und ästhetische Prioritäten vermischen. Dies gab es nur in England mit der Entstehung einer breiten Klasse von »Gentlemenfarmern« im achtzehnten Jahrhundert. So eine Klasse war vielleicht das Ideal von Peter Leopold, hat sich aber in der Toskana niemals herausgebildet.

Und so ließen Eigentümer, die größtenteils nicht auf ihrem Besitztum lebten, die Häuser von *contadini* erbauen, die später darin wohnen sollten. Hintergrund dieser immensen manuellen Arbeit auf dem Lande und beim Bauen war eine verzweifelte ländliche Bevölkerung, die sogar noch im achtzehnten Jahrhundert in erbärmlichen Verschlägen tief im Walde lebte. Pietro Leopoldo spricht indirekt von diesem Heer von Gelegenheitsarbeitern, den Armen, einer Kaste von Landbewohnern unterhalb der Ebene der *contadini*, von der wir sehr wenig wissen.

Die unklare Grenze zwischen Bauarbeitern und *contadini* erschwert die genaue Vorstellung davon, wie die Höfe gebaut wurden. Beispielsweise male ich in einem Atelier, das in der nahen Vergangenheit, ungefähr 1890, von einem reisenden Maurer erbaut wurde, dessen nur von ihm verwendetes Kennzeichen eine runde Mittelsäule war. Er lebte im Haus des *contadino*, für den er arbeitete, und gemeinsam sammelten sie Steine und errichteten die Mauern. Dem Aussehen des Gebäudes nach zu urteilen, bauten sie ungefähr einen Meter hoch an einem Stück und holten dann neue Steine aus dem kleinen Steinbruch im Wald. Meine Scheune brauchte anscheinend ein Jahr. Der springende Punkt aber ist, daß sie stilistisch gesehen zeitlos ist. Sie könnte 1750 erbaut worden sein, 1830, wann auch immer. Wenn ich es nicht aus der mündlichen Überlieferung wüßte, wie hätte ich die Entstehung meiner Scheune oder die der anderen über die nahen Berge verstreut liegenden nachvollziehen sollen, die alle von diesem begabten, anonymen Baumeister stammen?

Die ersten Verträge über *mezzadria* wurden bald nach der Pestepidemie von 1348 abgeschlossen. Sie sollten den Bauern Garantien auf gewisse Rechte an dem Land, das sie bebauten und an dem Hof, auf dem sie lebten, geben. Das Wort stammt von *mezzo*, das bedeutet halb, und die Schwankungen des jeweiligen Umfanges dieser »Hälften« bieten im Laufe der Jahrhunderte einen Anhaltspunkt, ob gerade der Bauer oder der Landbesitzer in der besseren Position war. Vor hundert Jahren erhielt der Landbesitzer mehr als die Hälfte; kürzlich weit weniger. Wie man es auch nimmt – in einer modernen Gesellschaft waren dem System enge Grenzen gesetzt. Jedes Jahr füllte sich die zentrale *fattoria* des Landbesitzers mit einer Vielzahl von Produkten aus jedem kleinen Hof, und es war schwierig, daraus ein einheitliches Angebot für den Markt zusammenzustellen. Die Grundbesitzer hatten immer zu wenig Geld für Verbesserungen, und wenn sie nicht auf ihrem Hof lebten, wurden sie oft vom Gutsverwalter oder *fattore* beraubt.

Es ist unmöglich zu sagen, ob diese Kultur ökonomisch lebensfähig war. Sie hielt sich jedoch bis in unsere späten sechziger Jahre, als eine Reihe von Gesetzen das Bezahlen der Pacht mit einem Teil der Ernte für illegal erklärte. Durch unsere Freundschaft mit Vittorio Fosi wurden wir Zeugen einer der allerletzten Phasen eines Verhältnisses, das eher sozial als ökonomisch wirkte, und das vielleicht noch aus den Zeiten der alten Römer stammt.

Ich mußte einfach den Abschnitt in den *Relazioni* lesen, in dem Peter Leopold 1773 meine eigene Nachbarschaft besuchte. Zu meiner Überraschung war der Beginn sehr interessant.

In Ama, einem kleinen Dörfchen rund fünf Kilometer Luftlinie entfernt, wählte er drei Familien aus als

die Mächtigsten im ganzen Chianti. Eine von ihnen besitzt mehr als 30 *poderi* (kleine Höfe) mit vielen Lagerhäusern. Diese [Familien] sind sehr reich, verkaufen und versenden all ihren Wein nach England. Sie geben vielen Armen Arbeit, sie bebauen das Land gut, sie haben sich in dem für den Weinbau besten Teil des Chianti angesiedelt... Viele [Höfe] gehören florentinischen Edelleuten [*cavalieri fiorentini*] und viele *contadini* besitzen ihr eigenes Land und es geht ihnen gut.[7]

Von den drei Familien, die er erwähnt, scheint eine nicht länger in der Region zu leben, eine ist zehn Kilometer weiter gezogen, und ein Zweig der dritten führt unter anderem den hiesigen Dorfladen. Die große *fattoria* von Ama gehörte lange Zeit einem

Juristen im Ruhestand. Inzwischen ist sie ein moderner Hof mit ausgedehnten, terrassenlosen Weinbergen, die nur darauf warten, durch Erosion den Berges hinuntergespült zu werden; und großen, neuen Kellern mit einer herrlichen Anlage aus rostfreiem Stahl.

Nicht weit entfernt lebt eine Familie, die man in die Kategorie der besitzenden *contadini* einordnen könnte, diese Rarität, die dem Ideal von Peter Leopold entsprach. Ein Mitglied dieser Familie, Tullio, hat mit mir an meinen Olivenbäumen gearbeitet; einen sanfteren und erfahreneren Bauern wird man kaum finden. Aber diese Landwirtschaft im kleinen, die, wie Pietro Leopoldo dachte, eine ganze politische Klasse ernähren würde, zahlt sich selten aus, weder damals noch heute. Tullio muß für Lohn auf fremdem Land arbeiten und dazu auch noch sein eigenes bestellen.

Montaperti

Eine Grundstimmung von Gewalt ist einer der eher ver- wirrenden Züge von Dantes *Inferno*, der die außerordentlich angstvolle Atmosphäre noch verstärkt.

Es ist nicht genau nachzuvollziehen, bis zu welchem Grad diese Gewalt auf Dantes eigener Erfahrung beruht. Er deutet an, daß er an der Belagerung einer Burg in der Nähe von Pisa beteiligt war, im Gefecht von Campaldino und vielleicht bei einem der Überfälle von Florentinern und Sienesen auf die Aretiner im späten dreizehnten Jahrhundert.

> Wohl sah ich Ritter aus dem Lager rücken
> zum Sturm oder zur Heerschau angesetzt,
> auch manchmal sich zur Rettung schnell entfernen,
> und Plänkler sah ich schon und Plünderer
> durch eure Felder jagen, Aretiner!
> Sah Lanzenreiter kämpfen oder spielen,
> sei's auf Trompetenstoß, auf Glockenschlag,
> auf Trommeln, Lichtsignale von der Burg,
> sei es nach unsrer oder fremder Art –
> doch nie hab ich nach solchem Wunderton
> Berittne oder Fußvolk üben sehn,
> noch Schiffe lenken bei der Ein- und Ausfahrt.[1]

Jeder von Dante beschriebene Teufel und jedes Ungeheuer scheint sich aus Erinnerungen an erschreckende Erlebnisse in unserer Welt abzuleiten. Hinter den im Zwölften Gesang beschriebenen Zentauren zum Beispiel, die die in ein Meer von Blut getauchten Gewalttätigen überwachen sollen, steht wohl eine unerfreuliche Erinnerung aus Dantes eigenem Leben. Er wurde einmal von einem unberechenbaren und feindseligen Ritter zu Pferd bedroht, das Tier nervös und nahe daran, ihm auf die Füße zu treten:

> … Zu Tausenden umkreisen sie den Graben,
> beschießen jede Seel', die aus ihrem Blut
> sich höher hebt, als ihre Schuld erlaubt.

> Als wir den Pferdemenschen näher kamen,
> strich Chiron mit der Kerbe eines Pfeils
> sich seinen Riesenbart zurück am Kinn;
> er machte so den großen Mund sich frei
> und sprach zu seinem Trupp: »Habt ihr bemerkt,
> der hintre Mann bewegt, wohin er tritt,
> den Sand; das tun die toten Wandrer nicht.«[2]

Vielleicht war Dante selbst am Terror gegen wehrlose Menschen beteiligt:

> Die Teufel alle kamen auch heran,
> und bang ward mir um unsern Pakt mit ihnen.
> So bang sah ich dereinst dem Fußvolk werden,
> das bei bedungnem Abzug aus Caprona
> sich rings von so viel Feind umgeben fand.[3]

Die Gewalt im *Inferno* ist weder rachsüchtig noch eindeutig darauf ausgerichtet, moralische Ehrfurcht zu erwecken, sondern ist einfach mit dem Ort der Handlung verbunden. Vielleicht war ein derartiges Maß an Abscheulichkeit ein akzeptierter Teil des Lebens in der Toskana des vierzehnten Jahrhunderts.

Eine toskanische Stadt war zu jedem beliebigen Zeitpunkt zwischen dem zwölften Jahrhundert und 1530, als die Medici nach dem Fall der florentinischen Republik wieder an die Macht kamen, in zwei parallel verlaufende, sich gegenseitig beeinflussende Kämpfe verwickelt. Der erste ging um den Erhalt der Unabhängigkeit und darum, den unmittelbaren Nachbarn den eigenen Willen aufzudrängen; Ziel des zweiten war festzulegen, welche der verschiedenen Oligarchien innerhalb der Stadtmauern regieren sollte.

Diese beiden Kämpfe verschärften sich gelegentlich noch durch einen dritten, wenn ein bestimmter Kaiser oder Papst die Toskana daran erinnerte, daß größere politische Ebenen existierten, wie zum Beispiel die Staaten nördlich und südlich der Toskana, oder Italien, oder sogar das Christentum. In diesem Falle wurde das ohnehin schon komplexe Zusammenspiel der zahlreichen Dramen innerhalb und außerhalb der verschiedenen Stadttore durch Kompromisse geglättet, gewöhnlich mit schrecklichen Ergebnissen.

Was haben die Begriffe Guelfen und Ghibellinen damit zu tun? Nun, sie stammen von den deutschen Wörtern *Welf* und *Waiblingen*, und bezeichnen (stark vereinfacht) die beiden Seiten eines immerwährenden deutschen Streites darüber, ob das Land seine ausländischen Ambitionen gen Süden oder Osten richten sollte. In Italien waren die Ghibellinen (Waiblinger) die Anhänger des deutschen Kaisers und die Guelfen die Anhänger des Papstes. Dies schließlich trennte die alten feudalen Aristokraten unter den Ghibellinen von den neuen Bankiers, die den Papst und die französischen Handelsinteressen auf der Seite der Guelfen unterstützten.

Wegen dieser Spannungen zwischen Bankiers und niedergehendem Landadel betrachten einige Historiker die florentinische Politik nach Dante als Klassenkampf zwischen diesen eben genannten beiden Gruppen und, von Zeit zu Zeit, auch dem *popolo minuto*, der sich erhob und die beiden anderen hinauswarf. Es wäre schön, wenn das Szenario so unkompliziert gewesen wäre – besonders sein letztes Kapitel, das vom Bild einer frühen Guillotine auf der Piazza della Signoria überschattet wird. Die großen Zünfte, die den *popolo minuto* repräsentierten, verkörperten allerdings nur einen Teil der »städtischen Armen« (wenn wir es so ausdrücken wollen). Es war tatsächlich fast genauso schwer, Mitglied einer Zunft zu werden und zu bleiben, wie sich den anderen sozialen Gruppen anzuschließen. Wenn man einen Oberbegriff für die sich ergebenden Intrigen sucht, wäre es treffender, von einer Fehde zwischen drei rivalisierenden Oligarchien oder geschlossenen Gruppen zu sprechen als von Klassenkampf.[4]

Die Grenzen zwischen den beiden anderen Klassen verwischten sich dadurch, daß einige Aristokraten in Bankiersfamilien einheirateten und manche Bankiers Land außerhalb der Städte aufkauften und dadurch gefühlsmäßig Aristokraten wurden, und so weiter. Wir wissen noch nichts Genaues über die damaligen Verbindungen der Familien untereinander. Welche mächtigen Gruppen sich formierten. Und selbst wenn wir diese interessanten Dinge herausfinden könnten, bliebe doch die Grundannahme, daß die Toskana – heute wie in früherer Zeit – von kleinen, mächtigen Gruppen gelenkt wurde, den *gentes*, die die sozialen Grenzen der Klasse und Familie, die sonst so eng umrissen und unüberwindbar waren, überschritten.

Ein heißer Wind dörrt die Büsche vor meinem Fenster aus, bläst vorzeitig abgefallenes Weinlaub in die Ecken der Gartenmauern und wirbelt sie dort durcheinander. Nach Süden schaue ich über einen trockenen Landstrich bis zu den Bergen zwischen Siena und Monte Amiata, auf halbem Wege nach Rom. Meilenweit kann ich sehen, aber ein kleines grünes Wäldchen schirmt mich vom Schlachtfeld von Montaperti ab.

Wer in irgendeine Bank in der Umgebung von Siena geht, sollte dort drei Themen besser vermeiden: die Wildschweinjagd, den Palio und die Schlacht von Montaperti. Wenn man diese Themen auch nur flüchtig streift, kann man sicher sein, daß der Schalterbeamte die Kontoabschnitte niederlegt und sich ausführlich darüber ausläßt, wie lang die Schlange der Wartenden auch werden mag.

Die Schlacht von Montaperti im Jahr 1260 war ein gewaltiger und unerwarteter Sieg der Sienesen über die Florentiner. Es war auch ein Sieg der Ghibellinen über die Guelfen, da Siena zu dieser Zeit zu den Ghibellinen gehörte. Zwar kehrte sich dieser Sieg zehn Jahre später wieder um, doch hat dies in all der Zeit nicht die sienesische Begeisterung darüber geschmälert, daß sie ein einziges Mal in ihrer Geschichte die Florentiner gründlich verprügelt haben.

Kern der Auseinandersetzung war im wesentlichen Sienas Zugang zur Außenwelt. Siena war und ist eine abgelegene Stadt. Zum Norden hin verläuft die Straße zum Val d'Arno entlang den Flußtälern von Elsa und Era, über Colle Val d'Elsa und Poggibonsi. Östlich liegt die Straße nach Arezzo; diejenige nach Südosten geht über Montalcino und Montepulciano. Grosseto im Südwesten ist der einzige brauchbare Hafen von Siena am Tyrrhenischen Meer. All diese Städte wurden in den sechzig Jahren vor Montaperti heftig umkämpft, manche zwei- oder dreimal.

Im Juli 1254 schlossen die Sienesen einen unvorteilhaften Frieden. Ihnen war klar geworden, daß sie von außen keine Hilfe zu erwarten hatten; außerdem hatten sie einige Gefechte mit den Florentinern um Montepulciano und Montalcino verloren. Einer der Abgesandten, die den Vertrag aufsetzten, war Provenzano Salvani, ein führender sienesischer Aristokrat. Siena willigte ein, keine politischen Verbannten aus Florenz aufzunehmen, als aber im Jahre 1258 die Guelfen die Ghibellinen aus Florenz vertrieben, waren sie in Siena sofort willkommen.

Im darauf folgenden Jahr wurde Manfred, der Sohn des letzten großen Stauferkaisers, Friedrich II., zum König über Sizilien gekrönt. Von nun an wurde die naturgegebene Rivalität zwischen Siena und Florenz von politischen Kämpfen der gesamten Halbinsel überschattet. Manfreds Problem war, eine stabile Verbindung zwischen seinen Besitzungen in Sizilien und denen in Süddeutschland zu errichten. Daher akzeptierte er ein Hilfeersuchen von Siena und schickte ihnen einige deutsche Ritter, die zu dieser Zeit die schlagkräftigste Kavallerie Europas bildeten.

Florentinische Chroniken legen nahe, daß der eigentliche Urheber dieser Allianz der exilierte florentinische Ghibelline Farinata degli Uberti war, dem König Manfred ein kaiserliches Banner überreicht hatte. Sienesische Quellen behaupten allerdings, daß Provenzano Salvani der Anführer der zu Manfred entsandten Mission war. Befehlshaber der Ritter war Manfreds Cousin Giordano d'Anglano. Viele von den nun folgenden Ereignissen ergaben sich aus dem Zusammenwirken dieser drei Männer, von denen jeder eine andere Politik verfolgte: Der verbannte Ghibelline Farinata degli Uberti, den Dante als einen arroganten und unbeugsamen alten Aristokraten beschreibt, führte seine Privatfehde mit Florenz fort; Provenzano Salvani, der zum Teil wegen seines Geschickes während des Montaperti-Feldzuges schrittweise zum Machthaber über Siena aufstieg; und Giordano d'Anglano, von Manfred zum Schutz der staufischen Interessen in die Toskana entsandter deutscher Seneschall.

Mitte April marschiert ein großes Heer von Florentinern auf Siena zu und nahm auf dem Wege Casole D'Elsa und Mensano ein. Chronisten geben die Größe dieses Heeres mit dreißigtausend Mann an, pro Haushalt mindestens einer – insgesamt weit mehr als alles, was Siena jemals hätte aufstellen können. Sie zogen langsam Richtung Siena und lagerten dann vor der Porta Camollia, dem Florenz am nächsten liegenden Tor.

Zehn Tage später machten Farinata und die deutschen Ritter, die reichlich Zeit gehabt hatten, von ihren Linien nördlich und südlich der Stadt nach Siena zurückzukehren, einen plötzlichen Ausfall. Die florentinischen Truppen sammelten sich, die deutschen Ritter wurden zurück an die Stadtmauern gedrängt und verloren dabei das von Manfred erhaltene Banner. In einer der florentinischen Chroniken ist die interessante Behauptung zu lesen, daß Farinata die Fahne absichtlich verlor, um Manfred zu zwingen, sie in einem aggressiven militärischen Gegenzug zurückzuholen. Die florentinische Armee zog sich zurück, rief ihren Sieg aus und schleifte die berühmte Fahne durch die staubigen florentinischen Straßen.

Manfred schickte achthundert Ritter als Verstärkung, die er allerdings nur gegen Barzahlung für drei Monate nach Siena auslieh. Florenz erfuhr dies natürlich sofort. Nun wurde alles zu einem technischen Problem. Innerhalb von drei Monaten mußte Siena als Sieger dastehen – um dies zu erreichen, so vermutet der florentinische Chronist Villani, ersann Farinata degli Uberti eine *ruse de guerre*. Angeblich sandte Siena zwei abtrünnige Mönche nach Florenz, die dort verbreiteten, daß es zwischen Provenzano Salvani und den anderen Anführern große Spannungen gebe. Wenn die florentinische Armee zum Ost-Tor von Siena käme, würde Salvani es öffnen, da er lieber von den Florentinern als von irgendeinem sienesischen Rivalen regiert sein wollte.

Der Rat von Florenz hörte die äußerst glaubwürdigen Mönche an und diskutierte den nächsten Schritt. Tegghiaio Aldobrandi war einer der wenigen, die einen Aufschub bis zum Abzug der deutschen Truppen empfahlen. Dante erwähnt ihn am Anfang des *Inferno* im Zusammenhang mit Farinata, als bestünde ein Bund zwischen ihnen. (Was Quatsch gewesen wäre, denn der eine war Ghibelline, der andere Guelfe).

Anfang Juni starteten die sienesischen Truppen energische und erfolgreiche Angriffe auf Poggibonsi und Montemassi, eine Burg in der Maremma, die mit Geschick von einem Aldobrandino il Rosso aus Pitigliano verteidigt wurde. Auch Montepulciano griffen sie an. Provoziert durch all diese militärischen Aktionen der Sienesen rückte die florentinische Armee erneut gegen sie aus.

Die Aussicht auf so viel Blut, auch wenn es nur auf dem Papier vergossen wird, erschöpft mich für einen Augenblick. Draußen, vor meinem Fenster, ist die Luft süß und klar. Die bläulich-grünen Umrisse der Weinberge enden mit scharfen Kanten in halber Enfernung und darüber, viel weiter hinten, sind die Berge von der anderen Seite von Montaperti zu sehen. Das Getreide ist hier und da schon geschnitten. Sogar in rund fünfzehn Kilometern Entfernung lassen sich einzelne Felder genau voneinander unterscheiden. Sie passen zusammen wie die Teile eines ausgebreiteten Puzzles, über die Jahre gebleicht und verbogen, das Muster etwas verschwommen. Nach der Getreideernte werden die Stoppelfelder abgebrannt, und Rauchfahnen schicken dunkle Schwaden über den fetten Boden.

Die florentinische Armee rückte in der üblichen langsamen Art und Weise vor und lagerte bei dem Dorf Pieve Asciata, das einmal ein Schlüsselposten auf der alten römischen Straße gewesen war, die vielleicht sogar vorher schon die Etrusker benutzt haben. Hier hat man Siena auf dieser Strecke erstmals wirklich vor Augen – hier machte auch die florentinische Armee Anfang September 1260 Halt und ließ ihre Boten vor Siena nur die bevorstehende Zerstörung der Stadt verkünden. »Die Mauern müssen hier und dort zerstört werden«, sagten sie, »damit unsere Armee problemlos einmarschieren kann. Für jedes *terzo* eurer Stadt werden wir florentinische Bevollmächtigte einsetzen. Wie lautet Eure Antwort darauf?«

Besorgt kam die Ratsversammlung von Siena in der Kirche von San Cristoforo zusammen. Ein ängstlicher Ratsherr schlug vor, in die florentinischen Forderungen einzuwilligen. Um Zeit zu gewinnen, schickte Provenzano Salvani nach Giordano, dem Vertreter König Manfreds und Anführer des deutschen Kontingents. Er kam in Begleitung einiger seiner Ritter und eines Dolmetschers, denn dieser Deutsche mit dem italienischen Namen sprach kein Italienisch.

Für Giordano kam es nicht in Frage, nachzugeben. Natürlich

186

würden sie kämpfen. Dafür wurden sie bezahlt. Dem folgte eine taktvolle Pause, in der der Versammlung bewußt wurde, daß sie kein Geld hatte. In diesem Moment erhob sich ein Bankier namens Salimbene Salimbeni und offerierte der Stadt ein Darlehen über die gesamte Summe, wie hoch sie auch sein möge. Ausführliche Berechnungen folgten: der letzte Monat, dieser Monat, und, als Geste, den nächsten Monat doppelt. Salimbeni ging nach Hause, lud 118 000 Gulden auf einen Karren, deckte ihn mit einem blutroten Tuch zu und fuhr damit durch die Straßen. Die florentinischen Gesandten wurden gerufen, um den Haufen Geld zu betrachten; dies war der beste Weg, um zu demonstrieren, daß die Sienesen sich nun ihrer Kavallerie sicher waren.

In Wirklichkeit floß das Geld schnell wieder an die Stadt zurück. Die deutschen Ritter kauften das gesamte Schuhleder der Stadt auf, um für sich und ihre Pferde Rüstungen anzufertigen. In der nun einsetzenden Hektik strengten sich alle Handwerker an, den ritterlichen Fremden zu helfen. (Nebenbei bemerkt, mußte das deutsche Kontingent vom Rest der Stadt isoliert werden, um rassische Spannungen zu lindern.)

Eine feierliche Prozession zog durch die Stadt, bei der der neue Ratsvorsitzende ein Beispiel für alle gab, als er Hut, Schuhe, einfach alles außer seinem Hemd von sich warf. Im Dom fiel er vor einer großen Menschenmenge vor dem Bischof auf die Knie, dieser richtete ihn wieder auf und küßte ihn. Der Bischof ermahnte die Versammelten, in diesem dramatischen Moment der Geschichte der Stadt jeden privaten Streit zu begraben.

Am nächsten Tag wurden die Heiligenstatuen aus den Kirchen genommen – das hölzerne Kreuz mit dem Bas-Relief von Christus aus San Giacomo, das Bildnis der Jungfrau aus dem *Duomo*. Der Ratsvorsitzende unterstellte die Stadt dem Schutz der Madonna. Als diese Zeremonie beendet war, meldete sich jeder Mann bei seiner *gonfaloniere* in dem *terzo* der Stadt, aus dem er kam. Nun marschierte die Armee aus der Stadt, zuerst die Kavallerie, dann der weiß verhüllte Kampfwagen oder *carroccio*, danach die *gonfalonieri* und die Soldaten – oder, besser gesagt, alle Männer aus Siena zwischen Sechzehn und Sechzig.

Die Florentiner waren in Richtung Montalcino aufgebrochen, befanden sich aber immer noch in der Nähe des östlichen Tores von Siena, wo angeblich der Verrat des Provenzano Salvani stattfinden sollte. Sie lagerten in der Ebene Le Cortine zwischen den beiden Flüssen Biena und Malena, ungefähr elf Kilometer vor der Stadt. Dort holte die sienesische Armee sie ein und bezog gegenüber ihre Position. Anscheinend wurde kein Versuch unternommen, strategischen Vorteil aus der geographischen Situation zu ziehen; im Laufe der Nacht jedoch überfielen die Sienesen mehrmals die Florentiner, um sie am Schlafen zu hindern.

Noch vor dem Morgengrauen standen die Truppen der Sienesen auf. Sie blickten gen Osten in die aufgehende Sonne, um so schlimmer würde für die Florentiner der späte Nachmittag werden. Eine Gruppe von ungefähr zweihundert Deutschen wurde an einem der Flüsse entlang für einen eventuellen Flankenangriff nach rechts entsandt.

Als die Florentiner nach Westen blickten, sahen sie die sienesische Armee in einen sonderbaren weißen Nebel eingehüllt – »den Mantel der Madonna«, wie sienesische Chronisten es später ausdrückten. Ein florentinischer Hauptmann erwähnte, ein Hellseher habe ihm vorhergesagt, daß er »zwischen Gut und Schlecht« sterben würde. Da man die Namen Biena und Malena so verstehen könnte, wäre es nicht besser, wenn die Armee ein wenig weiterziehen würde?

Giordanos Seneschall Heinrich war ermächtigt, mit seinen Truppen den Angriff anzuführen, woraufhin sein junger Neffe Walter um das Privileg bat, vorneweg reiten zu dürfen. Da er das Leben des jungen Sohnes seiner Schwester nicht aufs Spiel setzen wollte, zögerte Heinrich und gab erst nach, als die anderen Ritter einer nach dem anderen auf die Knie fielen und in seinem Namen um diesen Gefallen baten, mit »Tränen in den Augen«. So ritt Walter einen »Armbrustschuß vor den anderen«, mit seiner neuen Lederrüstung und seinem Panzerhemd, in einem roten Waffenrock mit aufgestickten grünen Drachen und goldenen Flammen.

Als der Nebel sich hob, bemerkten beide Seiten einen auffallend niedrigen Hügel und ritten gleichzeitig darauf zu. Die Schlacht begann kurz nach dem Morgengrauen.

Die Chroniken vermitteln den Eindruck eines heroischen oder sogar homerischen Gefechts, in dem hervorragende Kämpfer sich gegenseitig suchten, um sich vor dem Hintergrund eines allgemeinen Gemetzels zu duellieren. So tötete der junge Walter den Niccolò Garzoni, Hauptmann der Lucchesi. Sein Onkel Heinrich tötete den Hauptmann des Kontingents aus Prato. Giordano durchbohrte mit seiner Lanze Donatello, den Hauptmann der Aretiner, »und das grüne Gras wurde seine Ruhestätte«. Als seine Lanze brach, zog Giordano sein Schwert, »und er schlug weder fehl, noch einmal zuviel, und bei jedem Hieb fiel ein Glied zu Boden«.

Heinrich tötete Sinibaldo, den Hauptmann der Verbündeten der Florentiner aus Orvieto. Und als seine Lanze brach, zog er sein zweihändiges Schwert und »schlecht ging es dem, der ihm begegnete«. Und Niccolò Bigozzi, Seneschall der Sienesen, griff den Guelfen Aldobrandino il Rosso aus Pitigliano an und verwundete ihn, den sienesischen Aristokraten, der im Jahr zuvor die Burg von Montemassi verteidigt hatte.

Und die Florentiner?

Irgendwann um die Mittagszeit unternahm der Graf d'Arras seinen lang erwarteten Flankenangriff mitten ins Herz der florentinischen Armee und tötete Uberto Ghibellino, den Hauptmann der florentinischen Ritter mit dem ziemlich unpassenden Namen. Danach brach das Chaos aus. Die Florentiner waren nicht mehr fähig, sich zu verteidigen und die sienesischen Fußsoldaten drehten durch. Sie »schlachteten mehr als die Fleischer am Karfreitag«. Auch konnten die Berufssoldaten, die deutschen Ritter, sie erst am Ende des Tages, zum Pardon bewegen und dies vielleicht auch nur, weil die Sienesen so erschöpft waren.

Zu irgendeinem Zeitpunkt während des Flankenangriffs muß der Verrat stattgefunden haben, der den florentinischen Chronisten nach die Niederlage dieses Tages besiegelte. Die Reiter der Florentiner kamen alle aus dem alten Adel, wie das bei Kavallerie oft der Fall ist. Ein verbannter Ghibelline auf der sienesischen Seite bemerkte plötzlich, daß viele seiner Freunde und Verwandten auf der Gegenseite kämpften. »Sie dazu zu bewegen, die Seite zu wechseln, war nicht schwer.«[5] Als er dies sah, hob Bocca degli Abati, der in vordersten Reihen der florentinischen Kavallerie kämpfte, sein Schwert und hieb es auf das Handgelenk des Bannerträgers Jacopo Nacca de'Pazzi. Mit ihrem Träger sank die Fahne, mit ihr auch die Moral der florentinischen Armee, hinab auf den Boden zu den toten Männern.

»Wie Bestien fielen die Sienesen über die gelähmten Florentiner her. Und die Malena wurde so mit Blut überflutet, und das Blut floß so schnell, daß es ausgereicht hätte, um vier Kornmühlen zu betreiben, es war so viel, von den Florentinern und ihren Verbündeten…«

Und Bocca degli Abati fiel, als Dante über ihn schrieb, schließlich in die tiefsten Tiefen der Hölle, zur schlimmsten aller Bestrafungen – bis zum Hals in der großen Eiswüste begraben zu sein.

Die ghibellinischen Verbannten aus der ganzen Toskana trafen sich in Empoli und besprachen, was nach diesem außerordentlichen Sieg getan werden sollte. Selbstverständlich sollten die Guelfen verbannt werden und die Ghibellinen die Herrschaft in jeder Stadt der Toskana übernehmen. Möglicherweise kam – vielleicht von Provenzano Salvani – der Vorschlag, auch

Florenz selbst zu zerstören. Die florentinischen Chronisten gehen jedenfalls davon aus. Die Stadt wurde ihrer Meinung nach – und so dachte auch Dante – von Farinata degli Uberti gerettet, der eine Rede voller Großmut zur Verteidigung der Stadt hielt. Bocca degli Abati verließ protestierend die Zusammenkunft.

Innerhalb weniger Jahre waren die Gewinne von Montaperti unwiederbringlich verloren. Um der Bedrohung durch König Manfred im Süden zu begegnen, der nun, da die Toskana ganz den Ghibellinen gehörte, eine wesentlich stärkere Position hatte, bot der Papst Charles von Anjou die sizilianische Krone an. Damit holte er als Gegengewicht zur Präsenz der Deutschen in Italien die Franzosen ins Land. Manfred wurde bei Benevento besiegt und getötet. (Die florentinischen Guelfen schickten vierhundert Ritter, um in dieser Schlacht gegen ihn anzutreten.) Sein junger Halbbruder Konradin kam aus Deutschland, um noch einmal mit einem Feldzug zu versuchen, die alten Königreiche der Staufer im Süden zurückzugewinnen. Er wurde bei Tagliacozzo besiegt und bald darauf auf dem Marktplatz von Neapel enthauptet.

Mit Hilfe der Franzosen war die Position der Guelfen in der Toskana bald wiederhergestellt. Zudem wurden ihnen einige Handelsvorteile im Süden Frankreichs eingeräumt, aus denen sich auf lange Sicht eine wichtige neue Handelsroute entwickelte.

Und auf all das folgte dann noch die Niederlage der Sienesen 1269 bei Colle Val d'Elsa in einer verworrenen, aber eindeutigen Schlacht, nach der Provenzano Salvani hingerichtet wurde.

Zwischen Siena und Florenz entstand nach der Schlacht von Colle für einige Zeit ein gewisses Gleichgewicht. Bei genauerer Betrachtung der Landkarte bemerkten die Florentiner, wie wenig sie riskierten, wenn die Sienesen ihren Einflußbereich südlich und westlich bis zum Meer bei Grosseto und östlich bis zum Val di Chiana nahe bei Arezzo ausdehnten. Den Sienesen gelang es in der Tat, die Aufmerksamkeit der Florentiner nicht auf sich, sondern auf Arezzo zu lenken, zum Teil, da Valdarno und Val di Chiana bis hin nach Sinalunga über Jahre hinweg eine Hochburg der exilierten Ghibellinen waren. Die beiden Städte beteiligten sich an Angriffen auf aretinisches Gebiet. An einem davon mag Dante beteiligt gewesen sein.

Als Virgil und Dante schließlich in die Stadt Dis vordringen, befinden sie sich auf einer großen, runden Ebene innerhalb der Mauern, übersät mit endlosen Reihen teilweise offener Gräber, jedes einzelne ist ein siedender Brennofen. Die Luft ist erfüllt vom Wehklagen derer, die darin verbrennen. In diesem sechsten Kreis befinden sich Ketzer aus verschiedenen Sekten, sorgfältig nach den verschiedenen Konfession sortiert; in Anzahl und Art weitaus mehr, so Virgil, als Dante sich jemals hätte vorstellen können.

> Er sprach: »Das sind die Stifter falscher Lehrern
> und allerlei sektiererischer Anhang.
> Viel voller als du denkst, sind diese Gräber.
> In Massen liegen Gleichgesinnte drin,
> und eingebettet in gestufte Gluten.«[6]

Als sie mit einigen Schwierigkeiten einen Weg durch dieses geordnete Chaos von Grabstätten suchen, stoßen sie auf das Grab von Farinata degli Uberti, den zähen, alten Hauptmann der Ghibellinen. Die Platte seines Grabmahls ist beiseite geworfen, Flammen züngeln über seinen Körper nach oben. Er sitzt kerzengerade, sein Gesichtsausdruck ist außerordentlich arrogant *»come avesse lo inferno in gran dispitto«* – »als kümmert' ihn die weite Hölle nichts«.

Warum Farinata sich hier an diesem Platz befindet sollte, zwischen all den Ketzern und Atheisten, ist eines der schwierigsten Rätsel des *Inferno*. Den florentinischen Chronisten zufolge waren es allein die Intrigen Farinatas, die unmittelbar zur Niederlage von Montaperti führten. Er war der Erzverräter, dessen Familie später aus Rache verfolgt und ausgelöscht wurde, zwei Enkel im Kindesalter eingeschlossen. Er trug weitaus mehr Verantwortung an der Niederlage als zum Beispiel Bocca degli Abati, den in Dantes Kosmographie ein viel schlimmeres Schicksal ereilt.

Trotz der deutlichen Beschreibung Farinatas sind die Gründe unklar, warum Dante ihn unter die Ketzer einreihte. Ketzerei war unter den gegebenen Umständen sicher nicht sein schlimmstes Vergehen. Arroganz und Zweifel an der Unsterblichkeit der Seele wurden generell allen alten ghibellinischen Aristokraten zugeschrieben, so daß zu Dantes Zeiten der Ruf (sozusagen) »Du hochnäsiger alter Atheist« auf den Straßen von Florenz eine durchaus übliche Beleidigung gewesen wäre – es hätte nichts anderes bedeutet als »Da geht schon wieder so ein Ghibelline«.

Eine Erklärung für Dantes Nachsicht gegenüber Farinata ist, daß dieser bei der auf die Schlacht von Montaperti folgenden Beratung von Empoli der vorgeschlagenen Zerstörung von Florenz widersprochen hatte – sehr zum Mißfallen von Bocca degli Abati. Daß er Florenz gerettet hatte, war ein guter Grund, ihn gewissermaßen mit Sympathie zu behandeln. Es ist aber auch eine Tatsache, daß Dante sich, als er die *Commedia* schrieb, politisch mehr der Position der Ghibellinen annäherte, zumindest aber der Überzeugung, daß nur eine göttliche Monarchie die toskanischen Städte vor gegenseitiger Zerstörung retten könnte.

Dante war aber auch durch private, persönliche Bande mit Farinata verbunden. Sie teilten die grausame Erfahrung der Verbannung aus Florenz, und das Exil war für Dante fürchterlich. Dies ist auch das Thema der kurzen Konversation, die die beiden zwischen den brennenden Gräbern führen. Farinata prophezeit:

»Und daß«, so setzt er seine Rede fort,
»die Kunst der Rückkehr ihnen schlecht gelang,
das quält mich mehr als dieses Feuerbett.
Doch eh sich fünfzigmal der Glanz erneuert
auf Lunas Antlitz, die hienieden herrscht,
wirst selbst erfahr'n, wie schwer die Kunst sich lernt.«[7]

Verbannung, dieser giftige Stachel, ohne den Dante niemals die *Commedia* geschrieben hätte und nur ein weiterer gebildeter und scharfzüngiger florentinischer Politiker geblieben wäre – und von denen gab und gibt es immer noch Dutzende.

Bocca degli Abati andererseits wurde ins Bodenlose gestoßen. Fast als einziger unter den Bewohnern der Hölle, provoziert er einen tätlichen Angriff Dantes:

Und Tausende sah ich, vom Frost verhunzte
Gesichter, daß mir schaudert jetzt und immer,
wenn ich gefrorne Pfützen vor mir habe.
Indes wir nach dem Mittelpunkte gingen,
auf den die ganze Schwerkraft sich versammelt,
und ich im ewigen Schatten zitterte,
stieß ich, war's Wille, Fügung oder Zufall,
ich weiß es nicht, beim Wandeln zwischen Köpfen
dem einen ins Gesicht mit meinem Fuß
so heftig, daß er schrie: »Was trittst du mich?
Falls du die Strafe mir für Montaperti
nicht zu verschärfen hast, verschone mich!«
Und ich: »Jetzt warte, lieber Meister, hier,
bis ich mir Klarheit schaffe über diesen.
Nachher eil ich mit dir so rasch du willst.«
Mein Führer hielt, und ich gebeugt zu jenem,
der immerzu noch heftig lästerte:
»Wer bist du, daß du so auf andre schmähst?«

»Wer bist denn du, der durch Anténora
hingeht und stößt den Leuten an die Backen«,
sprach er, »was kaum ein Lebender sich leistet?«
»Und lebend bin ich, und das kann dir lieb sein,
sofern du den Ruhm begehrst«, antwortet ich,
»daß so dein Name in meiner Schrift erscheine.«
Doch er: »Ich wünsche mir das Gegenteil,
laß mich in Ruhe, quäl mich nicht, geh weiter,
du ungeschickter Schmeichler hier im Tiefen!«
Da faßte ich ihn im Genick und rief:
»Jetzt wirst du dich schon nennen müssen, oder
es bleibt kein Haar dir mehr hier oben übrig.«
Drauf er: »Und raufst du sie mir alle aus,
ich nenne mich dir nicht, ich zeig mich nicht,
und wenn du tausendmal auf mich dich stürzest.«
Verwickelt hatt ich schon in seine Haare
die Hand und manche Strähne ausgerissen,
wozu er das Gesicht verbarg und heulte,
als ihm ein Nachbar rief: »Bocca, was hast du?
Hast nicht genug an deinem Zähneklappern,
mußt heulen auch noch? Welcher Teufel plagt dich?«
»Jetzt«, sagt ich, »will ich nichts mehr von dir wissen,
Verräter, Schurke, dir zu Schmach und Schande
bring ich die Wahrheit über dich in Umlauf.«
»Geh und erzähle, was du willst«, sprach er...[8]

Bocca ist der eine unter allen in der Hölle Leidenden, an dem
sich Dante eigenhändig rächt, indem er ihn ins Gesicht tritt und
seine Haare ausreißt. Aber andererseits verschmelzen in dem
Moment, als Bocca degli Abati die Hand des florentinischen
Bannerträgers abschlug, in Dantes Augen alle gesellschaftlichen
Übel seines Jahrhunderts zu einem einzigen Bild. Das gesamte
Inferno dreht sich um die leidenschaftliche politische Überzeu-
gung, daß Chaos, Unordnung und Zwietracht die schlimmsten

Sünden seien. Verräter, Verrat und Betrug sind nur Komponenten der Zwietracht als größtem aller Übel.

Im Vergleich mit den anderen beiden florentinischen Schurken nimmt Provenzano Salvani in der *Göttlichen Komödie* eine fast stumme Rolle ein. Seine ruhelose Gestalt taucht kurz und indirekt im Fegefeuer auf.

Angesichts der ungenauen Beschreibung Salvanis stellt man sich tatsächlich eine Frage, die die anderen betrifft: Wie genau kannte Dante sie? Nicht persönlich, das ist sicher, denn er wurde fünf Jahre nach Montaperti geboren, und als er alt genug war, Notiz von ihrer Existenz zu nehmen, waren alle diese Helden bereits gestorben.

Die Überlieferung war vielleicht jedoch immer noch lebendig, so daß Dante einen Eindruck im Gedächtnis behielt, wie ein feinfühliger, im Jahre 1950 geborener Europäer sich heute an den Zweiten Weltkrieg erinnert. Darüber hinaus hatte Dante über seine Familie einen direkten Bezug zu der Schlacht von Montaperti. Einer der 152 ausgewählten Bewacher des florentinischen *carroccio* – ein schwerfälliges und nutzloses Vehikel, dessen Besitz oder Eroberung aber Sieg oder Niederlage symbolisierte – war einer von Dantes Onkeln, Brunetto.

Mehr wissen wir über diesen Mann nicht (und sein Name könnte auch Burnetto gewesen sein). Wenn er aber die Schlacht überlebte, war er vielleicht der Ursprung von Dantes außerordentlich genauer Beschreibung Farinatas und seines leidenschaftlichen Hasses gegenüber Bocca. Dantes Sicht auf Farinata mag hieratisch sein, sie ist aber auch persönlich, eine körperliche Präsenz ist fühlbar da. Seine Einstellung gegenüber Bocca enthält – wenn ich nicht zu gefühlvoll bin – all die Bitterkeit eines verratenen Soldaten, der tatsächlich mit ansah, wie die Hand abgeschlagen wurde, die Fahne niedersank und von der florentinischen Armee nichts blieb als ein Strom aus Blut.

Am Tag nach dem Palio vom Juli, nach einer wirren Nacht voller Träume, in denen Heldentaten in verwischten Fußnoten eines lateinischen Textes offenbart wurden, den ich nicht lesen konnte, ging ich zum Schlachtfeld von Montaperti, um einen letzten Punkt zu klären.

Jede Woche komme ich an dem damaligen Schlachtfeld vorbei, wenn ich zu der *Superstrada* will, die Siena mit Perugia verbindet und mitten durch den Ort dieses Geschehens führt. Es ist aber schon lange her, daß ich angehalten habe, um über das Schlachtfeld zu gehen und über Farinata und all die anderen nachzudenken.

Weiter rechts befinden sich einige ansprechende Ziegelbauten für Büroangestellte aus Siena, die an gut restaurierte Bilder von Simone Martini erinnern. Man munkelt, daß die Häuser – mit einem Freund als Strohmann – von Aldo Moro erbaut wurden, Italiens einzigem ehrlichen Politiker – so kaltblütig ermordet von Verrückten der extremen Linken.

Ungefähr sechs Kilometer auf der *Superstrada* entfernt erklärte mir ein netter, alter Mann, daß *Le Cortine*, den Chroniken zufolge das Schlachtfeld, der Name einer Häusergruppe sei und ganz allgemein auch des gesamten sich bis nach Siena erstreckenden Tales. Als ich mir das ansah, kam mir eine kleine Erleuchtung. Wenn die Armeen damals zwischen den beiden kleinen Flüssen Biena und Malena blieben, hatten sie die einzige flache Stelle im Umkreis von Meilen gewählt.

Ich fuhr ein Stück zurück und parkte schließlich nahe der Stelle, wo die Malena in den Fluß Arbia zu münden schien. Es roch nach Schwefel, als ich dort am Straßenrand anhielt. Vielleicht hatte der Name Malena etwas mit dem üblen Geruch dieses Flusses zu tun.

Eine Art schönheitstrunkene Schwermut überkam mich, wie damals die Depression, die mir den Boden unter den Füßen wegzog, als wir durch das Donautal zum Konzentrationslager Mauthausen unterwegs waren und wegen der ich auf den Be-

197

such dieses Gipfels der Zivilisation des zwanzigsten Jahrhunderts verzichtete. Ein von Panik nicht zu unterscheidendes Grauen packte mich, daß eine so wundervolle Landschaft von menschlichen Kreaturen für diese Untaten ausgewählt worden war, als hätten sie absichtlich nach der absoluten Stille grüner Felder als dem passendsten Ort für Leichen gesucht.

Und als ich dort im Zwielicht in mich zusammensank, der Inbegriff eines Intellektuellen, der sich mit dem gewaltsamem Tod befaßt, kam eine Ratte aus dem Feld mit jungem Mais und starrte mich an. Keine nette Hausratte, wie der *capofamiglia* der kleinen Familie, die ihr Nest bei uns im Keller zwischen den unverkauften Bildern hat, nein, sondern ein Monster von Ratte. Eine Ratte wie in einem finsteren Horrorfilm, eine *Ur*-Ratte, bei deren Anblick man sich die Augen reibt, die Kopfhaut auf dem kahlen Schädel zu flattern beginnt und man sagt, Teufel auch, das ist *die* Ratte schlechthin.

Mit einer Größe von mehr als einem halben Meter, einem Gesicht wie ein chinesischer Mops und Pfoten wie ein Affe hatte dieses Riesentier es nicht nötig, vor mir das Weite zu suchen. Es schien kurz zu nicken und sah mich an, die blitzenden Augen waren fast so groß wie meine.

Die Ratte stellte sich auf ihre gewaltigen Hinterbeine und richtete sich auf, um einen besitzerstolzen Blick auf den Mais zu werfen, als wolle sie den Ertrag der Ernte mit dem Maß von hungrigen, nagenden Mäulern messen. In der Tat ein Paradies für zukünftige Mahlzeiten. Ihr Schwanz war dick und unelastisch, er erinnerte an den geschlossenen, ans Jackett genähten Schirm eines Geschäftsmannes. Ihr Fell war so glatt und glänzend, als sei sie gerade eben in Pech getaucht worden.

Im Frühjahr werde ich so viel im *Inferno* lesen, wie ich kann, bevor die süße warme Luft, die über die hellgrünen Wälder streicht, es unmöglich macht, noch länger im Haus zu bleiben. Und so war die Frage nach der Herkunft dieser Ratte so etwas wie die letzte kleine Fußnote zum Lesestoff von diesem Jahr.

Das Amt für Abfallwirtschaft in Siena gab mir die Antwort: Dies war eine südamerikanische Bisamratte, die aus einer in den siebziger Jahren bankrott gegangenen Pelzfabrik ausgerissen war. Sie und ihre zahlreichen Verwandten waren immun gegen Gift, erkannten den Schimmer einer nahenden Zwölfkalibrigen und hatten sich so bis jetzt als unausrottbar erwiesen. Die Rache eines wütenden Ökologen, der es denen zeigen will, die der Meinung sind, die Welt werde von uns regiert, wie Minos bei Dante über die Hölle herrscht.

Voller Befriedigung über den widerrechtlichen Besitz eines Feldes von reifendem Korn nahe Montaperti, drehte mir die Ratte den Rücken zu und verschwand in den braunen Ähren, wo in meiner Vorstellung zwei Gräber lagen.

Stachelschweine

Das toskanische Stachelschwein ist eine geschützte Tierart und erinnert irgendwie an einen großen indianischen Kopfputz mit Beinen.

Vor ungefähr zwölf Jahren kostete ein hungriges und wagemutiges Stachelschwein eine Schwertlilienwurzel und befand sie für gut. Es ist nicht ganz klar, warum diese Tiere so lange brauchten, um herauszufinden, daß Schwertlilien eßbar sind. Vielleicht sind Stachelschweine nicht allzu klug, vielleicht sind ihre Eßgewohnheiten aber auch von strengen diätetischen Regeln bestimmt. Vielleicht wurde die Vorliebe für Schwertlilien bereits vor Jahrhunderten oder Jahrmillionen angelegt und hat einfach Zeit gebraucht, um zu einer tonangebenden Mode zu werden, so wie die Nouvelle Cuisine – der Luxus von frischen Wurzeln auf der Pfote.

Nach fünf oder sechs Jahren hatte sich die Neuigkeit herumgesprochen, aber danach gab es in der Toskana kaum noch eine wilde Schwertlilie. Diese Übriggebliebenen wurden ihrerseits durch dichte Rollen von ordentlich befestigtem, einigermaßen organisch wirkendem Stacheldraht geschützt (geschützt gegen die Geschützten). Blüten und Stacheldraht zeigten sich in gleicher Höhe über dem Erdboden, da das Stachelschwein, das durch das Herumtragen all seiner Stacheln ständig an Rückenschmerzen leidet, selten aufblickt und bereits ein recht niedriger Zaun ausreichte, um es zu entmutigen. Einträchtig blühten daher im Frühjahr Blumen und Stacheldraht über dem verwickelten Rand des offenen Gefängnisses, in dem die Schwertlilie zu ihrem eigenen Besten eingezäunt war.

Ich fand den Anblick dieser floralen Konzentrationslager nicht sehr attraktiv; so begannen unsere Schwertlilien, ihrem

Schicksal überlassen, bald zu verschwinden. Dann und wann bekam man des Nachts einige scharrende Schweine zu Gesicht, auf der Suche nach der perfekten Wurzel, der Traumknolle, die sich mürrisch auf halbe Höhe zurückzogen, wenn sich jemand näherte. Morgens war dann alles verwüstet. Unglücklicherweise hat das toskanische Stachelschwein keinen Respekt vor Gärten. Kurz gesagt, es hat sehr schlechte Tischmanieren.

Trotz alledem sind, oder besser waren, Stachelschweine schöne Tiere. Wenn sich des Nachts ganze Sippschaften auf den Straßen herumtrieben, von einer Art privater Emsigkeit ergriffen, drehten sie ihre Hinterteile in das Scheinwerferlicht des Autos und zeigten eine Reihe von Pobacken, die an aus Mikadostäbchen zusammengesetzte Blumen erinnerten. Nur einmal machte ich als Rache für ein großes Beet voll wunderschöner einheimischer Schwertlilien, das von den Vielfraßen verwüstet worden war, mit meinem Fiat einen seitlichen Schlenker auf eines von ihnen. Das war keine gute Idee. Als ich den Reifen am nächsten Tag in die Werkstatt brachte, zog der Mechaniker mit Zangen einen riesigen Stachel heraus, mit dem stummen Vorwurf eines Menschen, für den ein mit Blutvergießen verbundener Sport eine heilige Berufung ist und eher dem Jäger mit einem Baretta-Gewehr vorbehalten als dem mit Pirelli-Reifen bewaffneten Autofahrer.

Die toskanische Schwertlilie kommt heutzutage nur noch in den zahmen Beeten von Gärtnereien vor, so wie die von Degl' Innocenti an der Abzweigung nach Certosa; dort ist man auf wilde Waldgewächse spezialisiert, die in Gefahr sind, aus der Welt getrampelt oder gefressen zu werden. Auf eine Art hilft er, diese wie Zinnsoldaten angeordneten Pflanzen zu erhalten, trotzdem ist da etwas Seltsames an einer wilden Schwertlilie in einem Blumentopf. Diese Blume war immerhin das Symbol der Freiheit von Florenz, das sie auf ihren Bannern ins Schlachtfeld trugen, sogar gegeneinander – die Guelfen mit einer roten

Schwertlilie auf weißem Grund, die Ghibellinen mit einer weißen Schwertlilie auf rotem Grund. Freiheit als Topfpflanze ist schon ein trauriger Anblick.[1]

Maro, die Gärtnerin, kam nach und nach mit dem Verlust der Schwertlilien zurecht und ersetzte sie durch Knoblauch, der in kräftigen, an verwittertes Wildleder erinnernden Tüten aus London kam.

Die Stachelschweine brauchten vier Jahre, um herauszufinden, daß auch Knoblauch eßbar ist. Maro starrte eine Weile auf ein zerwühltes Loch neben einer Glyzinie, wo vorher die Knollen waren. Aber die Gärtnerei weckt wie auch Zen oft schlummernde Fähigkeiten, und schließlich sagte Maro, daß sie etwas Dünger hineintun wollte, um die Glyzinie aufzupäppeln, und daß ihr das Stachelschwein durch das Loch Arbeit abgenommen hätte.

Der Eindruck eines grabenden Vierbeiners blieb. Ein wenig später fanden wir ein Stachelschwein in einem Graben, getötet von einem Auto, das wohl etwas größer als meines gewesen war. Wieder eine Minute des Schweigens, als sie es ansah; schließlich ein Seufzer.

»Vom Graben in der Erde hat es genau so derbe Hände wie ich«, sagte sie.

Die Stachelschweine lebten tief im Wald in Höhlen, die durch ihren Geruch sogar von Menschen zu orten waren. Sie waren nicht nur unsauber, sondern stanken auch. Vor ihren Eingängen (schmutzige Löcher unter Steinen) lagen viele ausgefallene Stacheln verstreut, wie die Pfeile einer mittelalterlichen Armbrust dreißig Zentimeter lang, schwarz und weiß gestreift. Eine Zeit lang war es Mode, diese Stacheln an Stelle von Blumen in Trockenblumengestecken zu verwenden, vielleicht als leisen Tadel.

Ich spreche vom Stachelschwein mehr oder weniger in der Vergangenheit, da die Zahl dieser Kreaturen, nach einer bemerkenswerten Bevölkerungsexplosion in Folge ihrer Vorliebe für

Schwertlilien, plötzlich radikal abnahm. Die Schwertlilien gingen ihnen aus. Oder vielleicht wurden sie auch einfach von Jägern vergiftet, aus Angst vor den Nebenwirkungen, die sie auf zugelassene Beutetiere haben könnten. (Die strichningetränkten Schwertlilienwurzeln wurden im Schein des Vollmonds in die Höhlen geworfen). Oder sie konsumierten sie einfach geschmort. Die Jäger der Umgebung erzählten großartige Geschichten über das Stachelschwein, wie »gut« es war, im Sinne eines Schmorbratens. Wie es eine stählerne Falle mit seinen Kauwerkzeugen durchtrennen konnte. Wie es sich aus einem Glaskäfig herausbeißen konnte. Alles exzellente Gründe, um das Vieh, wenn auch eher heimlich, zum Beutetier zu erheben.

Ich vermisse die Stachelschweine. Ich mag laufende Staubwedel. Ich vermisse die Schwertlilien. Es ist sehr ärgerlich, die Blume der Nation mehr oder weniger ausgerottet zu sehen, nur weil Stachelschweine einen so guten Appetit haben. Vor allem finde ich es nicht fair, daß das Schicksal uns beides genommen hat, die Blume und das Tier. Entweder das eine oder das andere, aber nicht beides.

Die Zahl der Stachelschweine ging so sehr zurück, daß sie nur noch als Thema für oberflächliche Gespräche in der Bank dienten, wo sie es mit dem weit fesselnderen Wildschwein aufzunehmen hatten. *Il cinghiale*, oder besser, *lo cinniale*, wie es die Menschen in der näheren Umgebung gerne nennen, ist ein bedeutendes Tier. Bestellen Sie es, falls Sie es auf einer Speisekarte entdecken, denn dies ist ein Schwein, das wirklich gelebt hat.

Verstreut in Lagern in den Wäldern, besonders aber dort, wo sie vor Jägern geschützt sind, gründen die Wildschweine große Familien mit munteren, gefräßigen Frischlingen, deren eine Lieblingsbeschäftigung das Schlammrutschen ist. Ich habe diesen Sport nie praktiziert gesehen, jedoch sind die Spuren leicht zu finden – lange Streifen von weichem Schlamm, darin gelegentlich ein Abdruck von Haaren, drumherum wie Synkopen in einer Notenschrift die Spuren emsiger kleiner Hufe.

Das einheimische Wildschwein ist allem Anschein nach ausgestorben. Die derzeit hier lebenden Nachkommen wurden nach dem Krieg aus Ungarn ins Land gebracht, und da sie größer und fruchtbarer waren, als die ehemals von den Etruskern gejagten Arten, vertrieben die Neulinge bald das alte toskanische Wildschwein oder überschwemmten es einfach genetisch. Und die ethnische Reinheit der neuen Kreuzung ist schon wieder in Gefahr, denn gelegentlich reißt ein zahmes Mastschwein aus, um sich den Freien und Tapferen anzuschließen und verfeinert den haarigen Ungarn mit einem sanften holländischen rosafarbenen Stich.

Die Art und Weise, in der die Lobby der Jäger Anfang 1990 das Referendum gegen die Jagd zu Fall brachte, war durchaus ein klassisches Beispiel für taktische Doppelzüngigkeit in der italienischen Politik. Aus den Meinungsumfragen ging hervor, daß ungefähr die Hälfte der Wählerschaft dem Thema gleichgültig gegenüberstand. Es war ebenso klar, daß von den übrigen, d. h. von denen, die wahrscheinlich wählen würden, mehr als die Hälfte gegen die Jagd waren. Damit sich aber ein Referendum durchsetzen kann, muß mehr als die Hälfte der Wählerschaft ihre Stimme abgeben, sei es dafür oder dagegen. Die Strategie der Jäger war es daher, überhaupt nicht zu wählen, so daß ihre Abwesenheit zusammen mit der Abwesenheit derer, die dem Referendum gleichgültig gegenüber standen, dazu führen mußte, daß die Zahl der nötigen Wählerstimmen für das Quorum nicht erreicht wurde.

Praktizierte Demokratie, auf gewisse Weise. Aber die Jäger sagten nie: »Wir werden diese Gesetzesvorlage eher durch Nichtwählen zu Fall bringen, als gegen sie zu stimmen.« Sie starteten eine ganze Kampagne mit der Aussage: »Wir glauben, daß diese Appelle an die Mehrheit der Wähler irrelevant und von Grund auf ungesetzlich sind in einer Demokratie, die ihre Stellvertreter wählt, damit sie als Verantwortliche die Gesetze erlassen, bla bla bla.« Ein großer Teil der Unentschiedenen sagte: »Ja, da ist etwas Wahres dran«; wenn man dagegen die Nichtwähler klar als Gegenstimmen hätte einordnen können, wären vielleicht viele der Unentschiedenen zur ökologischen Lobby übergewechselt, die das Jagen eingeschränkt sehen wollte. Die Gesetzesvorlage wurde nicht angenommen, die Jäger gewannen, mit einer Wahlbeteiligung von nur ungefähr 40 Prozent.

Ich selbst verabscheue die Wildschweinjagd und die ganze Schießerei mit Gewehren, bis hin zu der besonderen, in Tarnfarben bedruckten Kleidung und den klimpernden Fetischen, die daran hängen – all dieser Tand, den man zum Säubern von Fisch oder zum Pferdestriegeln verwenden kann, oder auch um gerade verblichene Fauna zu häuten. Signor Trapassi von der Bank weiß das. Er weiß, daß ich Fragen über Wildschweine nur stelle, wenn ich jemanden aufziehen will. »Kann ein Keiler einen Telefonmast durchbeißen?« könnte ich zum Beispiel ganz naiv fragen. Er erwidert meinen Blick zweifelnd; aber das Bedürfnis zu antworten ist zu stark, und er wird sagen: »Ja, unter bestimmten Umständen kann ein Keiler…«

Ungläubig lausche ich, wie er die wundervollsten Dinge erzählt, die geradewegs aus einem mittelalterlichen Bestiarium stammen, und frage mich, ob er tatsächlich selbst glaubt, was er da sagt. Ich verziehe keine Miene, während er die göttergleichen Wundertaten des Wildschweins näher ausschmückt; und die Schlange derer, die etwas erledigen wollen, wird hinter mir in aller Stille immer länger.

Mir wird unbehaglich zumute, wenn ich sehe, wie verschroben diese Einzelheiten des toskanischen Lebens auf dem Papier wirken. Halbökologischer Spott – ist das alles, was ich zustandebringe? Wenn ich in Gedanken ein wenig bei dem Bild des ganz unschuldigen Signor Trapassi verweile, so entwaffnet mich das. Mein persönliches und durch und durch englisches Spiel, ihn aufzuziehen, ist dadurch ruiniert, daß er jedesmal darauf hereinfällt. Er hält inne, während er einen Scheck bearbeitet; das *cinghiale* kann in der Tat die Via Aurelia überqueren und neue Lebensgrundlagen auf der anderen Seite finden. »Für das listige *cinghiale* ist das kein unüberwindbares Hinderniss – Sie werden vielleicht lachen, aber ich versichere Ihnen, Mr. Spender, es ist keines. Das Wildschwein kann es mit einem Lastwagen aufnehmen, zu jeder Tages- oder Nachtzeit. Es wartet auf seinen Moment und geht vom *Parco dell'Uccellina* auf der einen Seite zum großen Maisfeld auf der anderen, mit eisernem Blick, und sieht weder nach rechts noch nach links.« Dann nimmt Mr. Trapassi aus einer verborgenen Schublade schmuddelige Fotos von *cinghialini*, bei Einbruch der Dunkelheit ohne Blitzlicht in der Wildnis aufgenommen, und jeder in der Bank muß »Ah« sagen und darf wegen der Verzögerung nicht die Nerven verlieren.

Letzten Monat habe ich ihm aus der Camargue eine Postkarte mit einem Reiter in einem Moor geschickt, der Mann hält einen langen Speer und trägt einen schwarzen Strohhut. Der Hintergrund von Mann wie Pferd ist gut ausgeleuchtet, sie wirken dunkel und gewappnet für kommende Taten. Die Strahlen der untergehenden Sonne leuchten hinter dem Schilf hervor. Die ganze Szenerie ein absoluter Klassiker des sentimentalen Kitsches, der Einsamkeit des Großen Jägers gewidmet, der auf seinem treuen Roß darauf wartet, seine lange Waffe in den Rücken eines Mastschweines zu bohren. Der Mann als solcher, allein und furchtlos, im Kampf gegen die Elemente, ausharrend, bis seine Stunde schlägt. Bis zum Klicken einer Mamiya oder Hasselblad.

Auf einem baumbestandenen Platz eines kleinen Ortes in der Provence starrte ich fünf oder zehn Minuten auf dieses Ding und fragte mich, ob ich es wagen sollte… »*Egregio Signore Trapassi*«, schrieb ich schließlich, »so sollten Sie es machen. Das ist das Richtige. Das sind eindeutig Sie.«

Und als ich zurückkam, bemerkte ich, daß er gerührt war. Er bedankte sich. Er beugte sich über den Schalter und gab mir die Hand und befestigte die Postkarte irgendwo im Hintergrund, zusammen mit dem Tageskurs für die D-Mark und den Dollar. Und als er sich bei mir bedankte, schämte ich mich.

Montecapraio

❧ Fünf Monate lang hatte ich Vittoria nicht gesehen. Sie war irgendwo im Mittleren Osten bei Ausgrabungen gewesen und nun zurückgekommen, um ihre Familie zu besuchen, während die Sonne auf ihre in der Wüste gebliebenen Kollegen niederbrannte. Sie schien nervös zu sein, aber es war schwer für mich zu sagen, was ihr fehlte. Sie rief mich an, um mir mitzuteilen, daß sie in einer außergewöhnlichen Angelegenheit Begleitung brauchte, und so ging ich hin.

Im Spätsommer schimmert die südliche Toskana wie Samt, verblichen im jahrelangen Sonnenschein. Nachdem der Weizen eingebracht ist, wird das Land gepflügt, und die Pflugschar glasiert den feuchten Lehm, wenn sie ihn berührt, in der milchigen Luft flimmert dann das reflektierte Licht und ist über Meilen hinweg zu sehen.

In einem Feld unter den Zinnen von Montecapraio, einer verschlafenen, fast ausgestorbenen Stadt hinter dicken, an flockiges Brot erinnernden Steinmauern, improvisierte Vittoria irgendeinen Monolog über einen ehemaligen Diktator der Renaissance. Die Zikaden zirpten ihr eintöniges Leierkastengedudel. Sie rauchte zu viel. Die Felder krümmten sich mal in die eine, mal in die andere Richtung, wie ineinandergreifende Knochen. Es war schwierig, in diesem ungepflegten Graben, in dem im späten Mittelalter so oft Leichen gelegen hatten, einen bequemen Stein oder ein Fleckchen Erde ohne stechende Stoppeln zu finden.

Die Aussicht reichte über das gesamte Val di Chiana bis zu den Hügelketten von Assisi und Cortona. Warum also sollte man es mit Zikaden aufnehmen? Ich lauschte dem Klang von Vittorias Stimme, wie jemand dem mechanischen Klimpern eines Klaviers zuhören würde, wenn ein unbegabter Pianist darauf spielt.

Das Klacken der Tasten, das Klopfen der Dämpfer, die digitale Übertragung der Nerven, die eine hinter der Musik verborgene innere Stimme sprechen läßt.

Mir ist aufgefallen, daß Italienerinnen oft mit Dreißig insgeheim genauso konventionell sind, wie sie mit Zwanzig offen revolutionär waren. Ich glaubte an Vittorias gereizter Körpersprache zu erkennen, daß sich ihr Leben einer Phase des Nestbauens näherte. Nach den revolutionären Sit-ins als Vierzehnjährige während der Unruhen von Bologna 1977, nach der alternativen feministischen Kommune in Mailand – die mit einem verwesenden Leichnam in einem nicht geöffneten Raum endete – nach dem makrobiotischen Café, das die ganze Nacht geöffnet war und in dem sie nie bezahlt wurde, waren wir nun hier angelangt: ein verzogener Mann hinter den Kulissen, der die Vierzig bereits überschritten hatte und den man von seiner Mutter entwöhnen mußte.

Was ihre Karriere anging, so gab sie nun zu, daß es selbstmörderisch gewesen war, ihre Dissertation dem großen Rivalen ihres Professors zu senden. Eine *Dottoressa* war sie nun, das ja, aber nun müsse sie das wiedergutmachen, so sagte sie, oder gehen. Was unter dieser Wiedergutmachung zu verstehen war, wollte sie nicht sagen. Kotau auf der überfüllten Piazza? Eine geliebte Theorie als gedrucktes, rituelles Opfer? Einige horizontale Übungen ganz spezieller Art auf sandigem Boden? In Italien war alles möglich.

Vittoria hatte sich selbst erfolgreich eingeredet, daß sie dem Bösen Blick zum Opfer gefallen war. Nach langem Nachdenken entschloß ich mich, dem beizupflichten. Sie haßte Unentschiedenheit bei sich selbst, und ich erinnerte mich, daß sie vor langer Zeit eine beängstigend schlechte Phase durchgemacht hatte, nur weil sie sich nicht zwischen zwei Handlungsweisen entscheiden konnte. Alles in allem war es viel gesünder für sie, ihre Schwierigkeiten als etwas zu betrachten, das böse äußere Kräfte ihr auferlegt hatten.

Il Mago di Montecapraio – die beiden M's klangen gut zusammen – war der berühmteste Heiler in der Südtoskana. Sein Name oder Spitzname war *Il Riccio*, was entweder »lockig« oder »Igel« bedeuten kann. Ich hatte jahrelang nach einer Ausrede gesucht, ihn zu treffen – was vielleicht meine Toleranz gegenüber Vittorias Hineingleiten in Angstzustände erklärt, über die ich sonst als etwas Irrationales gelacht hätte.

Sie schaute auf ihr nacktes, uhrloses Handgelenk und verkündete, daß er nun zurück sein würde. Über die trockenen Erdschollen gingen wir also wieder zurück in die Zitadelle, um nachzusehen. In einer Bar, die seiner Nichte gehörte, bekam man Auskunft, wo er sein könnte. Il Riccio hatte kein Telefon, traf keine Verabredungen, verlangte keine Bezahlung. Man fing ihn ein wie den Wind.

Der *Mago di Montecapraio* lebte in einem sehr bescheidenen Haus neben einem Bäcker, in einer schmalen Straße hinter dem Rathaus. An dem einen Ende stieß die Straße an die Zinnen einer verfallenen aragonesischen Festung. Am anderen Ende verlief sich die Stadt im Tal.

Sein kleines Auto, nach dem wir Ausschau halten sollten, wie man uns in der Bar unten an der Piazza geraten hatte, stand vor seiner Haustür. Auf dem Rücksitz Zwiebeln und ein Ziegenfell. Wir klingelten, und sofort erschien sein Kopf über uns, kahl, mit fast weißen Augen, als wir senkrecht nach oben blickten.

Die Tür aus Kastanienholz machte beim Öffnen ein Geräusch wie eine Holzbiene, und wir traten ein. Wir stiegen rasch eine dunkle innere Treppe hinauf, gedrängt durch gebieterische Laute von oben. Meine Hände berührten gerahmte Drucke oder Bilder an den Wänden, als ich mich im Dunkeln zu orientieren versuchte. Meine Stirn berührte flüchtig Vittorias Rücken.

Als ich oben ankam, erklärte Vittoria bereits etwas. Sie sei schon einmal hier gewesen, vor drei Jahren. Sie habe Schwierigkeiten. Ihr Leben sei nicht in Ordnung… Dies sei ihr Freund, sagte sie, ein englischer Schriftsteller, der vielleicht etwas in einem Buch über ihn schreiben werde, das in England veröffentlicht werden sollte.

Das war nicht unbedingt das Beste, was sie hätte sagen können. Im Gegenlicht konnte ich ihn nicht besonders gut sehen, aber er erweckte den Eindruck eines kleinen, mit unbändiger Energie gefüllten Mannes. Er machte Gesten mit seinem Handrücken, als wolle er uns verscheuchen. Er sprach schnell und laut, und ich hatte Schwierigkeiten, ihm zu folgen, obwohl offensichtlich war, worum es ging.

Er war beschäftigt. Seine Cousine war krank. Bald würde er ins Krankenhaus gehen, um sie zu besuchen. Er erinnerte sich nicht an Vittoria, leugnete, sie jemals gesehen zu haben. Das Krankenhaus hatte strenge Besuchszeiten, und er sollte bald aufbrechen. Journalisten baten ihn oft um Interviews, aber er hatte schlechte Erfahrungen gemacht und wollte nichts mehr mit ihnen zu tun haben. Seine Berufung war heilig; er arbeitete nicht für Geld, er brauchte keine Werbung. Er war kein Scharlatan wie gewisse Quacksalber, die im Fernsehen zu sehen waren, wo sie ihre Kräfte anpriesen und Heilung versprachen. Keiner kann solche Dinge garantieren. Wenn er so etwas tun würde, würden seine Kräfte erlöschen.

Meine Augen, die sich langsam an das Licht gewöhnten, nahmen ein gebräuntes Gesicht mit grauen Augen und einem kleinen, weißen Schnurrbart wahr.

Daß er einen gewissen Ruf genieße, einige bemerkenswerte Heilungen vollbracht habe, so sagte er, sei wohl bekannt. Aber es sei sinnlos zu versuchen, Erklärungen darüber abzugeben, was er tue und wie er seine Erfolge vollbringe. Es sei sogar gefährlich, gewisse Dinge zu genau zu hinterfragen.

Ich suchte verzweifelt nach einem Platz, um mich hinzusetzen, wenn nötig auf dem Fußboden. Ich war viel zu groß für das unglaublich kleine Wohnzimmer, sowie auch für ihn. Aber Vittoria und Il Riccio gestikulierten wild miteinander, tanzten fast, während sie sprachen, zwischen mir und dem nüchternen Tisch mit der mausgrauen Tischdecke, dem blütenlosen Grünzeug und dem großen Aschenbecher aus blauem, geschliffenem Glas.

Das letzte, was er wolle, sagte er, seien Leute, die Artikel über ihn schrieben. Journalisten verständen die Dinge immer falsch, suchten das Spektakuläre, wo es überhaupt nichts Anormales oder Übernatürliches gebe. Schriftsteller würden die Probleme einfach nicht verstehen! Ärzte seien etwas anderes. Er verstand sich gut mit Ärzten. Oben im Krankenhaus könne er kommen und gehen, wie er wolle, die Türen ständen ihm immer offen. Er sei ein enger Freund von Professor Soundso aus Bologna, Präsident des Institutes für parapsychologische Forschung, und immer willkommen. Wenn wir aber denken würden, wir täten ihm einen Gefallen, indem wir über seine Arbeit schreiben würden, könnten wir unsere Hüte nehmen und gehen.

Es gelang mir, mich zwischen die beiden zu zwängen und mich hinzusetzen.

Vittoria schlug jetzt versöhnlichere Töne an und sagte, daß ich ohne seine Zustimmung nichts über ihn schreiben würde. Ich mischte mich zum ersten Mal ein und fügte hinzu, daß ich viel mehr daran interessiert sei, Vittorias Probleme zu lösen, als Artikel zu schreiben – was übrigens tatsächlich zutraf.

Oben im Krankenhaus erwarteten sie ihn, und er hätte bereits da sein sollen. Sie kannten ihn gut dort, denn wenn einer seiner Patienten krank war, wirklich krank, empfahl er immer, erst einen richtigen Arzt zu konsultieren, bevor er etwas unternahm. Er wollte sicher keine Konkurrenz für den Ärztestand sein! Wenn etwas durch Medizin geheilt werden konnte, nahm er selbst Medizin, und er zeigte auf zwei oder drei kleine Fläschchen auf der Kommode, die in einer Reihe mit Miniatur-Likörflaschen von gleicher Größe und Form standen.

Andererseits war er gerne anwesend, wenn einer seiner Patienten operiert wurde. Er war dafür bekannt, und er war dabei willkommen. Er arbeitete Hand in Hand mit dem Chirurgen, machte oft Video-Aufnahmen von den Operationen, zu seiner eigenen Befriedigung. Dies sei eine seiner Leidenschaften, sagte er, und meinte sein Hobby. Er nahm seine Ausrüstung mit, seine Kamera und die Beleuchtung – nicht daß man in einem Operationssaal mehr Licht brauchen würde – und blieb, bis die Operation beendet war.

Letzten Monat stand er einem Freund bei, dem ein Tumor fast so groß wie ein Kindskopf aus dem Magen entfernt werden mußte. Nach zwei Stunden fragte ihn der Chirurg, wie es ihm gehe, und er sagte »gut«, weil er, Il Riccio, überhaupt kein Herz hatte. Ein Herz aus Stein habe er.

»Das ist nicht wahr«, sagte Vittoria. »Niemand glaubt Ihnen, wenn Sie so etwas sagen. Sie haben ein gutes Herz, sonst würden Sie sich nicht so sehr anderen widmen, wie Sie es tun. Sie haben ein gutes Herz, aber starke Nerven, und so soll es auch sein – harte Schale, weicher Kern.«

Durch eine gemusterte Glaswand konnte ich eine kleine Küche sehen, an der Wand hingen Pfannen und eine magnetische Stange für Messer.

Schritt für Schritt schien Vittoria Il Riccio besänftigt zu haben. Zum Schluß saß er mir gegenüber, sie zu meiner Rechten, und als er seine feisten Hände auf den Tisch legte, schien eine symmetrische Beziehung zwischen seinen Händen und dem großen blauen Aschenbecher einzurasten.

Das Wohnzimmer war mit ungewöhnlich viel Plunder vollgestopft. An der Wand nahe bei der Treppe hingen an hölzernen Haken Gewehre in Schlingen, dazu auch einige Kordeln mit Wildschweinhauern, ein Patronengurt und eine alte Ledertasche. Patronenschachteln auf einer niedrigen schwarzen Truhe. Über den Gewehren eine alte, gerahmte Aufnahme der Berge.

Direkt daneben eine große Glasvitrine mit wertvoller Töpferware, hauptsächlich moderne, handbemalte Becher von

Richard Ginori aus Florenz. Die Glasfront war geschliffen und mit eingravierten wilden Blumen verziert.

»Was meine Kräfte angeht«, sagte er und wandte sich plötzlich an mich, »so sehe ich Ihrem Gesicht an, daß Sie nicht daran glauben. Zu Ihrem Glück ist es unwichtig, ob Sie daran glauben oder nicht. Alles, was Sie tun müssen, ist die Augen offenzuhalten und darauf zu achten, daß sie funktionieren. Wie sie arbeiten, kann ich Ihnen nicht sagen, weil ich es nicht weiß. Ich frage nicht danach. Alles, was ich weiß, ist, daß sie da sind.«

»Zum Beispiel«, sagte er, nun wieder zu Vittoria, »wenn Sie in einem gewissen Zustand wären (er meinte schwanger), dann könnte ich Ihnen dies sagen, sogar schon nach fünf Minuten. Und wenn Sie drei Monate später wiederkämen, könnte ich Ihnen das Geschlecht des *piccirillo* schriftlich geben!« Und er schlug die eine Hand auf die andere, um dies zu unterstreichen.

Ein kurzes Aufrichten des Kopfes, als hätte er etwas gehört.

»Es ist nicht nötig, an die *aldilà* (Jenseits) oder an das Übersinnliche zu glauben. Es ist nicht nötig, viele Fragen über Dinge zu stellen, die der Himmel lenkt. Ich bin ein guter Christ. Ich habe ein exzellentes Verhältnis zum *Reverendo* dieses Ortes, und ich bin ein enger Freund des Bischofs von Arezzo. Aber es gibt gewisse Dinge, die man besser nicht weiß. Wozu muß man glauben? Entweder es funktioniert, oder es funktioniert nicht, das ist alles dabei.

Ich habe eine Frau, zwei Söhne von Vierzig und Fünfundvierzig. Ich habe Enkel, Neffen, Nichten. Ich werde Ihnen nicht sagen, wie viele wir insgesamt sind. Sie haben mich alle arbeiten sehen, ihr ganzes Leben lang, und was verstehen sie? Gar nichts! Sie verstehen überhaupt nichts. Sie schauen. Ich erkläre. Ich zeige es ihnen; es ist so offensichtlich! Aber sie fühlen einfach nicht, wie es funktioniert, und ohne den gefühlsmäßigen Instinkt ist es zwecklos, etwas zu erklären und vorzuführen. Sogar meine Frau glaubt, daß das alles Humbug ist. Stellen Sie sich vor!

Ich arbeite so seit fünfundfünfzig Jahren, seit ich ein Kind war, und sie zweifelt immer noch.

Wenn Sie also schwanger sind, werde ich es auf ein Stück Papier schreiben, und Sie werden es aufheben, und in sieben Monaten werden Sie sehen, ob ich Recht hatte. Wenn nicht, bringen Sie mir den Zettel zurück und zeigen ihn mir. Bringen Sie ihn, sonst werde ich Ihnen nicht glauben.«

»Ich glaube nicht, daß ich dieses Problem habe«, sagte Vittoria, vielleicht ein wenig traurig.

Zertifikate und Fotografien verschiedener Art. Ein Veteranentreffen, im Rahmen steckten Schnappschüsse von grinsenden Überlebenden. Auszeichnungen auf Pergament mit roten, sienesischen Schnörkeln als Verzierung, die von weitem wie Drachen aussahen.

»Es wäre schwierig für mich, schwanger zu sein«, sagte Vittoria, »aber ich habe hier ein ziemlich großes Durcheinander« – sie tippte sich an den Kopf – »und, Sie verstehen das sicher, ein großes Bedürfnis, gewisse Dinge zu klären.«

Fotografien von Verwandten mit Kindern, in schmalen Goldrahmen. Uhren. Ziemlich viele Uhren, und zwar solche, die jede Stunde laut schlagen, eine nach der anderen.

Il Riccio schien sie zum ersten Mal zu sehen. Etwas wie eine geheimnisvolle Konfrontation fand zwischen ihnen statt, Vittoria zögernd, Il Riccio einen Augenblick lang wie ein Stier kurz vor dem Angriff.

»Nun erinnere ich mich an Sie«, sagte er. »Aber Sie sehen sehr viel besser aus als letztes Mal! Sie brauchen doch sicher nichts, was ich Ihnen geben kann? Ich brauche Sie nur einmal anzusehen, um zu wissen, daß Sie hervorragend in der Lage sind, mit Ihrem Leben klarzukommen.«

»Um ehrlich zu sein…« sagte Vittoria.

»Nun«, sagte Il Riccio, »Ich kann eiternde Wunden heilen, die Ärzte bereits aufgegeben haben, und zwar die nassen sowie die trockenen. Ich kann Gicht heilen, Abszesse, Herpes.« (Die Worte, die er benutzte, klangen wie aus der Antike, wie Worte von Boccaccio oder Dante.) »Wenn Ihr Mund faltig und bitter wird, so daß Sie sich schämen zu lächeln, weil es schmerzt, und Sie Ihr Gesicht mit der Hand bedecken, kann ich Sie heilen. Ich kann Gerstenkörner im Auge in nur zwei Tagen heilen. Wenn Sie freitags kommen, können Sie sonntags in die Kirche gehen, und jedem in die Augen schauen.

Ich kann viele dieser Krankheiten heilen, die einen befallen« – er deutete mit einem Finger geradewegs nach unten – »aber zuerst müssen Sie mir zeigen, was Sie haben, damit ich sehe, ob ich es heilen kann oder nicht. Und wenn Sie sich schämen, dann werde ich sagen: ›Bin ich nicht auch ein Arzt? Sie haben keine Mühe gescheut, um zu kommen, und nun schämen Sie sich?‹ Vielleicht habe ich in meiner Jugend meine Position ein oder zweimal ausgenutzt, weil ich eine Frau nackt sehen wollte. Vielleicht tun das sogar Ärzte, sie sind auch nur Menschen. Aber jetzt ist eine nackte Frau für mich nicht mehr als ein Mensch ohne Kleider, mit etwas Haar da unten zwischen den Beinen.«

»Ich habe ein anderes Problem«, sagte Vittoria. »Ich kann Ihnen noch nicht einmal sagen, was es ist. Ich bin durcheinander. Es könnte Liebe sein, es könnte aber auch etwas sein, das mit meiner Arbeit zu tun hat.«

»Haben Sie Feinde?«

Sie ließ den Kopf hängen. Es schien klar, daß sie dies glaubte.

Auch wenn Il Riccio gelegentlich schwerhörig zu sein schien, wenn Vittoria oder ich etwas sagen wollten, hatte er doch den leisen Schritt seiner Frau auf der Treppe gehört und drehte sich zu ihr um. Er begrüßte sie mit einer Reihe von Beschimpfungen, die sie offensichtlich gewöhnt war. Eine so alte Frau (wie er sagte), so dick und so unfähig, so völlig ohne gesundes Verlangen, daß, wenn jemand sie nehmen würde, um sie in drei Frauen zu teilen, jeweils ein Drittel an Jahren und Gewicht, man ihm dann einen großen Gefallen tun würde. Denn wir sind alle Ferkel in meiner Familie, sagte er stolz, und haben gewisse Wünsche und Bedürfnisse. Und in der Luft schien er zwischen Daumen und Zeigefinger etwas Großes, Rundes und Leuchtendes zu halten, als wären es seine eigenen imaginären Hoden.

Sie war blaß und älter als ihr Mann, ihre Bewegungen waren schwerfällig. Während sie ihm zuhörte, wirkte sie müde, aber leicht amüsiert.

Sie trat hinter ihn, während er sprach, und ging direkt in die Küche, um seine Weissagungsinstrumente vorzubereiten; und mir wurde klar, daß einige der weniger verständlichen Geschichten der letzten Stunde nur die Zeit bis zu ihrem Erscheinen hatten füllen sollen.

»Kommen Sie«, sagte er.

Wir gingen in die Küche. Ich drückte mich nutzlos im Hintergrund herum und fragte mich, ob dies vielleicht eine private Sitzung sein würde, aber er nahm mich bei der Schulter und ließ mich ihm gegenüber am anderen Ende des Küchentischs Platz nehmen, Vittoria zu seiner Rechten, während seine Frau hinter uns stand.

»Sie denken also, daß der Böse Blick auf Ihnen ruht? Oder daß Sie verzaubert sind?«

»Oder einfach nur neidisch«, sagte seine Frau sanft im Hintergrund, »es kommt alles aufs gleiche heraus.«

Ein Holztisch mit billigen Stahlrohrbeinen, ein rotes Plastiktischtuch, das mit ineinander verschlungenen Blumen bedruckt war. Darauf stellte Il Riccios Frau ein großes Glas vor den Meister, das etwa fünf Zentimeter hoch mit Wasser gefüllt war, auf der Wasseroberfläche schwamm eine etwas kleinere Menge Olivenöl. Auf dem Öl ein kleiner Aluminiumring mit einem Baumwolldocht und drei hervorstehenden Eisenspitzen, etwa so groß wie Nägel, deren Spitzen in drei runden Korkscheiben steckten, damit die kleine Insel schwimmen konnte.

Diese Lampe zündete Il Riccio an.

Zwischen ihn und die Lampe stellte seine Frau nun einen schlichten weißen Suppenteller, der mit Wasser gefüllt war. Er redete ununterbrochen, von den Heilungen, die er vollbrachte (»Glauben Sie ihm nicht«, sagte seine Frau), und den Abenteuern, die er erlebt hatte (»Wenn dem nur so wäre«, sagte seine Frau), während er gleichzeitig Vittoria ihren Namen auf einen kleinen perforierten Block schreiben ließ, der offensichtlich schon oft bei der gleichen Gelegenheit verwendet worden war. Die vorher geschriebenen Namen hatten sich durch das Papier gedrückt, und man konnte die groben Buchstaben auf dem leeren Blatt noch entziffern.

Mitten im Satz ergriff er plötzlich Vittorias linken Unterarm mit seiner rechten Hand. Sie versuchte, ihn zurückzuziehen, aber er hielt fest. Schweigen.

Ganz vorsichtig näherte er sich mit dem Daumen seiner linken Hand der Wasseroberfläche in dem Suppenteller. Er schien zu lauschen. Der Daumen berührte die Wasseroberfläche. Es sah eher so aus, als hätte sich das Wasser hinauf zum Daumen bewegt als umgekehrt.

»Gut«, murmelte er, »der Name stimmt, und da scheint nichts Ernstes zu sein...«

Seine Frau reichte ihm ein Glas mit Wasser, das er in einem Zug leerte. Da er nicht darum gebeten hatte, vermutete ich, daß dies eher ein Teil des Rituals war, als echter Durst. Eine Art Trankopfer.

Il Riccio legte das Papierstück mit Vittorias Namen unter sein linkes Handgelenk, sein Daumen berührte ganz leicht die Seite des Tellers. Dann berührte er mit dem rechten Zeigefinger das Öl in der Lampe, nahm ihn wieder zurück, und ließ ganz vorsichtig einen Tropfen auf die Wasseroberfläche in dem Teller fallen. Rasch wischte er seinen Finger ab, ergriff Vittorias Unterarm wie schon zuvor und starrte angespannt nach unten.

Einen Moment lang verweilte der Öltropfen zögernd auf der Oberfläche. Das sich brechende Licht der kleinen Kerze (seine Frau hatte das Küchenlicht ausgeschaltet und es war ziemlich dunkel) bildete eine schöne geometrische Figur.

»Das Kreuz«, sagte Il Riccio. »Sehen Sie das Kreuz?«

Als sie sich vorbeugte, um besser zu sehen, stieß Vittoria an den Tisch, und mit einem leichten Zittern teilte sich der Tropfen in drei Tröpfchen, die augenblicklich voreinander Reißaus zu nehmen schienen.

Die drei kleinen Teile verhielten sich wirklich sehr seltsam. Der größere schien sich schwarz gefärbt zu haben, und während er ruhig blieb, schienen die beiden kleineren Tropfen von unbändiger Aktivität ergriffen zu sein. Der schwarze Tropfen näherte sich erst Il Riccio, dann langsam wieder der Mitte des Tellers. Die beiden anderen Teile schienen umeinander herumzuhetzen, während sie gleichzeitig versuchten, sich wieder mit dem großen, schwarzen Tropfen zu vereinigen, der sich langsamer bewegte.

An einem bestimmten Punkt zögerten die beiden kleineren Tropfen, verharrten schließlich. Der schwarze Tropfen bewegte sich nun auf sie zu und nahm das Paar ganz vorsichtig wieder in sich auf, wobei das Öl wieder golden wurde und das Kreuz erneut schwach zu sehen war.

»Ich sehe dies nicht als physisches Problem, auch weil ich fühle, daß Sie physisch in Ordnung sind. Zweifellos sind Sie verwirrt, nicht in Einklang mit Ihrer Seele, voll düsterer Gedanken. Erst wenn Sie wieder mit dem widerspenstigen Teil Ihrer selbst vereinigt sind, werden Sie zur Ruhe kommen.«

Vittoria seufzte verstohlen.

»Da ist mit Sicherheit ein böser Geist in Ihnen, aber den können wir leicht austreiben.« Mit diesen Worten nahm er etwas Salz von einem kleinen Teller und streute es über den Tropfen, der sofort in eine Flotte kleiner glitzernder Boote auf einem turbulenten Binnenmeer aus Miniaturwellen zersprang.

»Die verwirrte Seele«, sagte er, »verließ die beiden kleineren Figuren und sank – wie Sie sahen – auf den Boden der Schüssel. Als sie zurückkehrte, konnte sie jede Unruhe, auf die sie traf, in sich aufnehmen.«

»Sahen Sie sonst niemanden?« fragte Vittoria.

Il Riccio sah sie lange Zeit einfach an, offenbar bemerkte er nicht, daß seine robuste Hand immer noch ihren Arm hielt.

»Wenn da jemand ist«, sagte er sanft, »vor dem Sie fliehen wollen, müssen Sie mir ein Kleidungsstück bringen, das er in den vergangenen vierundzwanzig Stunden getragen hat, und eines von Ihnen. Und, wenn es möglich ist, einige Haare.«

Er machte eine kurze Bewegung mit dem Kopf, um anzudeuten, von welchem Teil des Körpers diese Haare stammen sollten.

»Ich kann Sie entweder aneinanderbinden oder sicherstellen, daß Sie sich sanft voneinander trennen, Abstand gewinnen. Aber beide Möglichkeiten setzen voraus, daß Sie wissen, was Sie wollen.«

Im Hintergrund schüttelte seine Frau den Kopf, als wolle sie sagen: »Unglaublich, daß es immer noch Leute auf dieser Welt gibt, die an diesen Quatsch glauben.«

Er veranstaltete ein großes Theater, als er unsere Geschenke zurückwies, die sowieso nur aus einer Flasche *Vin Santo* und einigen Keksen zum Hineintunken bestanden. Nachdem er vom Tisch aufgestanden war, verschwand seine düstere Konzentration, und er wurde wieder so redselig wie vorher. Er holte das Gedicht hervor, das er für den Dichterwettbewerb im vergangenen Jahr geschrieben hatte, in dem er dem letzten Banditen der Gegend eine Stimme verlieh. Er zeigte uns Fotos von der Veranstaltung. Gab mir eine Fotokopie, damit ich es ins Englische übersetzte, anscheinend hatte er seine Antipathie gegenüber Schriftstellern vergessen. Zeigte mir das Pergament, das er zu Ehren seiner Frau beschrieb, anläßlich ihrer Goldenen Hochzeit. Machte mich auf die silbernen Becher aufmerksam, zeigte zufrieden auf die Reihe tickender Uhren...

Vor fünfzehn Jahren war ich in Vittoria verliebt gewesen, zweihundert Meter lang, auf der Landstraße von Radda nach Greve.

Frühling. Das verlassene Feld an der Mühle stand voller Heckenrosen, und ich sagte »Was für ein Feuerwerk!«, als wir vorbeifuhren. Wir waren in Eile, da das Paßbild meiner älteren Tochter in ihren dunklen Paß eingestanzt werden sollte, mit den erhabenen Buchstaben, den greifbaren Werten, dem trockenen Stempel des ehemaligen British Empire.

Vittoria saß vorne, die Tochter hinten. Ich betrachtete die explodierenden Rosen, und dann Vittoria. Wir lächelten.

Meine außerordentlich kraftvolle Vernarrtheit hielt sich einen erneuten kurzen Blick lang, der in meinem Gedächtnis eine Momentaufnahme ihrer brav im Schoß gefalteten Hände festhielt. Stumm, im Schein der Frühlingssonne. Still, während alles andere die Hauptstraße entlang ratterte.

Ich werde diesen Moment für immer in mir bewahren. Die Knochen ihres Handgelenks, und oberhalb des Handgelenks eine feine Linie, die eine absolute Grenze zwischen ihren Händen und dem Rest ihres Körpers zog. Aber vor allem die Eigenständigkeit zweier Hände, die ineinander ruhen. Dünne Haut spannte sich leicht über dem Knochen, wurde etwas heller zwischen feinen, eidechsengleichen Muskeln. Glatte Finger, wenn die Hand sich öffnet.

Sie läuft über den Fußboden irgendeiner Cocktail-Party in Mailand zur klassischen städtischen Begrüßung, dem flüchtigen Kuß auf die Wange, der förmlichen Frage nach der Gesundheit. Und, keinem bekannt, suche ich an ihrem Handgelenk diese einzigartige Linie; als sie meine Hand ergreift, berührt mein Zeigefinger den Knochen. Für mich ist es ein Talisman. Wenn so etwas überleben kann, dann auch der Rest der Welt.

Wir gingen zurück zur *piazzetta* und saßen eine Weile in der Bar, um alles noch einmal zu überdenken.

»Es geht nicht um Liebe, oder?« fragte ich. »Du hast mich doch nicht den ganzen Weg hierhergeschleppt, nur wegen einer Liebe?«

Vittoria war amüsiert.

»Wie alle guten Propheten, bringt Il Riccio einen nur in die Richtung von dem, was man wissen will«, sagte sie. »Ich habe wirklich alles, was in dem Teller passiert ist, sofort verstanden, und zwar besser als er. Es war, als hätte ich alles kommen sehen. Es war mir alles so klar! Ich hätte vorhersagen können, wie sich das Öl bewegen würde. Es war, als hätte ich es zuvor in einem Traum gesehen.«

»Oh. Und worum ging es also?«

»Ich würde es Dir nie sagen, selbst wenn man mich totschlagen würde.«

Ich schämte mich für sie, weil sie mich auf so unmenschliche Weise zurückgewiesen hatte.

Der Ober brachte uns zwei Eis in einem kleinen Drahtständer.

»Das Kreuz war nur Lichtbrechung, nicht wahr?« fragte ich, als ich mich ein bißchen erholt hatte. Ich brauchte etwas Neutralisierendes. »Der Öltropfen auf dem Wasser verwandelte sich in eine kleine Linse, und das Licht der Kerze projizierte…«

Sie nickte, als hätte ich etwas gesagt, das zu selbstverständlich ist, um erwähnt zu werden. Sie nahm ihr Eis und sagte, mit der Stimme eines Mädchens, das in der Schule etwas vorträgt: *»Gesù Giuseppe e Maria, se c'è il malocchio portamelo via.«* (»Jesus, Joseph und Maria, wenn der Böse Blick hier ist, dann nimm ihn fort«.)

»Du mußt für den *malocchio* nicht besonders mächtig sein«, sagte sie. Jeder, der im siebten Monat geboren wurde, kann das. Sogar meine Mutter kann es.«

Anscheinend benahm ich mich ausgesprochen dumm.

»Würdest Du mir bitte einfach sagen, was ich hätte sehen sollen, und was das alles sollte?«

Eine Kellnerin kam aus dem Cafe und schrie über die Piazza zu einer Gruppe von Jungen hinüber. Einer ging zu seinem Fahrrad.

222

Vittoria leckte weiter an ihrem Eis. Schließlich sagte sie, mehr zu sich selbst als zu mir: »Als er den Daumen von dem Teller wegnahm, bevor er anfing, sah ich einen schwachen Lichtkreis dort. Du nicht? Ah! Du hast ihn nicht gesehen! Ich habe dieses Licht sofort gesehen, ich wußte, mit mir würde alles in Ordnung kommen.«

Der Junge nahm sein Fahrrad und trottete die Straße hinauf, verschwand auf halbem Wege in einem Torbogen. Ich hatte den Eindruck, daß er nicht das tun würde, was ihm die Kellnerin aufgetragen hatte.

»Und Du willst es wissen, Hm? Gut, ich werde es Dir sagen. Ich glaube, daß, wenn mein Doktorat vom Feind meines Professors verliehen worden ist, ich zu diesem neuen Professor gehen sollte, oder etwa nicht? Vielleicht will er mich haben. Ich kann nicht mit meinem jetzigen Professor schlafen! Aber auf der anderen Seite weiß ich so viel über ihn. Nicht alles, was er vor Ort getan hat, war korrekt, weißt Du.«

»Vorsicht«, sagte ich.

»Ich bin immer vorsichtig. Wenn Du glaubst, daß ich nicht vorsichtig bin, kennst Du mich nicht!« Sie lachte. Es klang boshaft und unverantwortlich. »Und wenn ich hier in Italien keine Lösung finde, werde ich nach Amerika fahren, um Cavalli Sforza zu treffen. Er ist einfach brilliant. Er formuliert diese Theorien, die auf genetischer Archäologie basieren, hier in Italien mag man sie nicht, aber es ist sehr interessant. Und dann könnte ich nach Chicago gehen, dort haben sie mir etwas angeboten.«

»Chicago?« fragte ich ungläubig, »Du hast ein Angebot von der Schule in Chicago und hast es mir nicht erzählt?«

»Mein Englisch ist nicht so besonders.«

Ich mag es nicht, wenn man mich wieder und wieder für dumm verkauft; ich rief die mürrische Kellnerin, um zu zahlen.

Vittoria war während der Rückfahrt im Auto sehr fröhlich.

Wie taktvoll ich es auch versuchte, es war unmöglich, ihr

irgendetwas über ihre Liebhaber zu entlocken. Nachdem ich schließlich doch neugierig geworden war, machte sie jetzt nicht mehr mit. Voller Selbstzufriedenheit, daß sie mich zum Zeugen irgendeines mysteriösen Ritus gemacht hatte, erklärte sie weder, was ich gesehen hatte, noch die Gründe, warum sie gerade mich mitgenommen hatte.

Während ich sie, auf dem langen Weg Richtung Norden nach Siena, neben mir summen hörte, fühlte ich mich um etwas betrogen. Hatte ich sie wirklich zum *mago* des Ortes gebracht? Für wen, für was? Glaubte sie wirklich, daß Liebe ein Zauber war, ersonnen von irgendeiner heimtückischen Person hinter den Kulissen? Den man kommen und gehen lassen konnte, indem man Zaubersprüche über dreckiger Unterwäsche ausstieß? Den man töten konnte, indem man Öl in Wasser tröpfelte?

Was sollte aus ihr werden? Ich machte mir Sorgen darum. Ich machte mir mehr Sorgen um sie als um meine ganze Familie. Meine Töchter sind zehn Jahre jünger als Vittoria und eher in der Lage, einen langfristigen Plan aufzustellen und sich daran zu halten. Und da ich nun schon begonnen hatte, über das Alter und die Zeit nachzudenken, fing ich an, über die unvollständige, halbväterliche Rolle nachzugrübeln, in die ich geraten war, als ich mit ihr spielte, oder die ich aus freien Stücken gewählt hatte.

Auf dem Rückweg schien mir, daß meine Finger am Steuer aussahen wie die zusammengekrümmten Beine einer gekochten Krabbe. Für mich ist der Latin Lover ein Kater, der nur in der Sonne schlafend zu ertragen ist. Die Phase von wimmerndem Anlehnungsbedürfnis, gefolgt von selbstzufriedener Gleichgültigkeit – sehr häufig in Vittorias Leben – kommt für mich dem Nullpunkt hinsichtlich menschlicher Kommunikation gleich. Abgesehen davon, daß ich es als Engländer niemals wagen würde, so viel zu reden.

Und wenn sie mich jemals wieder mit dieser gewissen Trägheit anlächelt, eine Erinnerung an diesen Augenblick auf der Straße nach Radda, werde ich, weit entfernt davon, geschmeichelt zu sein, nach einer erneuten Ermutigung nochmals nein sagen. Und indem ich dies tue, fühle ich schon wieder die ganze Halbinsel sanft hinweggleiten.

Dreharbeiten

Das Filmsternchen hatte so vollendete Knie wie eine gotische Statue, und Wangenknochen wie Nofretete, aus denen ein geübter, kosmetisch versierter Zahnarzt einige Backenzähne entfernt hatte. Sie stand vor der kleinen Kirche von San Giusto, schaute den Hügel hinab auf die traubenschweren Weinstöcke, schaute den Hügel hinauf zu den Wäldern, und fragte: »Wo sind wir?« In Anbetracht ihres Berufs fand ich die Frage ergreifend. Sie war höflich, ihre Stimme weich und sanft, ihre Liebenswürdigkeit bei Dreharbeiten, wo ansonsten das reine Chaos herrschte, war preiswürdig.

Auf dem grünen Fleckchen Erde zwischen den Kastanien und dem Haus von Isabella, der allein lebenden Nonne, versammelte sich eine Taufgesellschaft. Ein langer Tisch mit offensichtlich genießbarem Essen. Überall Lastwagen, ein kaugummikauender Römer, der Unbefugte abwies oder die Leute, die nichtsahnend gekommen waren, um die Kirche anzusehen.

Irgendwo im Hintergrund bemerkte ich Schwester Isabella, sie wirkte sehr glücklich. Glücklich? Hätte man geglaubt, daß eine Einsiedlerin so etwas zeigt? Aber vielleicht braucht sogar die Heiligkeit ab und zu einen richtigen Wirbel, unter dem gestutzten Kastanienbaum.

Stumme Vergewaltigung war der Titel, *Stupro Muto* auf italienisch. Eine herzzerreißende Geschichte, in der der von Geburt an taubstumme jugendliche Hauptdarsteller ein intensiveres Bewußtsein für die Dinge des Lebens bekommt, nachdem ihn das Starlet gründlich in die Freuden der Liebe eingeweiht hat. Dies sollte auf einem Haufen von Reissäcken stattfinden, die beim Orgasmus platzen und die Glieder der beiden mit einer Woge ganz aus symphonischem Weiß überfluten.

Daß so etwas gerade hier stattfand, war ein wenig meine Schuld. Mein Freund Marco, ein Filmregisseur, hatte mich auf der Suche nach Drehorten aus Rom angerufen. Damals standen wir gerade in vagen Verhandlungen darüber, ob ich in einem seiner Filme, in dem es um Inzest unter Vampiren ging, die Rolle eines Vampirvaters übernehmen sollte. Ich war erstaunt zu hören, daß dies alles abgeblasen sei und man stattdessen *Stumme Vergewaltigung* drehen würde; da ich einem Freund aber immer gern helfe, hatte ich Marco von der Kirche in San Giusto erzählt und versprochen, daß ich wegen einer eventuellen Vermietung mit Don Osvaldo sprechen würde. Diesem riet ich unter uns, dafür viel Geld zu nehmen, aber natürlich verpaßte er diese Chance.

All dies geschah, bevor mir wirklich klar wurde, auf welchen Stoff ich mich wirklich eingelassen hatte. An mir blieb es hängen, Don Osvaldo darüber aufzuklären, daß ein oder zwei der Szenen, hmm, naja, ein bißchen nah an der Grenze waren. Er hörte ungerührt zu, als ich von den Reissäcken erzählte. Während ich sprach, wurde ich neugierig, wie er darauf reagieren würde, und er enttäuschte mich nicht. Don Osvaldo hat im Laufe der Zeit eine großartige Unkompliziertheit entwickelt, wenn es um weltliche Dinge geht. »Nicht in der Kirche, hoffe ich«, sagte er, als ich verstummte. »Die Leute könnten sich fragen, was so viele Reissäcke in einer romanischen Kirche zu suchen haben.«

Ich war gerade dabei, Jobs für die Jungs zu suchen und brachte noch ein paar Mitglieder der Musikergruppe aus Gaiole unter. »Was Du brauchst, Marco«, sagte ich, »ist eine Art spontanes volkstümliches Fest, und danach verfolgt er sie in die Reiskammer und – Schnitt.« – »Großartig«, sagte Marco. – »Sie nehmen achtzigtausend Lire«, sagte ich, »pro Tag und Kopf, bar auf die Hand, jeden Abend, bevor sie gehen.«

So spielte eine ausgewählte Gruppe von Instrumentalisten, mich eingeschlossen, der Taufgesellschaft bei ihrem Weg in und aus der Kirche auf, das stumme Paar mitten unter ihnen, nachdem alle auf ein halb apathisches Baby gewartet hatten, das ziemlich lange brauchte. Männer mit Funkgeräten in der Hand kommunizierten über den Äther, während das Kind eintraf, das beide Elternteile auf dem Rücksitz eines Lancias mit römischem Nummernschild bei Laune gehalten hatten. In der Zwischenzeit unterhielten sich das Filmsternchen und der jugendliche Hauptdarsteller friedlich über Los Angeles, und über Fahrradrennen in Kalifornien, die mit Steve McQueen zu tun hatten.

Die nächste Szene enthielt eine Aufnahme mit Rückwärtsfahrt, die zwischen dem langen Tisch vor Isabellas Hintertür und einem Anhänger gegenüber aufgebaut wurde, auf dem wir Musiker stehen sollten. In dieser Szene sollte die Band einsetzen und dann einer nach dem anderen von dem – kunstvoll mit Lorbeerzweigen und herunterhängenden Papierbordüren geschmückten – Gefährt heruntersteigen, sich zu dem langen Tisch vorspielen, die Instrumente herumschwenken und die Gäste ermuntern, mitzumachen. Das Filmsternchen hatte schüchtern die Hand des jugendlichen Hauptdarstellers zu ergreifen. Lächelnde Gesichter und Händeklatschen der Menge, wenn er, durch seine innere Stille gehemmt, seine ungeschickten Füße bewegt und zu tanzen beginnt.

Nicht einfach. Die Bandmitglieder zeigten weder Interesse für das technische Problem, noch befolgten sie, was man von ihnen wollte. Die Produktionsassistentin mußte sie immer wieder ermahnen, nicht zu stolpern und auf die Kreidemarkierungen zu achten, die ihnen ihre Plätze anzeigten. Sie verpaßten ihre Einsätze, kicherten miteinander, und fanden es schließlich nicht mehr witzig. Der Kontrabaß konnte nicht schnell genug vom Wagen herabsteigen. Er verfluchte den Lorbeer und schien Schwierigkeiten zu haben, nach unten zu sehen. Die Akkordeonspieler weigerten sich, woanders hinzugehen. Sie würden nicht gleichzeitig laufen und spielen, sagten sie. Sie wurden sauer, drehten sich zur Seite, wenn man ihnen etwas sagen wollte, interessierten sich plötzlich für die Landschaft, in der die kräftige Silhouette der Berge in der Nachmittagssonne nach und nach bläulich schimmerte.

Kunst und Illusion mußten miteinander verschmelzen, also wurden die Musiker hier und dort aufgestellt, als wäre es üblich, daß man von verschiedenen Plätzen in der Menge zum Tanz aufspielt. Die Akkordeonspieler wurden auf Stühle gesetzt, einer vorne neben einer eingetopften Zitrone, der andere hinten vor die graue Steinmauer der Kirche.

Es wurde immer heißer. Die am Tisch sitzenden Schauspieler fingerten an dem imitierten Essen herum, Legionen von Requisiteuren brachten alles wieder in Ordnung. Die Zuschauer gähnten und entfernten sich einer nach dem anderen in Richtung Kirche.

Schlagartig wurde mir klar, daß sich die Akkordeonspieler nicht ausstehen konnten. Auf ihre toskanische Art verweigerten sie die Zusammenarbeit. »Der da«, sagte Achille, »kann machen was er will. Das ist seine Entscheidung. Mir ist das gleichgültig. Vielleicht hält er das, was wir hier machen, für Musik. Ich bin sicher, er ist ein sehr guter Musiker. Ich weiß es nicht. Ich habe niemals vorher mit ihm gespielt. Wir kennen einander nicht. Aber Musik kann man nicht improvisieren. Das ist nicht in Ordnung. Du würdest doch das, was wir hier machen, nicht Musik nennen, oder?«

Nicht zu vereinbarende Repertoires. Ich wollte *Speranze Perdute*, ein wundervoller, schwermütiger Walzer in Moll. Der Neuankömmling wollte ihn nicht spielen, und die Musiker aus Gaiole schmollten.

Marco drehte sich müde zu mir um. »Bitte tu mir einen Gefallen.«

Zu meinem freudigen Erstaunen erhob sich das gesamte Team plötzlich und begann, in zwei Sprachen gleichzeitig *Happy Birthday* zu singen. Man brachte einen riesigen Kuchen (die Akkordeonspieler zankten sich immer noch), auf dem mit Schlagsahne auf Schokolade die Zahl 100 geschrieben stand,

229

und stellte ihn vor eine wunderschöne alte Dame aus dem Team. Einhundert was? Doch nicht etwa Jahre? Filme. Um Gottes Willen, einhundert Filme? Ehrfurcht ergriff mich, daß eine reizende alte Dame so viel mitmachen, so lange leben konnte.

»Nimm fünf Minuten mit«, sagte Marco. Schrie dann: »Nein, zwanzig.«

Der Hoffotograf kam, um den Moment festzuhalten, in dem der Kuchen angeschnitten wurde. Das Starlet setzte sich mit einem bezaubernden Lächeln in Szene und die alte Dame zog sich so unauffällig zurück, wie man es angesichts eines unberechenbaren Terriers tun würde.

Eine momentane Traurigkeit schien die Truppe zu ergreifen. Der Kameramann hatte angeblich bei Filmen gedreht, deren bloße Titel zu hören mir den Atem nahm, und hier stand er nun, drehte eine Aufnahme mit Rückwärtsfahrt und bereitete sich auf eine Vergewaltigungsszene vor; während die Grillhähnchen im Hintergrund zu brennen anfingen und von einem Helfer hin und her geschwenkt werden mußten, damit sie wieder so beißend qualmten wie es vorgesehen war.

Die Band zog sich hinter den Bauwagen zurück, zu einem Haufen Verpackungsschachteln und mit Essensresten gefüllten Mülltüten. Achille machte ein Gesicht wie zehn Tage Regenwetter. Der andere Akkordeonspieler war wegen seines schönen Schnurrbartes ausgewählt worden, der, man stelle sich vor, den Vordergrund der mißlungenen Aufnahmen beherrschte. Er hatte eine große Plastiktasche voller Noten dabei, aber *Speranze Perdute* (»Verlorene Hoffnungen«) war nicht unter den verwitterten Werken. »Sicher weißt du, wie man es spielt?« – »*Ho capito*«, sagte er, »aber ich habe es zwanzig Jahre nicht mehr gespielt.« Er konnte Achille nicht in die Augen sehen.

»Glaubt nicht, liebe Kollegen«, sagte ich, »daß das, was wir vor der Kamera tun sollen, beständig ist. Ist es Ruhm, was ihr sucht? Wollt ihr, daß unsere Hingabe und unsere flinken Finger ein oder zwei Jahrhunderte überleben, um der Nachwelt zu zeigen, welch hoher Qualitätsstandard für Musiker des späten zwanzigsten Jahrhunderts üblich war? Unsterblich werden? Entspannt Euch, Kollegen. Wir sind nicht dazu bestimmt, auf Celluloid gebannt zu überleben. Seid nicht traurig! Sobald Marco die Kopien nach Rom gebracht hat, werden wir synchronisiert, kastriert, mit einem kompletten Streichorchester mit eingeblendeten Echos überspielt. Du wirst dann meisterhaft Violine spielen, oh Achille, und du, oh Neuankömmling, wirst durch geschicktes Streichen Musik aus deinem wunderbaren Schnurrbart hervorzaubern. Es sind eure Gesichter, oh Musiker, um die es geht. Kein anderes Talent ist gefragt.«

Stilistischer Pseudo-Alfieri, aber das exaltierte Deutsch ist die Übersetzung aus einem hinreißenden Italienisch. Ich spürte, daß sie alles zu ernst nahmen. Ohne ein Lächeln würden sie gar nichts tun. Zu guter Letzt lächelten sie, und der neue Mann sagte zu Achille: »Na gut, spiel' es.« Was Achille auch tat. Elio fiel mit seiner Klarinette ein. Der Baß brummte irgendetwas, es spielte auch kaum eine Rolle, was. Der Mann mit dem Schnurrbart achtete auf Achilles Finger, und beim dritten Mal hatte er den Bogen raus. Und zwar bemerkenswert gut.

In Panik zog ich Achille hinter die Kirche, wo die Nebendarstellerin (vorgesehen für die Rolle der Mutter des neu getauften Babys) einen widerlichen, bösartigen Chow-Chow an das Geländer des Friedhofes angebunden hatte, und dort schrieb ich auf hastig gekritzelten Notenlinien nach Achilles Anweisungen seine »Verlorenen Hoffnungen« nieder, die sich etwas von den meinen unterschieden.

Wir drehten es nochmals, jetzt unter dem abziehenden Qualm der verkohlenden Hühner. Die alte Dame war einen Moment lang etwas weinerlich gewesen: die Zeit war vergangen. Der Kameramann hatte einige Zigaretten geraucht. Osvaldo hatte einige kleinliche Bemerkungen zu dem ganzen Durcheinander gemacht und zog sich für eine Stunde in sein Auto in den Schatten zurück, um ein Nickerchen zu machen. Die stoischen Philosophen der Requisite hatten den Tisch wieder in einen halbwegs appetitlichen Zustand gebracht. Die Sonne stand jetzt hinter den Kastanien.

Wir drehten es fünf Mal. Die untergehende Sonne schien durch weit gefächerte Blätterschichten, wie eine Glühbirne durch ein Bündel Banknoten. Die Stimmung der Musiker hielt sich – und wirklich, je schlechter sie musizierten, desto besser schauspielerten sie, als wüßten sie plötzlich, wie man Filme macht. Denn in Filmen bekommt man Geld für ein Stück seiner Haut, eine der einfachsten Wahrheiten in diesem Zusammenhang, die auch auf ein Stück transparentes Plastik übertragen werden kann. Obwohl teilweise gut bezahlt, ist der Vorgang so traumatisch wie eine Amputation, ein moralischer Diebstahl, und eine Zeitlang muß man seinen körperlichen Stolz unterdrücken.

»Können wir nun gehen?«. Marco sagte ja, warum nicht. »Bekommen wir das Geld?« Die Band versammelte sich in einer täuschend beiläufigen Art um mich, tätschelte hier und da die Instrumente, als wären sie die Flanken von wilden Tieren.

Produktionsleiterin war ein Weib von Vierzig mit einer dunklen Sonnenbrille und einem Kugelschreiber hinterm Ohr. Sie sagte: »Ihr werdet den Drehort nicht eine Minute vor sieben verlassen. Dananch werde ich euch auszahlen und rauswerfen, und wenn ich Glück habe, sehe ich Euch nie wieder. *E buona notte!*«

Der rauhe Ton aus Rom.

Eine nachdenkliche Ruhe senkte sich über die Leute hinter mir.

Ich konnte förmlich fühlen, wie sich diese absolute Stumpfsinnigkeit zusammenballte, mit der die Toskaner sich gegen das ständige Bedürfnis der Römern wehren, beweisen zu müssen, daß sie härter drauf sind als irgend jemand sonst auf dieser Halbinsel.

Marco blickte gen Himmel, zog an seiner stinkenden Zigarre

und wandte sich ab. Ich wäre gerne zu ihm gegangen, um ihm auf die Schulter zu klopfen, aber damit hätte ich die Spielregeln mißachtet.

Gerade in diesem Moment der Zerrissenheit zwischen Freundschaft und Distanz entwich ihm ein Furz.

Einen Augenblick lang geschah gar nichts. Dann kam Bewegung in die Musiker hinter mir, wie ein leichter Wind, der durch den Wald weht.

»O Marco«, vernahm man eine Stimme, »ci vuole solo un sassolino.« (Alles, was du brauchst, ist ein kleiner Stein.) Eine rituelle Antwort, die kleine Kinder geben, wenn dieses elementare Ereignis im Unterricht passiert.

Er hätte lachen oder eine schlagfertige Antwort geben können, aber statt dessen ging er einfach weg. In diesem Moment verlor er meine Sympathie, da er versucht hatte, eine imaginäre Würde aufrechtzuerhalten, anstatt sich auf die Ebene der schlammverschmierten Truppen herabzulassen.

Ich ging. Die Produktionsassistentin plazierte ein paar Beleidigungen, um den Rückzug des Meisters zu decken, und wie immer irritierte mich augenblicklich der »Realismus« des römischen Charakters, verglichen mit der Gutmütigkeit der Etrusker.

Es war ein großer Fehler zu gehen. Man könnte tatsächlich sagen, daß ich die Schlacht verloren hatte. Jeder wurde, nachdem er noch eine weitere halbe Stunde herumgesessen hatte, bezahlt, und zwar gut. Sogar Osvaldo bekam etwas mehr als das, was er ursprünglich verlangt hatte. Jeder wurde bezahlt außer mir. Nun, ich kann auf diesen verlorenen Tag pfeifen. Keiner begleicht mehr eine Rechnung in Cinecittà, wenn der Film erst im Kasten ist.

Die Szene auf den Reissäcken wurde nie gedreht. Zuckermund, stellte sich schließlich heraus, hatte eine Klausel in ihrem Vertrag, die Nacktszenen untersagte, da sie eine ernsthafte Schauspielerin war. Das hätte man ihr vielleicht verziehen, wenn nicht der jugendliche Hauptdarsteller auf seinem angsteinflößenden Oberkörper einen tätowierten amerikanischen Wappenadler mit Fallschirm und den Worten »102te Luftlandedivision« präsentiert hätte. Das empfand man als unpassend für seine Rolle als stummer italienischer »Armer Prinz«.

Marco sagte den Produzenten, daß es ein Film mit »Atmosphäre« werden sollte. Ich bedaure sehr, daß ich nicht weiß, in welcher Sprache zwei römische Softpornoproduzenten über diese besondere Kunstform diskutieren.

Maccari

In der Bibliothek füllt neben mir der Verrückte dieses Ortes seine Karteikarten mit simulierter Schreibschrift und läßt seine linke Hand die ganze Zeit über auf dem Stapel vergilbter Zeitungen liegen, deren Inhalt er auflistet. Er hält die Welt in Ordnung. Ich lächle ihn an, um ihm zu zeigen, daß ich dieses Bedürfnis verstehe, doch seine Arbeit ist zu ernst und wichtig, als daß er jemals zurücklächeln könnte.

Vor vierzehn Tagen stieß ein junger Mann vom übernächsten Tisch zur Gilde der Zeitungsleser und etwas, das er aus dem Magazin bestellt hatte, ließ mich für kurze Zeit meine Nachforschungen über Montaperti und die Hölle vergessen. Vergilbt, mit wenigen Seiten, sah es aus wie ein hoffnungsloses revolutionäres Flugblatt. Der Inhalt war bizarr. Kurze Aphorismen wie diejenigen, die den Bauern die richtige Zeit für die Aussaat angeben, polemische Texte, die es auf jeden abgesehen hatten, der höhere Posten bekleidete. Und wunderbare, kolorierte Holzschnitte. Verblüffende Holzschnitte.

Eine fette Frau, die die Akademie zur Zeit der Faschisten darstellt, spürt, daß ihre Beine sie nicht mehr tragen. Hochgehalten wird sie von fünf stämmigen Herren in Frack, Fliege oder Krawatte, Schärpe, blitzweißer Weste, Nadelstreifhosen, Federn und Orden. Mit Sicherheit würde sie stürzen, wenn nicht die kurzen schwarzen Beine dieser Herren wären. Sie tragen sie eilig weiter. Im Nacken sitzt ihr ein liliputanerhafter General, der einen quastengeschmückten Stab in der linken Hand hält und mit der behandschuhten Rechten nach vorne zum Angriff weist.

Ich beugte mich zu dem jungen Mann, der dieses Ding las, und äußerst zuvorkommend gestattete er mir, es auszuleihen.

»Prego«, sagte er. Was um alles in der Welt ist das? Ein Flugblatt der Linken aus dem Jahr 1936?

Die Holzschnitte waren im selben Durchgang wie der Rest der Zeitung gedruckt worden. Wenn die Druckqualität nicht gut ist, ist das ein brutales Medium. Im Verlauf der folgenden Woche bestellte ich so viel wie möglich aus dem Magazin und wurde selbst zu einem süchtigen Zeitungsleser. Ich fand heraus, daß der Künstler Mino Maccari hieß. Angesichts der groben mechanischen Druckerpresse überraschte mich die Subtilität seiner Bilder. Die rein schwarzen Flächen hatte er mit einem Stichel aufgelockert, den er in der Art der kommerziellen Illustratoren des vorigen Jahrhunderts wie einen mehrfachen Hohlmeißel eingesetzt hatte. Die Farben kamen später dazu und ersetzten an manchen Stellen die schwarzen Elemente durch dramatische Farbflächen.

Ich war fasziniert davon, daß man mit dieser Technik derart fein gestalten konnte, in solch offenem Gegensatz zur politisch derben Aussage seiner Bildsprache. In der Welt des Mino Maccari gab es scheinbar keinen Raum für den *benpensante,* den Mann-mit-guten-Gedanken, den freundlichen Bourgeois, der keine gewaltsamen Veränderungen will, keinerlei Ambitionen hat, der nichts will als *sistemarsi* – dieses wundervolle italienische Wort mit der Bedeutung, sich niederzulassen, alles hübsch und ordentlich zu machen. Ein solcher Mann will weder Ruhm noch Risiko. Er ist ein Wurm.

Ein sinkendes Schiff sendet einen verzweifelten Hoffnungsfunken aus. Ein bärtiger Philosoph schickt seinen Rettungsring als Hilfe. Eine dralle Dame in einem blumenbesetzten Hut schwebt in einer Wolke, die Rauch aus dem Schiff sein könnte. Gibt es sie wirklich oder ist sie reine Einbildung? Die schmierigen Finger des Philosophen sind schwarz, und schwärzen das Mieder der lächelnden Dame.

Das gute Schiff heißt *Attualismo* und hat keine Konturen, wie das Schiff in Fellinins Film *E la nave va,* der vielleicht tatsächlich ganz versteckt Maccaris Bild zitiert. Der Philosoph im Wasser ist Giovanni Gentile, und die Frau ist der dekadente »Geist von Hollywood«, der durch diesen ertrinkenden Mann gerettet werden soll.

Der Philosoph Gentile war auch Gründer des Kulturinstituts der Faschisten, das Maccari in einem seiner kurzen Gedichte – es gibt kaum kürzere – als schrecklich langweilig bezeichnete: *Che seccatura / L'Istituto Fascista di Cultura.* Wie bei Goya hat sich der Rauch der Kanonen längst über dem Schlachtfeld verzogen, geblieben sind die Bilder. Wie jede bemerkenswerte Kunst berührt es uns immer noch, doch kann Maccari nur vor dem Hintergrund des Faschismus wirklich gewürdigt werden, da dies die Zeit ist, in der er arbeitete. Dieser Umstand verleiht ihm eine einzigartige Größe. Es macht Mut, daß dieser Mann in all den verschiedenen monströsen Regimes, die die erste Hälfte dieses Jahrhunderts beherrscht haben, eine auffallende Menschlichkeit an den Tag legen konnte, sogar dann noch, als er sich das schwarze Hemd anzog. Daß ihm das gelungen ist, ist ein winziger Pluspunkt für den italienischen Faschismus.

Immer wieder taucht ein derart plumpes und direktes Bild auf, bei dem es schwerfällt zu glauben, daß es jemals publiziert wurde. Hitler duckt sich hier unter eine mit Hakenkreuzen verzierte Decke. Aus seinem Rücken erhebt sich ein preußischer Soldat mit Pickelhaube. Verstörte Krähen fliegen vor dem Paar auf, schwarze, flatternde Krähen, die das Gegenbild zu den Hakenkreuzen abzugeben scheinen. An anderer Stelle findet sich folgende Warnung in der Zeitung: *Dà tempo al tempo / ma non lo dare ai tedeschi.* [Laß der Zeit ihre Zeit, aber gib keine Zeit den Deutschen.]

Als Hitler in der Nacht der langen Messer die Braunhemden auslöschte, war Maccaris sardonischer Kommentar, in München solle man besser Hosen aus Blech tragen: *A Monaco di Baviera/ Mutande di lamiera.* Das Lieblingsziel von Maccaris Karikaturen waren die faschistischen Führer. Ein ganzes Zimmer voller *gerarchi* inspizieren sich gegenseitig, Hand auf der Hüfte, die Nasen hoch – höher – am höchsten. Eine Nase ganz oben, sie kratzt fast am Himmel. Was kann er von dort droben sehen? Und da ist noch einer in einem Bordell, so hübsch anzusehen zwischen all den wabernden Titten und Ärschen. Die polierten Orden, der gekämmte kleine *moustache* – der Mann sieht so unglaublich *ernst* aus zwischen diesem Getrappel zweifelhafter Stöckelschuhe.

Wie ist Maccari damit durchgekommen?

Ein Flügel von Skeptikern in der faschistischen Partei blieb sehr lange antimilitaristisch und zutiefst antideutsch eingestellt, und bis 1943 publizierte Maccari seine hämischen Kommentare. Daß sie überleben durften, fällt um so mehr auf, wenn man Italien mit Deutschland vergleicht, das bereits Mitte der dreißiger Jahre eine verätzte Wüstenei war. In deutschen Städten gibt es Straßen und Plätze, die nach Widerstandskämpfern benannt wurden, nicht weil diese bewundernswerten Menschen so besonders erfolgreich in ihrem Bemühen gewesen wären – das war niemand –, sondern weil es in Deutschland so wenig Widerstand gab.

Maccari überlebte aus drei Gründen. Zum ersten blieb die faschistische Ideologie, so lange es tragbar war, nicht klar definiert, um einen möglichst breiten stillen Konsens zu schaffen. Der Begriff Ideologie ist vielleicht zu eng für das, was eigentlich eine Anhäufung von Haltungen war, die sich um bestimmte Führerfiguren konzentrierten und die wiederum von Mussolini abhängig waren. (Man wundert sich immer wieder über die Anzahl von grundlegend unpolitischen Technokraten, denen es gelang, für das Regime zu arbeiten, wie man auch heute noch überrascht ist, wenn man diese oder jene politische oder wirtschaftliche Einrichtung zu ihren Ursprüngen in der Zeit des Faschismus zurückverfolgen kann.) Zum zweiten war Maccari selbst ein glühender Anhänger von Mussolini und seine Attakken gegen andere hohe Tiere der Faschisten beinhalteten einen stummen Appell an den großen Führer. Und drittens verteidigte Maccari das politische Ideal »Land gegen Stadt, Kleinstadt gegen Großstadt, Individuum gegen Partei«, sogar die Vorstellung eines isolierten Italien, das sich der grandiosen Versuchung einer Politik im Weltmaßstab widersetzt – kurz, er favorisierte eine Menge aus konzentrischen Kreisen und betonte den Wert der kleineren Einheit gegenüber der größeren. Auf seine Art praktizierte Maccari die Politik des unpolitischen Menschen. Genau besehen konnte man kaum jemanden als Bedrohung empfinden, dessen Schlachtruf lautete: »Selbstverwaltung für Poggibonsi.«

Mino Maccari wurde in Siena geboren, wo sein Vater am *Liceo Classico* Lehrer für Latein und Griechisch war. (Wie um das zu betonen, war sein Vorname Latino.) Sein Sohn Mino wurde noch sehr jung Soldat im Ersten Weltkrieg und ging dann zurück nach Siena, wo er Jura studierte. Mit dreiundzwanzig Jahren war er bereits als Rechtsanwalt in Colle Val d'Elsa tätig, einer kleinen Stadt zwischen Siena und Florenz.

Im Jahr 1923 gründete Mino in Poggibonsi mit der Hilfe eines Freundes, der im Weinhandel tätig war, die unregelmäßig erscheinende Zeitschrift *Il Selvaggio*. Das war kurz nach dem Mord an dem Sozialistenführer Giacomo Matteotti, als eine Spaltung der faschistischen Partei drohte in diejenigen, die der Meinung waren, der politische Kampf sollte sich an die parlamentarischen Spielregeln halten, und diejenigen, die nach Macchiavelli das »Schicksal grün und blau schlagen wollten wie eine Frau«.

Diese vergilbten Blätter aus der Bibliothek von Siena hinterließen bei mir den Eindruck, daß *Il Selvaggio* in der ersten Zeit zwei gegensätzliche Botschaften übermittelte. Die erste lautete, daß gute Faschisten in der Partei bleiben und Mussolini jede mögliche Hilfe angedeihen lassen sollten, innerhalb und außerhalb des Parlaments. Die zweite Botschaft richtete sich direkt an

»Schneide ab mit feinen Schnitt / das Ohr, das ›ziemlich viel‹ hört mit.«
»Ziemlich viel« (*parecchio*) könnte Italien erreichen, sagte der Politiker
Giovanni Giolitti im Jahr 1915, wenn es im Ersten Weltkrieg neutral
bliebe. Diese zurückhaltende Aussage verkörperte für die *Intervenzioni-
sti* und für die ihnen nachfolgende faschistische Partei alles, was vorsichtig, bourgeois und provinziell im politischen Leben Italiens war – im
Gegensatz zu mutiger, vorwärtsschauender, internationaler Aktivität,
die die Faschisten sich selbst zurechneten.
Maccaris Linolschnitt entstand lange nach Giolittis Tod, in der Zeit, als
Mussolini in Nordafrika einmarschierte. Das Bild unterstreicht die Konti-
nuität dieser oder einer anderen »Intervention« und zeigt auch, mit
welcher Gewalttätigkeit von Seiten der Faschisten alle zu rechnen hatten,
die versuchten, neutral zu bleiben. Veröffentlicht in *Il Selvaggio* am
15. Dezember 1935.

Dieser Linolschnitt ist ein Angriff auf einen Journalisten namens
Telesio Interlandi, der versuchte, die Rassentheorien der Nazis öffentlich bekannt zu machen, die in Italien im Jahr 1938 eingeführt
wurden.

Junge Autoren, darunter einige Juden, werden gezwungen, ihre
Familienstammbäume vorzulegen, bevor sie in Zeitungen, die Interlandi
kontrolliert, schreiben dürfen. Alle lehnt er mit der Geste des nach unten
gerichteten Daumens ab. Die Abbildung erschien in *Il Selvaggio* vom
15. Oktober 1938.

Diese beiden Illustrationen von Mino Maccari belegen, wie wider-
sprüchlich der faschistische Extremismus sein konnte. Auf der einen Seite
verteidigt Maccari die Invasion in Nordafrika, doch auf der anderen
opponiert er ziemlich freimütig gegen die Einführung von Hitlers Rassen-
gesetzen in Italien.

Mussolini und besagte, welch ein schlimmer und gefährlicher Ort Rom sei und wie er auf sich achten sollte, um nicht korrumpiert zu werden.

Die beiden Herausgeber bezogen sich dabei auf einen Mythos über die rund sechzig Jahre zuvor erfolgte Gründung des Staates Italien. Dieser Theorie zufolge kam alles Gemeine, Hinterhältige, Intrigante und alle Schieberei von Cavour, wohingegen alles Offene und Freizügige, Spontane und Freie auf Garibaldi zurückging. Die politische Welt war wie in Aesops Fabel zwischen Fuchs und Löwe aufgeteilt. Garibaldi war ein »Mann im besten Sinne des Wortes, der gemäß der Inspiration seiner großzügigen Seele handelte, ohne die Zustimmung des italienischen Volkes abzuwarten; ein Italiener, der sich nur nach seinem Gewissen richtete bei allem, was im Namen Italiens geschah«. Die an Mussolini gerichtete Botschaft war klar. Wenn er offen und frei und zum Besten des italienischen Volkes handeln wollte, mußte er vorangehen und die Macht übernehmen.

Eine Art Zorn liegt über den Lebensläufen von fast allen europäischen Künstlern und Schriftstellern, die während oder kurz nach dem Ersten Weltkrieg erwachsen wurden, als läge die Gewalttätigkeit dieser Erfahrung wie Eiter über ihrem weiteren Weg. Sogar Persönlichkeiten wie Brecht (Gegner aus Gewissensgründen) oder Breton (Sanitäter) blieben davon nicht verschont. Mit seinem Spazierstock brach Breton bei der letzten Auseinandersetzung zwischen Dada und Surrealismus Pierre de Massot den Arm – so ganz üblich ist diese Form eines Disputs unter Künstlern nicht gerade.

Maccari kämpfte an der Front und malte bei seiner Rückkehr ein Selbstporträt als *treppista* oder politischer Raufbold, der darauf aus ist, auf Köpfe einzuschlagen und unter seinen fliegenden Fäusten die Knochen splittern zu hören. Ein großer Teil der faschistischen Partei kam anfangs geradewegs von den *Arditi,* den Sondereinheiten des Ersten Weltkriegs, die mehr Mut als Verstand mitbrachten.

Einige von den *Arditi* schlossen sich D'Annunzio bei dessen ungewöhnlichem Kreuzzug an, mit dem er auf eigene Initiative hin Fiume für Italien gewinnen wollte. In seiner Villa *Il Vittoriale* am Gardasee, nicht weit von Salò, wo Mussolini seine letzte Stellung hielt, sind auf einem Foto aus den frühen zwanziger Jahren D'Annunzio und Mussolini bei einem Spaziergang durch einen Park zu sehen. D'Annunzio winkt mit der rechten Hand, hinter ihm her hastet Mussolini mit dem scheinheiligen Gesichtsausdruck eines Jungen, den der Mannschaftskapitän gerade neu aufgenommen hat.

Nicht alle *Arditi* wurden nach ihrer Entlassung Faschisten, und es gab einige bemerkenswerte Kämpfe zwischen Sozialisten und *Arditi,* die dem Parlament angehörten, auf der einen und Faschisten auf der anderen Seite. Doch ein echter Faschist strotzte wie ein *Ardito* derart vor Körperkraft, daß das in jeder seiner Bewegungen zum Ausdruck kam. Mit seinem Brustkasten reckte er sich instinktiv dem Siegerband des Großen Rennens um das Leben entgegen, auch wenn es gar keine Ziellinie gab.

Wenn der Faschismus eine Bewegung sich summierender und einander überlagernder Posen war, so war Maccari der Engel oder Teufel, der darüber Buch führte, bereit, auch dessen innerste Laster darzustellen. Für uns ist es jetzt schwer vorstellbar, daß er zwischen den echten Faschisten, den *Arditi* mit Leib und Seele, und den Opportunisten einen Unterschied machte, die nach dem Marsch auf Rom dazukamen. Die leise Anmutung der Lächerlichkeit, die unsere Wahrnehmung aller faschistischen Führer und ihrer Taten durchzieht, diese Absurdität, die später zur Tragödie wurde, läßt Maccari wesentlich mutiger und grausamer erscheinen als es zu seiner Zeit tatsächlich der Fall war. Er hat nicht alle Faschisten karikiert. Seine Karikaturen zeigen die Mitläufer, die großen Tiere der Verwaltungen, die tatendurstigen Träger von Gala-Uniformen, die ihre Nasen so hoch trugen, um ihr Doppelkinn zu verbergen. In keiner Hinsicht waren diese ausgestopften Schwarzhemden *Arditi*.

Doch auf den Seiten von *Il Selvaggio* wurde es immer enger, da immer mehr Figuren des Lebens in Italien den inneren Überzeugungen von Maccari über den wahren Kulturmenschen nicht gerecht wurden. D'Annunzio war zu frankophil, Benedetto Croce war teutonisch. Maccari hielt Pirandello für einen Scharlatan, dessen Sinn für das Italienische getrübt war von dem, was intelligente Ausländer seiner Meinung nach hören wollten. Aus ganzem Herzen haßte er den Architekten Piacentini, dessen Bauten heutzutage endlich ihre Zeitgebundenheit verlieren und das tiefe Gefühl für Rom und den Barock erkennen lassen; er selbst wird dadurch zu einem der größten Architekten dieses Jahrhunderts.

Mehr als alle anderen jedoch haßte Maccari diejenigen Künstlerkollegen, die von Italien nach Paris gingen, um dort wie Picasso oder Derain zu arbeiten und nach ihrer Rückkehr dann »stillende Mütter, unbekannte Soldaten, nackte Faschisten auf die Wände der Kongreßhallen von Mailand« malten. »Nicht wenn Paris sie uns wegnimmt, sondern wenn es sie uns zurückgibt, beleidigt es uns« war sein Kommentar:

> Non quando li prende
> Ma quando li rende
> Parigi ci offende.

Il Selvaggio hielt sich zwanzig Jahre lang und legte sich gelegentlich mit irgendeinem lokalen Häuptling an, der die Redaktion zum Umzug zwang. Von Poggibonsi nach Florenz, wo Maccari sich am Aufbau einer Kunstgalerie beteiligte, die die damals interessantesten Maler aus ganz Italien und der Toskana zeigte. Von Florenz zurück nach Siena, dann hinauf nach Turin und schließlich nach Rom.

Mit jedem Schritt schien Maccari eine vorher erreichte Position zu verteidigen. In den großen städtischen Zentren lobte er die Tugenden des Landlebens. Er pries das Freie, Unschuldige und Bukolische gegenüber dem Festgelegten, Urbanen und Gekünstelten. Das gesamte Konzept der Modernität war seiner Meinung nach »unecht, international, äußerlich – eine manipulierte Mischung, heraufbeschworen von jüdischen Bankiers, Homosexuellen, den Haifischen des Krieges, den Bordellbesitzern – die, wenn es ohne Murren abginge, die inneren Werte unserer Rasse korrumpieren und vergiften würde«. (Wenn sich diese Auflistung von Angstvorstellungen schlimm anhört, so muß man dazu sagen, daß diese Haltung von einer großen Gruppe Intellektueller geteilt wurde, nicht nur von denen, die man gemeinhin als Faschisten bezeichnet.) Und da er fühlte, daß er eine unmögliche Attacke aus den hinteren Reihen gegen die Unvermeidbarkeit von Veränderungen und Fortschritt führte, schrieb er: »Wir stellen uns dem modernen Leben nicht entgegen, doch wir wollen es beherrschen, lenken, uns selbst in unserer eigenen italienischen Lebensart wiederfinden – authentisch, mit den Erfahrungen von Jahrhunderten, im Vertrauen auf das Blut und unsere ungezähmte [*selvaggio*] Rasse.«

Mit seinem Freund Leo Longanesi verdichtete Maccari eine Vision der absoluten Essenz des Landes, *strapaese*, im Gegensatz zur absoluten Essenz der Stadt, *stracittà*. In der magischen Landschaft von *strapaese* konnte der Bauer neben dem Aristokraten sitzen, der Gelehrte und der Analphabet konnten einander im Gespräch verstehen. Der gesamte Archipel weltlicher Versuchungen wäre in der inneren Landschaft des Guten Glaubens ausgeschlossen. Die »Insel der Genußsucht«, das »Eden der Vergnügungen« würde man umgehen. Schließlich wurde Maccaris Weltsicht so beschränkt und extrem, daß Longanesi die Gegenposition bezog: das Land war zwar der rechte Ort, um die spirituellen Batterien wieder aufzuladen, doch die echte Herausforderung für die Zukunft lag in den Städten.

Durch die Vision des Landlebens wurden Maccaris Linolschnitte zurückhaltender und feiner ausgearbeitet. Zwischen den Schornsteinen und Straßen, die sich wie Drähte krümmen, wird die formale Schönheit wichtiger als die Botschaft. Sogar das schüchterne Mädchen vom Lande, das sich danach sehnt, »interessanter« zu werden – im Italienischen ein Wortspiel mit »schwanger werden« –, hat einen Charme im formalen Ausdruck, der sie außerhalb des polemischen Kontextes stellt.

Der Faschismus begann seine ideologische Ungefaßtheit gegen Ende der dreißiger Jahre zu verlieren, als Mussolini in den Bannkreis von Deutschland geriet. Der Wendepunkt fand 1938 mit der Einführung der Rassengesetze statt. *Il Selvaggio* war eine der wenigen Stimmen, die sich öffentlich gegen diese Gesetze erhoben und verwirrte einige faschistische Führer, ohne jedoch tatsächlich eine Revolte anzuzetteln. »Anstatt Talente zu prüfen, prüfen sie frühere rassische Ereignisse. Wir sind für den Schmelztiegel, sie sind für das Reinrassige. Wir sind für die Künste und die Realität, sie sind für Ideologie. Der Rest ist bekannt. *Strapaese* ist gefallen, der Rassismus blüht.«

Diese Aussage zeigt sicherlich einen Zuwachs an Humanität an, wenn man sie mit den bereits zitierten Passagen über den Modernismus vergleicht, der eine Verschwörung der Juden und Homosexuellen sei. Doch ein roter Faden zieht sich durch beide Positionen. Das Kernstück von Maccaris Vision ist sein dauerndes Bedürfnis, die Position des Individuums gegen die Gruppe, die Allgemeinheit zu verteidigen, Gruppenaktivitäten schränken uns alle ein:

La mania di fare il gruppe
Ci ritarda ogni sviluppo.

Als Mussolini im Jahr 1935 ein Ministerium für Volkskultur einrichtete (das sofort in »Minculpop« umgetauft wird), protestierte Maccari gegen dessen Einmischung »in jeden Winkel unserer Gesellschaft« und stellte nachdrücklich fest, daß »Politik aus Kultur entsteht, nicht umgekehrt«. Faschismus degenerierte zur »Kultur der großen Hurras!« In dieser leidenschaftlichen Verteidigung individuellen Handelns war Maccaris Ideologie immer eher anarchistisch als faschistisch.

Ab 1938 erschien *Il Selvaggio* unter zunehmenden Schwierigkeiten, obwohl das Blatt bis 1943 überlebte. Nachdem es eingestellt worden war, zeigte Maccari die wohl ungewöhnlichste Ausstellung seines Lebens: eine Porträtserie von Mussolini.

Ich kann mir nicht vorstellen, daß man sich darum sehr gerissen hat. Die Alliierten waren nicht mehr weit, und er veranstaltete diese Ausstellung in einem abseits gelegenen Haus bei Cinquale an der ligurischen Küste. Doch es kamen tatsächlich Besucher. Ein Kritiker schildert, wie Maccari auf dem Gras vor dem Haus auf und ab ging, weil ihn eine unerträgliche Ruhelosigkeit befallen hatte. Für welches Ideal, für welche Öffentlichkeit war 1943 eine Ausstellung mit Mussolini-Porträts gedacht?

Da ist der große Führer an seinem Schreibtisch, seine Pranken liegen auf einem hohen Stapel Papier. Geschwellte Brust, majestätischer Gesichtsausdruck – in einer solchen Haltung kann er aller Wahrscheinlichkeit nach nicht lesen. Die heroische Unterzeile lautet: »Muß ich lesen?« Mussolini mit dem König, einer ausgemergelten Puppe. Und als logische Folge: der König als listiger Affe, Mussolini als großer, blinder Bär an der Leine.

Am eigenartigsten: Mussolini am Meer, mit kahlem, pockennarbigem Kopf als Rückansicht, grobes, schwarzes Haar bedeckt seine Schultern. Dieses Haar hat etwas Anrührendes. Ich habe es lange angesehen, als mir dieses Blatt unterkam. Bestimmt hat der Künstler diesen Mann geliebt, wenn er ein derart intimes und leicht abstoßendes Detail wahrgenommen hat? Stolz überblickt der Duce die See, halb nackt, auf schwächlichen Beinen, und wir können, ohne daß er unserer Aufmerksamkeit gewahr wäre, erkennen, daß seine Physis etwas Affenartiges hat.

Maccari überstand den Krieg, lebte sogar recht lang und glücklich und hatte viel zu tun. In vielen Bildern stellte er immer wieder Faschisten und Huren dar, Offizielle und brutale Unterdrücker. Mussolini mit Claretta und dem König. Der Duce zwischen riesigen Weibern verloren in einem Bordell. Der Duce, der Claretta an einem Faden führt. Der Duce geht allein im Stechschritt, oder ist allein in einer Menge von *gerarchi*, denen nach und nach Federn wachsen.

In vieler Hinsicht erlebte Mussolini bei Maccari eine Art humaner Apotheose. Anders als andere Monster dieses Jahrhunderts erhielt er eine Ausstrahlung ähnlich der der antiken Helden. Wirkt so eine Äußerung schrecklich? Andererseits: wer *mag* denn eigentlich Ödipus oder Achilles oder Agamemnon? Man kann mit Hektor empfinden, mit Priamus, oder mit denen, die auf herrliche Art verloren, denn zu verlieren scheint uns heutzutage menschlicher zu sein als mit dem Schwert zu gewinnen. Doch die Helden sind in einem hermetischen Kreislauf der Gewalt gefangen, der Vertrautheit ausschließt.

Mussolinis Leben war Ausdruck des klassischen Bogens aus Hybris und Nemesis: Arroganz, das Schicksal, das daran vorbeigeht und schließlich der unvermeidliche Sturz. Gegen Ende seines Lebens schien sich sogar Mussolini dessen bewußt zu werden. Als er aus dem Gran Sasso gerettet und nach Deutschland gebracht wurde, schlug ihm Adolf auf den Rücken (angeblich), sagte, er solle es nicht so schwer nehmen, drückte ihm ein Mikrophon in die Hand und ließ ihn eine Rede an die italienische Nation halten – das würde ihm guttun. Mussolini antwortete: »Was hat ein toter Mann einer Nation von Leichen zu sagen?« Unmöglich, angesichts einer solchen Erwiderung nicht einen Schauer aus Schrecken und Vorahnung zu verspüren! Dies ist die Stimme von Achilles bei den brennenden Schiffen, Richard II., als er in ekstatischem Selbstmitleid zu Boden sinkt. Verhält sich so ein *Ardito,* der begriffen hat, daß das Spiel verloren ist? Schau in den Spiegel und frage, ob dich jemand liebt. Supermanns Schrei voller Todesahnung wird zum Jammern des verlassenen Kindes, zum wirren Durcheinander eines tierhaften Egos, das zwischen seinem eigenen Untergang und dem der ganzen Welt nicht unterscheiden kann.

Neben seinem Talent hatte Maccari viele Eigenschaften, die ihn anziehend machten: er war freundlich zu Kellnern in den Bars und zu Telegraphenjungen in der Redaktion der Zeitung, bewies seinen Kollegen gegenüber Offenheit und Höflichkeit. Bei seinen eigenen Ausstellungen zeigte er sich generös, verteilte schnell hingeworfene Zeichnungen freigebig nach allen Seiten. Über seine große Produktivität sagte er: »Das ist so etwas wie eine chronische Krankheit. Aber nicht ansteckend.« Er haßte Kritiker, deren einzige Aufgabe seiner Meinung nach darin bestand, den überflüssigerweise bereits formulierten Sätzen als Beschreibungen von Bildern verborgene Definitionen hinzuzufügen.

Noch lang nach dem Krieg zeichnete er gelegentlich Vignetten für Zeitungen, und sie waren immer noch vernichtend. Sein Haß auf die wiedergegründete faschistische Partei und ihr Programm der »moralischen Wiederbewaffnung« von 1960 war typisch: er steckte sie alle in das schnittige Auto, das sein privates Symbol für moralische Verworfenheit war. Und als die argentinischen Generäle Ende der sechziger Jahre die Macht übernahmen, zeigte er sie, wie sie allesamt wie Schlangen um den Königsthron herumschlitterten und -züngelten.

Wenn man diese Vignetten sieht, würde man als Urheber einen Mann der politischen Linken vermuten, doch Maccaris Position hatte sich nicht grundlegend geändert, nach wie vor war er ein extremer Individualist irgendwo rechts bei der extremen Rechten. Vielleicht ist diese Position zu idiosynkratisch, um überhaupt als politische bezeichnet zu werden.

Vieles aus Maccaris Welt existiert heute noch, wenn man weiß, wo man danach suchen muß.

Die *Arditi* haben in der obszönen Version eines Volkslieds von 1936 überlebt, das »Die vierundvierzig *Arditi*« heißt – mutige Patrioten, die nach Afrika zogen, um den Wilden die Zivilisation zu bringen, doch durch eine Reihe seltsamer Veränderungen an ihren Sexualorganen von diesem Tun abgehalten wurden. Das Erlernen der Strophen dieses etwas unangenehmen Liedes gehört zu den grundlegenden Pubertätsriten in jeder italienischen Schule, und bei allen Schulausflügen, die zwischen März und Mai die Zentren der Großstädte verstopfen, ist sicher jemand dabei, der es vor sich hinsummt.

Gehen Sie zu einem beliebigen Zeitungshändler in der Toskana und fragen Sie nach etwas, das *Sesto Caio Baccelli* heißt: ein billiger Bauernalmanach mit Marktkalendern und Mondphasen. Unter den genauen Tips für die richtige Pflanzzeit der Zwiebeln, damit diese nicht vorzeitig austreiben, finden sich Beispiele für die kurzen, gereimten und zutiefst toskanischen Aphorismen, die Maccari seinen Wünschen entsprechend abgewandelt hat. In meinen Notizen fällt mir beim Durchblättern einer von seinen Sprüchen auf, der besser als alle anderen seine politischen Ansichten zusammenfaßt: »*Giovannotto / scegli un motto / E fatti sotto.*« [Junger Mann / schaff dir ein Motto an / und halt dich dran.] Kein ganz schlechter Rat.

Dann gehen Sie zum Zeitungsstand an der Ecke und erwerben ein Exemplar von *La Repubblica*. Auf der ersten Seite gibt es normalerweise eine Karikatur von Forattini, der in vieler Hinsicht der unerkannte Erbe von Maccari ist. Forattini verpaßt heutigen politischen Parteien alte Rollenbilder. Seiner Ansicht nach wird Politik in Italien durch private Arrangements zwischen scheinbaren Gegnern gemacht, die in Wirklichkeit jedoch alle Freuden miteinander teilen. Darin ist er Maccari sehr nahe. »Il Palazzo« – der Regierungspalast – ist das eine zentrale Gebäude, obwohl es sehr viele Bewohner hat. Craxi, den Führer der Sozialisten, kleidet Forattini oft in Reiterstiefel und Schwarzhemd. Die Christdemokraten bekommen Messer und Gabel, da sie immer hungrig sind.

Die herausgehobene Stellung, die *Il Selvaggio* damals Cavour zuwies, nimmt in Forattinis Kosmologie Giulio Andreotti ein. Es kann wahr sein oder auch nicht, daß dieser Mann die verborgene Quelle aller Finten und Intrigen in der italienischen Politik ist – von Zeit zu Zeit scheint er die Integrität einiger ziemlich sonderbarer Freunde zu verteidigen. Doch wenn man in der Bar oder in der Bank fragt, ob Andreotti mit diesem oder jenem Skandal zu tun hatte, wird der Mann am Tresen sagen: »Nein. Oh, nein. Sie machen wohl Witze. – Jedenfalls nicht direkt.«

Als Andreotti kürzlich gefragt wurde, ob ihm irgendetwas in seinem Leben leid tue, sagte er: »Ja, es wäre gut gewesen, wenn mich meine Mutter als Kind ermahnt hätte, immer gerade zu sitzen.« In der Tat wirkt der Minister ein wenig geschrumpft, physisch. »Aber dann«, fügte er hinzu, »wurde mein Aussehen zum Glücksfall für Forattini, und wer bin ich, einen Mann der Mittel zu berauben, mit denen er auf ehrliche Weise seinen Lebensunterhalt verdient?«

Wenn es Maccaris Ziel war, daß in Italien die Löwen den Sieg über die Füchse davontragen sollten, dann hat er zweifellos verloren, und die Füchse haben gewonnen. Alles in allem ist das der bessere Weg. Zudem hat diese ruhige, intelligente Bemerkung, die den Zorn beiseite schiebt, in ihrer Bescheidenheit etwas sehr Anziehendes. Der Sieger kann sich die wunderbare christliche Tugend des Vergebens leisten – auch wenn nie klar wird, wem und weshalb er vergeben hat.

Pitigliano

Pitigliano liegt auf einem vorspringenden Felsen zwischen zwei Flüssen, die sich tief in das weiche Gestein zu beiden Seiten eingegraben haben. Die Fundamente, auf denen sich die Stadt erhebt, stammen noch von den Etruskern, die parallel verlaufende Flüsse als heilig verehrten. Ihre Gräber, meistens einfache Kammern, wurden in die Felswände gehauen, und Archäologen entdecken ständig neue.

Im späten Mittelalter flohen jüdische Familien aus den Ländern, die dem Papst unterstanden, in den Norden nach Pitigliano, an den Südrand der Toskana. Die Barone des Ortes gewährten ihnen zahlreiche Privilegien, die von den Medici und schließlich von den lothringischen Großherzögen bestätigt wurden. Die 1598 gegründete Synagoge von Pitigliano ist eine der ältesten noch erhaltenen Synagogen Italiens.

Ich fuhr in den Ort, um eine brutale Geschichte zu überprüfen.

Bei unserem früheren Besuch vor fünf Jahren, einem Familienausflug, kamen wir spät an und verbrachten den halben Tag mit der Besichtigung der alten etruskischen Straße bis hinunter in den Talboden, und so vieler Gräber, wie wir nur finden konnten. Schließlich zogen wir wieder in Pitigliano herum und suchten verzweifelt eine Gelegenheit zum Essen. Nur mit Mühe konnte ich die Besitzerin einer Trattoria dazu überreden, uns schnell etwas Pasta und Salat zuzubereiten.

Nebenbei fragte ich die Eigentümerin dieses kleinen Restaurants, wie es denn käme, daß so viele zerfallende Häuser anscheinend zu verkaufen waren, mit deutschsprachigen Hinweisschildern, auf denen Telefonnummern aus Stuttgart und Berlin angegeben wurden. Ich konnte mir die Besitzer vorstellen: alternativ und theatralisch, ein wenig wie wir.

»Ah, *signore*«, sagte sie, »hier wurden so viele Häuser verkauft, nachdem man die Juden weggebracht hatte.«

Schockiertes Schweigen.

»So tragisch«, sagte sie. »Ein Unglück, eine Schande für uns alle. In Pitigliano gab es so viele Juden. So viele! Und im Krieg haben sie sie alle abgeholt.«

So etwas ähnliches wie Zufriedenheit schien sie zu empfinden, fächelte sich mit einer Speisekarte zu und wartete darauf, ins Detail gehen zu können.

»Ich habe nichts gegen die Deutschen«, sagte sie, »das sind alles sehr gute und großzügige Menschen, besonders die jungen. Eine schreckliche Sache – aber vielleicht war es nicht ihre Schuld.«

Plötzlich mißfiel mir diese Überbringerin schlechter Nachrichten. Aufgebracht erhob ich mich, zahlte und ging, was natürlich beleidigend war, da die Frau nur uns zu Gefallen noch einmal zu kochen begonnen hatte.

Oberflächlich fragte ich in der Bar des Ortes nach dieser Geschichte, während ich darauf wartete, daß mein Weibervolk mich einholte. Es stimmte, daß viele der leerstehenden Häuser damals von Deutschen gekauft worden waren – diese Brüder in der Gemeinschaft europäischer Länder, mit denen ich mich vor einer Stunde identifiziert hatte. »Aber, *signore,* jetzt müssen sie verkaufen, weil der Felsen, auf dem Pitigliano erbaut ist, im Inneren zerbricht. Wenn wir keine Hilfe bekommen, werden in fünf oder zehn Jahren die Außenmauern ins Tal stürzen, und die meisten Häuser in diesem äußeren Ring gehören den *stranieri*.«

»Na«, sagte ich und nippte an meinem Kaffee, »da haben sie aber richtig Pech!«

Rache durch bröckelndes Mauerwerk. Hmm. Wir fuhren ungefähr eine Stunde später wieder ab, doch die Geschichte blieb wie ein Juckreiz in meinem Gedächtnis haften. Insgesamt paßte mir alles zu gut zusammen, vor allem meine eigenen launischen Reaktionen. Von Zeit zu Zeit fragte ich, ob überhaupt etwas Wahres daran war. Die Antworten hingen von den Umständen ab, fielen jedoch deutlich aus. Dies war einer der wenigen Orte in Italien, wo es den Deutschen gelungen war, eine ganze Gemeinde zu zerstören. Gott weiß, wie viele verschwunden waren.

Daher fuhr ich an diesem frischen Tag zu Frühlingsanfang wieder nach Pitigliano, um mit einem Mann zu sprechen, den ich als einen der wenigen Überlebenden ansah: Signor Umberto Calò, Besitzer eines kleinen Kurzwarenladens am Hauptplatz, gegenüber einem Geschäft für Haushaltswaren.

Ich kam absichtlich sehr früh, da ich den Zustand der Synagoge sehen wollte, die der desinteressierte Gemeinderat angeblich völlig aufgegeben hatte.

Ich erkannte die kleine Stadt kaum wieder, sie wirkte viel fröhlicher als bei meinem letzten Besuch. Nirgendwo hing Wäsche in den engen Straßen. Gutgekleidete Kinder zankten sich in der Bar um Süßigkeiten. Als sie gegangen waren, lud ich einen alten Mann auf einen Kaffee ein und hörte mir seine Erinnerungen an seinen Aufenthalt in Deutschland an, als er dort für die Amerikaner arbeitete. Er zog ein dickes Mäppchen mit Fotos aus seiner Tasche und ich bewunderte ihn als jungen Mann im Norden, der neben seinem Panzer im Schnee stand, und seine verblaßte Kennkarte mit dem blau aufgedruckten amerikanischen Wappenadler.

Ich wollte unbedingt einige Fragen stellen, doch am Ende erzählte ich ihm nur voller Bewunderung, wieviel hübscher und freundlicher die Stadt im Gegensatz zu meinem letzten Aufenthalt wirkte. Dann ging ich und fragte mich zu der Synagoge durch. Vicolo Manin, Nummer 13.

Die Häuser sahen dort nicht anders aus als sonst in der Stadt, sie wirkten vielleicht ein wenig ruhiger. Die Hausnummer der Synagoge hatte man – vielleicht erst vor kurzem – in das barocke Portal einbetoniert. Gußeiserne Gitter trennten die kleine Allee, die als Sackgasse endete, von der oberen Straße ab, und

verschlafene Katzen genoßen die Sonne dieses frühen Nachmittags.

Das Bauwerk lag am Rand der Stadt, doch ich freute mich
darüber, daß frische Gerüste und Bretter dort lagen und auf
eine geplante Restaurierung hinwiesen. Eine Mauer direkt
am Rand der steilen Klippe, auf der die Stadt stand, begrenzte
auf der linken Seite eine winzige *piazzetta*. Dohlen flitzten
zankend über den Himmel. Auf der anderen Seite der Senke
zogen sich kleine, von Hand angelegte Küchengärten den Hang
hinauf.

In dem Gebäude fand ich in einem sauberen und frisch
verputzten Raum Unmengen Taubenfedern. Ich schloß daraus,
daß die Restaurierung zur Hälfte durchgeführt und jetzt eine
Denkpause eingetreten war. Die Proportionen stimmten und
waren ausgewogen, das Licht war gut. Vier Tafeln hatte man auf
die Wände gemalt, die am besten lesbare erinnerte an den
Besuch Seiner Königlichen Hoheit Pietro Leopoldo *nel 13 di
Marzo 5533,* mit einem Zitat aus Jesaiah, 33, in Lateinisch und
Hebräisch.

Ungefähr eine Stunde lang sah ich mir alles in Ruhe an und
freute mich über den angenehmen Eindruck, den Pitigliano
dieses Mal auf mich machte. Es schien viel gebaut zu werden,
vielleicht hatte es Zuschüsse von der Europäischen Gemeinschaft gegeben. Ich konnte keinerlei Hinweise in deutscher
Sprache sehen.

Signor Calò erwartete mich, ich mußte nicht einmal bis Punkt
halb vier Uhr warten. In dem Moment, als ich seinen Laden
betrat, sagte er mir, daß er ein Dokument für mich vorbereitet
hätte und schob mit kräftigen Fingern sieben Blätter zu einem
hübschen Rechteck. Die Geschichte der jüdischen Gemeinde
von Pitigliano, so weit er sie zusammenstellen konnte.

Ich blieb ungefähr zwanzig Minuten sitzen, während Kunden
kamen und gingen und Kleinigkeiten kauften, die sie zum
Nähen brauchten. Auch ein junges Paar war darunter, das Mäd-

chen arbeitete an einer Petit-Point-Stickerei, einem Bild mit zwei jungen Liebenden aus dem achtzehnten Jahrhundert und einem griechischen Tempel im Hintergrund. Sie brauchte schwarzes und gelbes Garn. Während sie die Farben aussuchte, unterdrückte ihr massiv gebauter Freund ein Gähnen.

Ich nahm Stift und Papier und notierte die Fakten, die mich besonders interessierten.

Am besten ging es den Juden laut der Untersuchungen von Signor Calò in der Mitte des siebzehnten Jahrhunderts, als sie bei einer Gesamtbevölkerung von dreitausend Menschen fünfhundert Gemeindemitglieder zählten. Zur Zeit der Vereinigung Italiens waren sie nur noch halb so viele. Einen weiteren Einbruch gab es nach dem Ersten Weltkrieg und als 1938 Mussolinis Rassengesetze eingeführt wurden, war die Gemeinde auf fünfzig Menschen geschrumpft. Die Gründe für diesen Niedergang lagen in den nach und nach geringer werdenden Schwierigkeiten für Juden in den großen Städten nach der Einigung Italiens, und in der stagnierenden wirtschaftlichen Entwicklung von Pitigliano. Die Eltern schickten ihre Kinder lieber nach Acquapendente oder Grosseto oder Latera in die Schule und später fanden sie dort Arbeit und blieben.

Wenn keine Kunden im Laden waren, unterhielten wir uns. Er selbst kam nicht aus Pitigliano, erzählte er. Daß er hier lebte, war reiner Zufall, denn er war mit einem Mädchen aus dem Ort zusammen gewesen und als Italien im Zweiten Weltkrieg kapitulierte, erhielt er aus Florenz ein Telegramm von seinen Eltern, die ihm mitteilten, er sollte nicht mehr zurückkommen.

Wir sprachen eine Weile über die Synagoge, ihr Dach, die notwendigen Reparaturen, die Stellung der *Comune* dazu und die Haltung der *Belle Arti*. Es dauerte, bis ich das Thema der Verfolgung der jüdischen Bevölkerung von Pitigliano während des Krieges anschneiden konnte.

Signore Calò schien mir kein verbitterter Mensch zu sein und die Fakten, die er mitteilen konnte, kamen nur verhalten. Deutliche Warnungen gab es schon vor 1938 und sogar noch danach. Einigen von den fünfzig, die 1938 noch in der Stadt waren, ungefähr der Hälfte, gelang bis 1943 die Flucht. Als sich die Situation immer mehr zuspitzte, konnten sich manche von denen, die dann noch hier lebten, bei Bauern aus der Gegend verstecken. Sogar in der Stadt, in den unzähligen etruskischen Gräbern in dem Felsen von Pitigliano, verkrochen sich einige. Selbst diejenigen, die gefaßt wurden, hatten in gewisser Weise Glück. Sie mußten lange Zeit in einem Lager bei Grosseto bleiben, und wurden mit großen Abständen in alphabetischer Reihenfolge nach Deutschland geschickt. Für die Familie Calò war das ein Desaster, aber die Familie Servi überlebte. Zumindest dieser Zweig...

»Wenn Sie über Vernichtung sprechen«, sagte er, »dann geht das meiner Meinung nach am Kern der Sache vorbei. Viele von denen, die verfolgt wurden, wurden schließlich auch gefaßt und getötet. Das war natürlich sehr schlimm. Aber vergessen Sie nicht, daß auch die Einwohner von Pitigliano im Krieg zu leiden hatten. Viele kamen in einem Bombardement der Alliierten um, als die Front hier durchzog. In physischer Hinsicht war das die größere Tragödie. Nein, das eigentliche Unglück war nicht physisch. Das eigentliche Unglück lag in der Zerstörung der Beziehungen zwischen den Einwohnern von Pitigliano und der jüdischen Gemeinde in den fünf Jahren nach der Verabschiedung der Rassengesetze.

Ich stamme aus Florenz und dort konnte man die meisten dieser Vorschriften umgehen. Man konnte ins Café gehen, ins Kino, und es war unwahrscheinlich, daß irgend jemand das gemeldet hätte. Hier war das anders. In Pitigliano gab es einen *podestà* der Faschisten, der sich wirklich darum kümmerte, daß die Rassengesetze genau befolgt wurden. Man konnte sie einfach nicht ignorieren. Und nach einiger Zeit hatten sich die Leute von Pitigliano verändert.«

Eine alte Dame kam herein und suchte nach Ersatz für einen

Knopf, den sie verloren hatte. Der Laden war klein, voller Kästen und Schachteln und Schubladen, Gummibänder hielten Blechdosen zusammen.

Nachdem sie wieder gegangen war, sagte ich: »Mir scheint, daß Pitigliano durch seine abgelegene Lage zwar im fünfzehnten Jahrhundert eine sichere Zufluchtsstätte war, in unserer Zeit jedoch genau deswegen viel verwundbarer wurde. Wenn es schon einem einzelnen Mann gelungen ist... Ich nehme an, daß er sich durch seinen offen gezeigten Enthusiasmus bei denen in Rom beliebt machen wollte.«

Signore Calò hatte zu dieser Überlegung anscheinend keine Meinung.

»Wissen Sie«, sagte er, »in gewisser Hinsicht wären die Eigenschaften, die die Juden hier in Pitigliano auszeichneten, durch die sie so anders wirkten, ohnehin verschwunden. Es gibt leider kaum mehr Dokumente, aus denen man mehr erfahren könnte. Ich habe trotzdem versucht, mir möglichst genau auszumalen, wie ihr Leben ausgesehen haben mag. Tagsüber gab es wohl nichts, was irgendeinen jüdischen Bürger von irgendeinem anderen Bewohner von Pitigliano unterschieden hätte. Erst später, nachdem die Geschäfte geschlossen hatten, lebten sie ihr Leben anders als die anderen. Sie trafen sich regelmäßig in der Schule – ich meine, in der Talmud-Schule –, saßen dort stundenlang beieinander und sprachen über die Thora, diskutierten dies und jenes. Das taten sie wirklich gern. Schrieben Briefe an andere Gemeinden und fragten, was man dort zu dem einen oder anderen Problem dachte...

Als ich einmal in Jerusalem war, fragte mich ein alter Rabbi, woher ich denn käme. Als ich es ihm sagte, bat er mich in sein Haus und zeigte mir seinen ganzen Schriftwechsel mit dem Rabbi von Pitigliano. Er erzählte mir, wie lebendig und interessiert die Gemeinde dort sei. Das war eben«, sagte Signore Calò, »eine Einstellung, die vermutlich in jedem Fall verschwunden wäre. Auch ohne Krieg und Verfolgungen. Die Gemeinde wurde kleiner, zerstreute sich. Wer von ihnen würde denn heute noch Zeit finden, noch dazu in den großen Städten, in die die meisten gezogen sind, in dieser Art zu leben? Daher war es vielleicht nicht aufzuhalten…«

Um eine Traurigkeit aufzufangen, die sich in ihm aufzubauen schien, sagte ich, wie schade es wäre, daß nicht irgendein Patriot den widerlichen *gerarca* mit einem gezielten Schuß aus dem Hinterhalt erledigt hatte. Langsam begann er zu lächeln. »Ach«, sagte er, »das ist so eine lange Geschichte.«

Ich bat ihn, sie zu erzählen.

»Wie ich bereits erwähnt habe, war ich nach dem 8. September [d. h. als Italien 1943 die Allianz mit Deutschland verließ und kapitulierte] hier in Pitigliano, und mein Vater schickte mir telegrafisch etwas Geld und teilte mir mit, daß ich nicht mehr nach Florenz zurückkommen sollte. Was konnte ich machen? Ich hörte mich auf der Piazza um und man erzählte sich, daß sich in den Wäldern über Manciano eine Truppe von zehntausend loyalen, gut ausgerüsteten und kampfbereiten Partisanen aufhielt. Ich stieg also in den Bus, fuhr nach Manciano und fragte, ob ich mich ihnen anschließen könnte.

Damals war ich sehr jung, doch sogar ich hatte den Eindruck, daß sie nur unter erheblichen Schwierigkeiten überhaupt irgendetwas zustande brachten. Die ganze Zeit diskutierten sie. Kurz darauf bekamen wir einen Tip, daß die Faschisten mit einer Menge deutscher Soldaten anrückten, daher erhielten wir den Befehl, woanders hinzugehen. ›Warum können wir nicht mit ihnen kämpfen?‹ fragte ich. ›Wir sind zehntausend und haben Waffen von den Alliierten.‹ Wissen Sie, wie viele wir wirklich waren? Achtundzwanzig! Und wie viele Gewehre hatten wir? Sieben, und jedes mit einer anderen Munition.

Zwei aus der Gruppe waren Russen – aber das ist eine andere Geschichte. Sie waren mit einer der wenigen italienischen Divisionen gekommen, die es von der russischen Front wieder zurück nach Hause geschafft hatten. Diese Soldaten waren zufällig in Manciano, als der Waffenstillstand geschlossen wurde. Daher schlugen sie sich dann in die Wälder, und die zwei Russen sind gleich mit. Schreckliche Kerle! Immer betrunken. Wir mußten die Russen überallhin begleiten, weil es viel zu gefährlich war, sie sich selbst zu überlassen.

Immer mal wieder haben wir versucht, die Brücke im Tal unterhalb von Pitigliano zu zerstören. Das wäre militärisch ganz gut gewesen und umgekommen wäre dabei auch niemand. Daher haben wir uns aus den Steinbrüchen Dynamit geholt und probiert, das Ding in die Luft zu jagen. Aber keiner von uns konnte mit dem Zeug richtig umgehen und daher ging jedesmal irgendetwas schief. Schließlich hatten wir keinen Sprengstoff mehr und die Alliierten mußten die Brücke bombardieren. Bei diesem Angriff hat so ein Idiot von den Faschisten mit einer Maschinenpistole auf die Flugzeuge geschossen, und eines ist dann umgedreht, kam zurück und hat eine ganze Bombenladung auf Pitigliano abgeworfen. Viele Menschen kamen dabei um…«

Signore Calò seufzte.

»Schließlich entschieden wir, daß wir diesen Chef der Faschisten von Pitigliano umbringen wollten. Ein symbolischer Angriff.«

»Wußten Sie«, fragte ich, »daß er hinter den Verfolgungen steckte?«

»An so etwas habe ich damals nicht gedacht. Ich glaube nicht, daß das etwas geändert hätte, jedenfalls nicht für mich. Es gibt überall gute und schlechte Leute, und man muß nicht unbedingt herumlaufen und die schlechten zusammenschießen. Vielleicht sind wir alle sowohl gut wie auch böse. Wie auch immer – wir beschlossen diese Aktion und eines Abends, als wir wußten, daß ein großes Treffen angesetzt war, schlichen wir uns nach Pitigliano – es war Ausgangssperre und die Stadt war dicht – und griffen die *casa del fascio* an. Bloß war dort niemand! Das Treffen war abgesagt worden! In dem Moment wäre es ganz angebracht gewesen, sich wieder zu verziehen, nicht wahr? Also, was geschah? Einer der Russen nahm seine Maschinenpistole und schoß auf das Mussolini-Porträt, das an der Wand hing. Da kam vom anderen Ortsende ein Faschist, der Alarm schlug: ›Zu den Waffen! Zu den Waffen!‹ Auf den haben wir auch geschossen. Naja,« sagte er entschuldigend, »wir waren zu siebt, irgendeiner hat da schon getroffen.

Etwas später hat dieser Russe versucht, die Tochter von einem der Bauern zu vergewaltigen, die uns schützten, also wurde er an die Wand gestellt und das war's dann.«

Jetzt war Signore Calò etwas besser aufgelegt und widmete sich einem neuen Kunden. Dann lud er mich in die Bar ein. Was brachte es denn schon, einen so bescheidenen Laden zu haben wie er, fragte er mich, während er zusperrte, wenn man nicht zwischendurch auf einen Kaffee in die Bar an der Ecke gehen konnte? Die verloren Knöpfe konnten ruhig mal ein wenig warten.

»Wenn man bedenkt, daß sie jeden von uns nach dem Krieg belobigt haben«, sagte er, »wegen unseres großartigen Heroismus.«

Signore Calò lächelte. Ich freute mich, daß sich seine düstere Stimmung verflüchtigt hatte. Er besorgte mir etwas zu trinken, bestellte ein Eis, bestand darauf zu bezahlen. Es wäre seine Stadt, sagte er, ich war sein Gast.

»Zum Faschismus kann man gar nicht so viel sagen«, meinte er so beruhigend, als ob ich derjenige mit den Alpträumen wäre. »Das war nur eine Gruppe armer Kerle, die mit Stöcken herumgelaufen sind und andere Gruppen armer Kerle verprügelt haben. Das ist inzwischen lange her. Und wenn solch eine Zeit vorüber ist – wer will dann noch Fragen stellen?«

Damit rührte er sehr zaghaft an eine meiner tiefsten Überzeugungen – daß in extremen Situationen nur der Zufall die Rolle des Folterers und die des Opfers zuteilt. Doch darüber konnte ich gerade mit ihm nicht sprechen. Er schien tatsächlich seinen

Seelenfrieden gefunden zu haben und ich wollte ihn darin nicht stören.

Langsam füllte sich die Bar, der Abend brach an, die jungen Leute waren gut gekleidet und voller Neugier. Wir unterhielten uns über das Leben in den Wäldern. Und über die Wälder kamen wir auf die Banditen, von denen es in der Maremma so viele gab, der letzte wurde so rund um 1926 erschossen.

»Man dachte immer, daß sie die Reichen ausrauben und alles den Armen geben«, sagte Signore Calò freundlich, »doch so weit ich das feststellen kann, waren sie nur Räuber.«

Die Etrusker

Die Etrusker hielten die Welt für die nichtstoffliche Spiegelung eines im Himmel stattfindenden Dramas. Gespannt sahen sie zum Himmel und warteten auf die Offenbarung geheimer Zeichen im Flug der Vögel oder in den vom Wind bewegten Bäumen, oder sie betrachteten einfach den perlmuttfarbenen Wolkenbauch, in jenem Augenblick, wenn das Jahr noch jung ist, in dem dort oben so viel vor sich zu gehen schien, verglichen mit den ausgedehnten Wäldern hier unten, die noch schwankten zwischen der Düsternis des Winters und dem ersten zarten Grün des Frühlings. Jedes Jahr, wenn der Winter seinen festen Griff lockert, bemerke ich, daß sie da sind. Die Veränderung des Lichts erhält eine gefühlsmäßige Bedeutung, bevor sie als eine andere Form von Energie in die Erde übertragen wird.

Ich bin besessen von einer bleibenden, alptraumartig wiederkehrenden Erinnerung an den Niedergang der Etrusker.

Kaiser Augustus, der Friedenstifter, steht mit seinen Offizieren vor Perugia und sieht auf die brennende Stadt. Perugia war die letzte große etruskische Stadt, die sich der Macht Roms widersetzte, und wird jetzt niedergemacht. Die Nacht bricht herein; still vergeht die Zeit. Die Gesichter der Soldaten werden dann und wann von den fernen Flammen erhellt. Diese Männer sind große militärische Aktionen gewohnt, die Schlächterei scheint sie nicht zu rühren. Doch dann fallen die Offiziere einer nach dem anderen auf die Knie, bitten um Gnade für diese Stadt. Es sind die Mitglieder des Stabs, die etruskischer Herkunft sind.

Ich kann nicht mehr feststellen, woher dieser offensichtliche Augenzeugenbericht über den Fall von Perugia im Jahr 40 vor unserer Zeitrechnung durch einen Augenzeugen stammt. Wahrscheinlich von Geschichten über Rom aus meiner Kindheit. Wie so viele Bruchstücke über die Etrusker ist er mehr Bild als Tatsachenbericht. Man muß mich nicht darauf hinweisen, das er zweifelhaft ist.

Wahr ist jedoch, daß sich so viele Staatsdiener des frühen Kaiserreichs als Etrusker betrachteten. Maecenas, der berühmte Schirmherr der Künste, war einer von ihnen. Virgil war stolz auf seine etruskische Herkunft, während er auf lateinisch die Gründung Roms feierte. Ihre Vorfahren waren im Jahre 89 v. Chr. in den römischen Machtbereich geraten, als den meisten italischen Stämmen der Halbinsel die römische Staatsbürgerschaft angeboten wurde. Die Städte und Sippen, die das Angebot ausschlugen und Widerstand leisteten, wurden während des Bundesgenossenkrieges von Marius und Sulla von jeder vorbeiziehenden Armee geplündert. Aus römischer Sicht war die Belagerung von Perugia eher eine häusliche Störung als ein auswärtiger Krieg. Die Loyalität dieser vor Augustus auf die Knie fallenden Offiziere stand nicht in Frage.

Die Vernichtung der Etrusker war einer der erfolgreichen Völkermorde der Neuzeit. Sie funktionierte; nicht weil sie sich auf die physische Vernichtung einer Personengruppe konzentrierte, die als etruskische Rasse bezeichnet wurde, denn die Pax Romana befaßte sich nicht mit Genen. Zerstört wurde die kulturelle Identität der Etrusker. Nach dem Fall von Perugia verbot Augustus, ihre Sprache zu sprechen. Zur Zeit der Herrschaft von Claudius, nur fünfzig bis sechzig Jahre später, war der Kaiser einer der wenigen, die noch etruskisch sprachen. Die vielen Bücher zu diesem Thema, die er als Geschichtsschreiber und Kritiker verfaßte, überlebten das Mittelalter nicht, denn wer interessiert sich für eine Sprache, die noch nicht einmal mehr von Gelehrten gesprochen wird?

Weil wir hier einen Fall von Völkermord vor uns haben, ziehen die historischen Fragen, die uns die Etrusker stellen, alle möglichen Zwangsvorstellungen nach sich, die mehr für unser Jahrhundert von Bedeutung sind als für das ihre. Woher kam diese Rasse? Kamen sie alle auf einmal aus Lydien, wie eine Invasion, was manche der historischen Schriftstücke vermuten lassen? Oder waren sie einheimisch und stammten von der sogenannten Villanova-Kultur ab? War ihre Gesellschaft eine strenge, auf Sklaverei basierende Hierarchie? Hatten sie den Niedergang selbst gesucht? War die etruskische Rasse dekadent? War sie überhaupt eine Rasse?

In welcher Sprache wir diese Probleme auch formulieren, geisterhaft stehen immer Echos unserer eigenen Zeit dahinter. Und wie chinesische Kästchen sind die Fragen ineinander verschachtelt. Wenn es keine Invasion gab, müssen die Etrusker einheimisch gewesen sein; und wenn sie einheimisch waren, dann könnte ihre Sprache eine der ältesten in Europa gewesen sein. Die Sprache der Zyklopen in der *Odyssee*. Die Sprache der Cro-Magnon-Menschen.

Das einzige, was mir im Zusammenhang mit den Etruskern unzweifelhaft wahr zu sein scheint, ist, daß wir das wenige Wissen über ihre Kultur nicht verallgemeinern können.

Wir haben die »Mumie von Zagreb« – ein etruskischer Text, auf Leinen geschrieben, das später zum Bandagieren einer ägyptischen Mumie verwendet wurde, die ein Reisender in diese Stadt zurückbrachte.

Wir haben die »Leber von Piacenza«, ein zufällig gefundenes Stück Bronze, das aussieht wie ein Kunstwerk von Henry Moore, aber eine Schweineleber darstellt, auf deren Oberseite für Zauberer bestimmte Inschriften eingaviert sind. Und wir haben die »Tafel von Pyrgos« mit einem kurzen Text in etruskischer und in phönizischer Sprache, das eine leider nicht ganz die Übersetzung des anderen.

Dies alles hat mit Sicherheit einen romantischen Reiz, vermittelt jedoch kaum ein vollständiges Bild der kulturellen Errungenschaften der Etrusker. Wenn auch nur ein Buch oder bedeutendes Kunstwerk gefunden würde, könnte unser ganzes Wissen über die Etrusker revidiert werden. Heute den literarischen Wert der Funde einzuschätzen, wäre genauso, als wollte man den Text von Charles Dickens' Roman *Bleak House* mit Hilfe eines viktorianischen Trödelladens und ausgegrabenen Stücken vom Friedhof in Highgate neu verfassen.

Grabinschriften, Gefäße, kleine Skulpturen, einige schöne Terrakotten, die nun in der Villa Giulia in Rom stehen – die Hinweise sind so bruchstückhaft, und doch sind die in den Museen ausgestellten Objekte unglaublich anziehend. Sogar Gelehrte, die die Etrusker nicht mögen, geraten in den Bann der geheimnisvollen Energie dieser Werke. Wir erfahren gerade genug, um zu *meinen,* daß wir eine Aussage wagen könnten. Mehr als alle anderen nicht zugänglichen Völker provozieren die Etrusker Träumereien, die in Geschichte übergehen. Undeutlich spiegeln sie unsere eigenen Gesichter wider, vor dem strahlenden Himmel als Hintergrund.

Sechs Meilen südlich von unserem Haus steht in Richtung Siena eine Villa aus dem siebzehnten Jahrhundert, deren Verzierungen in den letzten zwei Jahrhunderten nicht angerührt wurden. Die Fensterläden des *piano nobile* werden selten geöffnet, um die von der Sonne gebleichten, damastenen Wände noch ein paar Jahre zu erhalten. Über kurze Roßhaarbetten an der Wand spannen sich immer noch Rokoko-*baldacchini* – verzierte Holzrahmen mit herabhängenden Stoffbahnen aus Seide. Das Licht hat dem Stoff seine Geschmeidigkeit genommen, der nun in Fetzen hängt wie Papierstreifen. Alles ist von so zerbrechlicher Schönheit, daß man beinahe sofort darum bitten möchte, die Läden wieder zu schließen, um diese schlafende Welt noch einige Zeit länger zu erhalten.

Bei meinem ersten Besuch hier vor zwanzig Jahren interessierte ich mich für die Tapete in einem der oberen Schlafzimmer, die 1780 in einer von Marie-Antoinette gegründeten Werkstatt in Paris handbedruckt worden war. Ich wußte nicht, daß der Hausbesitzer, Ranuccio Bianchi Bandinelli, einer der berühmtesten etruskischen Gelehrten seiner Generation war.

»Vielleicht sollte man diese Sachen restaurieren lassen«, sagte ich und strich vorsichtig über einen Vorhang.

»Um Gottes Willen«, antwortete er, »wenn wir sie jemals hätten restaurieren lassen, wären sie schon vor Jahren zerfallen. Für mich ist es ein Segen, daß keiner meiner Vorfahren reich genug war, um sich irgendwelche Verschönerungen leisten zu können.«

Er führte uns herum und ignorierte, daß wir wohl so gefühllos wie irgendwelche Touristen durchstapften. *Invadente* wäre das passende italienische Adjektiv, eine leichte Form von »einfallend«. Beiläufig nahm ich ein Buch über etruskische Spiegel aus dem Regal, kurz nach dem Ersten Weltkrieg erschienen und reich mit Stahlstichen illustriert. Ich stellte aufgeregt fest, wie sehr sie den Kupferstichen Picassos ähnelten, die er in den dreißiger Jahren als Illustration der *Metamorphosen* von Ovid für Vollard geschaffen hatte.

Wir begannen ein Gespräch über die Etrusker, und unvorsichtigerweise erwähnte ich meine Begeisterung für ihre Bildhauerei.

»Nennen Sie mir ein Werk«, sagte er grimmig.

Was für ein unangenehmer alter Dickschädel, dachte ich. Und so erwähnte ich den sogenannten *Sarkophag der Frischvermählten* in der Villa Giulia in Rom.

»Wir werden sehen!«

Und er zog mich zu einem Bücherregal, nahm einen Band heraus und blätterte ihn schnell durch.

Ein leiser, vorsichtiger Verdacht begann in mir zu keimen und flatterte durch meine Gedanken. Mein Blick wanderte die Wand der Bibliothek hinauf, zu der Lücke in der Reihe von zweiundzwanzig Büchern mit gleichem Einband, auf jedem Buchrücken sah ich den Namen B. Bandinelli, und ich verzagte.

»Was für ein schönes Buch«, sagte ich, um das Thema zu wechseln.

Er wurde vertraulich, fröhlich, wie ein Schuljunge mit einer Briefmarkensammlung.

»Es ist wirklich ein schönes Buch«, murmelte er, »und ich habe vierzig Jahre gebraucht, um es zu schreiben.«

Es war Bandinellis Idee, daß man anhand der Etrusker eine Art »ästhetische« Archäologie praktizieren könne. Bis dahin war die gängige Meinung der meisten Historiker, daß sie ihre Städte auf Hügeln errichteten, wo sie leicht zu verteidigen waren – anders als die Römer, die die Ebenen bevorzugten, die eher ökonomisch als militärisch strategisch waren. Bandinelli erklärte, daß die Etrusker oft zwei durch einen Fluß getrennte, einander gegenüberliegende Hügel wählten, einen für die Lebenden und einen für die Toten, und daß man also nur nach zwei wunderbaren benachbarten Hügeln Ausschau halten und dann mit der Suche nach Scherben beginnen müßte.

Ungefähr sechs Monate lang war ich von dieser Theorie sehr begeistert und durchforschte die Landschaft nach neuen Stätten der Etrusker. Ich fand ungefähr vier. Eines Tages nahm ich Vittoria mit, um sie ihr zu zeigen.

Bei meinem letzten Fundort, an der Landstraße zum Brennofen von Urbano Fontana, zwischen Poggio San Polo und Castellina, standen wir still auf einem kleinen Hügel und betrachteten den Himmel, um dann auf Händen und Füßen den *albarese*-Schiefer nach Terrakottastücken zu durchsuchen, die Bauern während jahrhundertelanger Feldarbeit weggeworfen hatten.

Wir fanden kaum etwas. Doch unverzagt blickte Vittoria zum Horizont. Sie sagte, daß man nordwestlich von uns die etruskischen Grabmale von Castellina sehen könnte, und ziemlich genau im Osten den großen Hügel über Radda, der sicher eine Stätte der Etrusker war – Tonscherben und Ziegelstücke umrahmen die wüsten Spuren von Moto-Cross-Maschinen. Die Etrusker, sagte sie, hatten einander gerne im Blickfeld.

»Ich glaube, daß du mit ziemlicher Sicherheit recht hast mit all diesen Fundorten«, sagte sie. »Du hast sicher recht mit Radda, weil es dort Tonscherben als Beweis gibt. Aber zu deinem Unglück kann man der Fachliteratur entnehmen, daß dies hier ein sehr ärmlicher Teil Etruriens war, und die Armen«, sagte sie, »sind langweilig.« Sie wartete ein oder zwei Sekunden, bis der Schock bei mir wirkte, lächelte dann mit strahlenden Augen. »Vom archäologischen Standpunkt aus, natürlich.«

Bandinelli leistete viel Pionierarbeit im Zusammenhang mit den Etruskern, identifizierte viele neue Fundstätten, stellte Kriterien auf, nach denen die Ausgrabungen vorgenommen werden sollten, gründete eine Zentralbibliothek, um Material zusammenzustellen und zu vergleichen und nahm an zwei oder drei Stellen selber erfolgreich Ausgrabungen vor. Aber er war vor allem ein Philhellene, der, nach ein- oder zweijährigem Studium der etruskischen Kultur, immer wieder zu dem Schluß kam, daß alles Gute an ihr eigentlich von den Griechen stammte. In seinem letzten Buch verstieg er sich sogar zu der Behauptung, daß jede etruskische Arbeit von überragender Qualität *per forza* von einem Griechen angefertigt worden sein müsse, der gerade in Etrurien lebte![1]

Bandinelli gab hier ein durch und durch humanistisches Vorurteil von sich. Seiner Empfindung nach hatten nur die Griechen, basierend auf einem einzigartigen Gefühl für die Rolle des Individuums, einen modernen Sinn für Freiheit und Kreativität entwickelt, und dies hob die griechische Kunst und Kultur historisch gesehen auf eine übergeordnete Ebene. Natürlich hatte er gewöhnlich recht mit der Behauptung, daß es zu jedem einzelnen Exemplar der etruskischen Bildhauerei oder Malerei ein noch schöneres und früheres griechisches Pendant gibt. Mich störte jedoch diese konstante Konfrontation mit den Griechen zum Nachteil der Etrusker, deren eigene besondere

Qualitäten dabei völlig außer acht blieben. Warum kam immer wieder dieser Vergleich dazwischen?

Ein besonderes Ereignis zeichnet Bandinellis Leben aus. Als Adolf Hitler 1938 auf einer freundschaftlichen Studienreise Benito Mussolini in Rom und Florenz besuchte, begleitete Bianchi Bandinelli sie als Dolmetscher und akademisch gebildeter Führer. Es ist wohl nicht nötig zu sagen, daß dieses Angebot so weit wie nur irgend möglich von Bandinellis Interessen entfernt lag. Manchmal ist es jedoch schwierig, so eine Bitte abzuschlagen.

Es gelang ihm, von den Treffen Notizen zu machen, die er nach dem Krieg veröffentlichte. Hitler, sagte er lakonisch, verehrte die Kunst »wie ein Friseur, der glaubt, die Musik zu lieben, und immer euphorischer wird, je höher der Tenor singt«.

In den Bädern von Caracalla verharrte Hitler vor einem palaeo-christlichen Sarkophag, und hielt aus dem Stegreif eine zunehmend hysterische Rede. Das Christentum, so sagte er, habe das Römische Reich durch seine Schwäche und Dekadenz zerstört. Schlechte Einflüsse wie dieser sollten ausgerottet werden. Um es mit den Worten der Kunst auszudrücken: Das Christentum sei vergleichbar mit dem Expressionismus in der Malerei, »den ich in Deutschland verboten habe«; oder wie der Bolschewismus, »der ebenfalls so lange alles zerstören wird, bis er selber zerstört ist«. Hier geriet die Rede zu einer unartikulierten Haßtirade gegen die bolschewistische Bedrohung. Dieser enge physische Kontakt mit einer verrückten Argumentation färbte meiner Meinung nach den Rest von Bandinellis Leben.[2]

Bandinelli traf ich nie wieder, und er starb, bevor ich die Frage der Originalität der Etrusker mit ihm diskutieren konnte. Es stellte sich jedoch heraus, daß eine seiner besten ehemaligen Schülerinnen Vittorias großartige Tante war, Direktorin für Denkmäler, die in der überrestaurierten Villa bei Bagno a Ripoli lebte. Neugierig auf die Villa wie auch auf die Tante, arrangierte ich schließlich ein Treffen.

Das Innere des Hauses war fast genauso streng wie seine strahlend verputzten Außenwände – Marmorstaub, erzählte sie mir, die Farbe hatte man wie bei Fresken in den Leim gemischt. Die große Dame bat mich sehr herzlich herein und ließ erkennen, daß sie von Berufs wegen mit Störungen gut umgehen konnte.

An der Wand der Eingangshalle hing ein wundervoller vergoldeter Bilderrahmen, ohne Inhalt. Es war ein Haus der Ideen, nicht der geplünderten Kunstwerke.

Schließlich stand ich vor einem großen Stapel grauer Aktenbündel mit Ministeriumsunterlagen, mit geschmackvollen Leinenbändern verschnürt und säulenartig auf einem wahrhaft olympischen Schreibtisch aufgebaut.

Ich sprach ungefähr fünf Minuten lang. Ich sagte, daß wir nicht genug wüßten, um generelle Aussagen über die Etrusker machen zu können. Aus dieser Voraussetzung ergab sich, daß jede Theorie über ihre Herkunft, sozialen Strukturen, Errungenschaften unter gewissen Umständen nur als Katalysator für die Phantasie der Historiker wirken würde. Ranuccio Bianchi Bandinelli, ein leidenschaftlicher Verfechter der menschlichen Freiheit, fand, daß die Etrusker unter diesem Gesichtspunkt den Griechen in gewisser Weise unterlegen waren. Könnte man diese Analyse mit den Erfahrungen seines eigenen Lebens in Verbindung bringen? Besonders mit seiner Reaktion auf den Faschismus? Könnten Mussolinis Anpreisungen der Etrusker wegen ihres angeborenen italienischen Sinnes für »Realismus«, im Vergleich zu dem griechischen »Idealismus«, zu Vorurteilen gegen sie verleitet haben?

Als Antwort bedeckte sie das Gesicht mit den Händen.

Diese kleine Geste ließ mich, nicht zum ersten Mal, an meinem natürlichen Talent als Historiker zweifeln.

Sie verharrte ungefähr zehn oder fünfzehn Sekunden in dieser Stellung, um sich zu beruhigen. Dann richtete sie sich auf und sagte: »Sicher, Sie können sagen, was Sie wollen. Ich akzeptiere den Wahrheitsgehalt in der Anschuldigung, daß Historiker dazu neigen, Ansichten auf zu wenig Tatsachenmaterial aufzubauen, besonders im Zusammenhang mit den Etruskern. Es stimmt ebenfalls, daß Bandinelli die Griechen den Etruskern vorzog, und daß seine späteren Werke in dieser Hinsicht fast bitter klingen, ich weiß auch nicht ganz, warum. Was die Beeinflussung durch zeitgenössische Politiker angeht, so finde ich das eine interessante Idee, und ich bin sicher, daß Sie, wenn Sie sich damit befassen, Fakten und Zitate finden werden, die diese These erhärten. Aber«, sagte sie mit einem Lächeln, »bitte tun Sie es nicht.«

Das von den Etruskern besetzte Land umfaßte für die Römer das von Arno und Tiber eingegrenzte Gebiet, und schloß daher einen großen Teil von Nord-Latium und der heutigen Toskana ein. Die Orte, die D. H. Lawrence in *Etruscan Places* beschreibt, befanden sich fast alle in Latium und somit außerhalb meines Bereichs, trotzdem muß ich aber sein Buch besprechen, denn seine Äußerungen über die Etrusker sind wichtig.

Lawrence hatte ein Talent, sich irgendwo zwei Tage lang aufzuhalten und am Morgen des dritten genug Stoff für ein ganzes Buch zu haben. Die Stätten der Etrusker besuchte er von Mittwoch, dem 6. April 1927, bis zum darauf folgenden Montag. Was er gesehen hatte, verarbeitete er zu einer Serie von Reisebeschreibungen, die nach seinem Tod zu einem Band zusammengefaßt wurden. Wäre er noch am Leben, hätte er es vermutlich umgeschrieben – doch auch in der vorliegenden Fassung ist *Landschaft und Geheimnis der Etrusker* sehr ergiebig.

Mit ziemlicher Sicherheit benutzte Lawrence die Etrusker als seine Archetypen einer perfekten Gesellschaft, in der Kreativität eine Art natürlicher Überschuß der überschäumenden Lebenskräfte ist:

Der Schlüssel zum etruskischen Leben war der *Lucumo*, der religiöse Fürst. Unter ihm standen die Priester und die Krieger. Dann kamen das Volk und die Sklaven. Das Volk, die Krieger und die Sklaven machten sich über die Religion keine Gedanken. Sonst wäre bald keine Religion mehr übrig geblieben. Sie empfanden die Symbole und tanzten die heiligen Tänze. Denn es wurde stets dafür gesorgt, daß sie, körperlich, mit den Mysterien in *Fühlung* blieben. Die »Fühlung« pflanzte sich fort vom Lucumo bis zum niedrigen Sklaven. Der Blutstrom erfuhr keine Unterbrechung. Aber »Wissen« war die Sache der Hochgeborenen, der Vollblütigen.

In den Gräbern finden wir daher nur die einfache, uneingeweihte Auffassung des Volkes. Es gibt kein Grab, das der Leistung der ägyptischen Priester entspräche. Die Symbole bedeuten für den Künstler lediglich Formen des Wunderbaren, die Gemütsbewegungen auslösen und für dekorative Zwecke geeignet sind. Das gilt für die ganze Entwicklung der etruskischen Kunst. Die Künstler stammten offenbar aus dem einfachen Volke, sie waren Handwerker.[3]

Lawrence folgt also der Vorstellung, daß die etruskische Gesellschaft auf Schichten basierte, in Schach gehalten von einer Religion in den Händen eines *Lucumon* oder Priesterkönigs. Eine etwas eigentümliche persönliche Note läßt er bei der Beschreibung von der Übertragung des Wissens durch den »Strom des Blutes« oder durch »Berührung« einfließen. Dann ist da auch die Vorstellung, daß die Zivilisation schwindet, »sonst wäre bald keine Religion mehr übrig geblieben«. Und dann behauptet er – unerwartet in Anbetracht des Eindrucks einer strengen Hierarchie, den er vermittelt –, daß die Gräber von einer freien, »gedankenlosen« Handwerkerklasse (statt Künstlern) bemalt wurden, kaum überwacht von den Priestern.

Wundervoll direkt formuliert Lawrence sein dann folgendes Vorurteil, das er mit Bianchi Bandinelli und anderen teilt, zu der

Frage, ob die Etrusker alles den Griechen verdanken oder nicht: »Es ist nutzlos, etruskische Dinge zu betrachten, um sich zu ›erheben‹. Wenn man Erhebung wünscht, so gehe man zu den Griechen und zur Gotik. Möchte man Masse haben, gehe man zu den Römern. Liebt man aber die alten, spontanen Ausdrucksformen, die sich niemals auf einen Leisten bringen lassen, so gehe man zu den Etruskern.«[4]

Mit seiner Sicht dieser Eigenschaften, die er auch als »Sorglosigkeit« oder »Gedankenlosigkeit« beschreibt, kommt Lawrence den zeitgenössischen italienischen Künstlern bemerkenswert nahe, die in den späten zwanziger Jahren Inspiration bei der etruskischen Kunst suchten: Campigli, vielleicht Carrà unter den Malern; Arturo Martini und Marino Marini bei den Bildhauern.

Arturo Martini hat einmal gesagt, die Anziehung der Etrusker bestünde darin, daß sie ihre Skulpturen »wie Brot« machten. Dieses schöne Bild entspricht vom Gefühl her ganz Lawrence, und tatsächlich kommen die überraschend direkten Seiten, die Martini über die Bildhauerei geschrieben hat, Lawrence näher als irgendeinem italienischen Schriftsteller seiner Zeit.

In ihrer ganzen Doppeldeutigkeit sprachen die Etrusker auch Mussolini und die faschistische Führungstruppe an, die in ihnen eine Gelegenheit sahen, eine extreme Version des italienischen Nationalismus zu verbreiten. Die Griechen schienen zu vermitteln, daß hinter der Welt des Sichtbaren eine andere, ideale Welt liegt, und ihre Philosophie und Mathematik sowie auch ihre Kunst weisen auf diese andere, perfekte Identität hin. Die Etrusker aber blieben unten auf der Erde und waren in diesem Sinne würdige Vorfahren des »Realismus« der florentinischen Renaissance; zumindest lautet so die These.

Entweder nahmen die Künstler das Argument ernst, oder aber sie ergriffen die Chance, sich dem Druck des faschistischen Regimes zu entziehen, indem sie eine der einfallsreicheren Botschaften des *Minculpop* umsetzten. Oder vielleicht wurde die geschickte, leicht brutale Geradlinigkeit, für die Lawrence auch empfänglich war, gleichzeitig von anderen wahrgenommen. Auf jeden Fall gab es in der italienischen Kunst zwischen den Weltkriegen eine eindeutige »etruskische Periode«.

All dies verlor nach 1938 seinen Glanz, als die faschistischen Rassengesetze ernsthaft umgesetzt wurden. Die Etrusker waren nun plötzlich, durch ihre Einbeziehung in bestimmte rassistische Auseinandersetzungen, vergiftet. Einige hervorragende Künstler wurden kurz vor dem Krieg ausgesprochen bitter. »Heutzutage können Bildhauer nichts anderes mehr tun, als irgendeine Variation über ein Thema wieder aufzuarbeiten, das man schon lange vor uns ausgereizt hat« – so empfand Martini in seinen letzten Jahren die Bildhauerei. In einem traurigen und wunderschönen Buch führte er aus, daß zwar die Malerei ihre eigene »Mundart« entwickelt hätte, die Bildhauerei jedoch wie Latein und Griechisch *una lingua morta* sei, eine tote Sprache. Die Bildhauerei sei »so traurig wie ein Samenkorn, das auf Marmor liegt, ohne irgendeine Chance zu keimen«.[5]

Die Sicht von D. H. Lawrence auf die Etrusker hat den Vorzug, ausgesprochen visuell zu sein:

Doch in jenen Tagen, an einem schönen Abend wie dem heutigen, pflegten die Männer heimzukommen: unbekleidet, dunkelrot gefärbt von Sonne und Wind, mit starken, unbekümmerten Leibern; und auch die Frauen zogen herein, in weiten, kleidsamen Kitteln aus blauem oder weißem Leinen. Gewiß spielte dabei einer auf der Flöte, und gewiß begann auch einer zu singen, denn die Etrusker liebten Musik leidenschaftlich und besaßen jene innere Sorglosigkeit, welche die modernen Italiener verloren haben. Die Landleute betraten dann den hellen, sauberen, geheiligten Platz innerhalb der Tore und grüßten den kleinen Tempel mit seinen heiteren

Farben, während sie die Straße entlang gingen, die zur *Arx* hinaufführte, zwischen Reihen niedriger Häuser, deren Fassaden bunt bemalt oder mit leuchtenden Terrakottas verkleidet waren. Fast kann man sie noch hören, wie sie rufen, jauchzen, flöten, singen, und dabei die gemischten Herden von Schafen und Ziegen heimtreiben, die so still ihres Weges ziehn, oder die langsamen, weißen, gespenstischen Ochsen führen, die noch ihr Joch auf dem Nacken tragen.

Und sicherlich sprengten in jenen Zeiten junge Edelleute auf ihren Pferden heran, ritten mit nackten Leibern auf dem nahezu nackten Pferderücken; wahrscheinlich trugen sie einen Speer und galoppierten prahlerisch durch das Gedränge der rotbraunen, stämmigen, glatthäutigen Braunen hindurch. Vielleicht fuhr sogar bei Sonnenuntergang ein *Lucumo* durchs Tor, saß sehr vornehm in seinem, von einem kerzengeraden Kutscher gelenkten Wagen und hielt vor dem Tempel, um dort den kurzen Ritus beim Eintritt in die Stadt zu vollziehen. Dann pflegte die Volksmenge zu warten; denn der *Lucumo* in der alten Zeit, rotglühenden Leibes, mit steif gestutztem Bart nach orientalischer Art, mit der goldenen Kette um den Hals und mit dem scharlachumsäumten Mantel oder Umhang, der in vollen Falten niederfiel und die Brust freiließ – der *Lucumo* war göttlich, wie er in der Stille der Macht auf seinem Wagen thronte. Das Volk gewann neue Kraft, wenn es ihn nur ansah.[6]

Ich muß zugeben, daß ich diesen Schreibstil ungeheuer anziehend finde. Wenn ich von den Etruskern träume, was recht oft geschieht, träume ich auf Lawrentinisch. Steife, sehr farbige Figuren richten ihr andeutungsweise bedrohliches Benehmen letztendlich eindeutig gegen mich. Ich wache auf, schwitzend.

Analysen laufen Gefahr, pedantisch zu wirken. Man stößt

sich ein wenig an dem Gebrauch von Worten wie »sorglos« oder »sauber«, akzeptiert sie aber vorläufig. Man ist vielleicht einen Moment lang irritiert wegen seiner starren und einfachen Sichtweise der Bauern, des Adels, des *Lucumons*. Nun gut, sagt man. Wenn man das Buch zu Ende gelesen hat, ist man erschlagen von gegenstandslosen Metaphern. Als Vision funktioniert das allerdings. Hat man sie einmal als Vision durchlebt, ist es fast unmöglich, von vorne anzufangen und sie anzuzweifeln.

Lawrence benutzt in der Tat fortlaufend aus der Imagination entwickeltes Material, als wären es Fakten. Er schreibt, daß die etruskischen Bauern »rot« gewesen wären. Vielleicht wirken sie auf den Grabmalereien rot, aber das ist sicher ein Begriff, der mit Farben und nicht mit dem Leben zu tun hat. Es als Tatsache hinzustellen, daß die Etrusker rot waren, zerstört den elementaren Unterschied zwischen objektiver Realität und ihrer Neuschaffung aus der Phantasie.

Wir glauben es, da wir es, wenn wir Lawrence lesen, nicht mit Geschichte, sondern mit einer Autobiographie zu tun haben. In diesem Fall hat Lawrence weniger eine Tatsache verdreht, als die Grenze zwischen sich und den etruskischen Künstlern verwischt, die in gewisser Weise seine Vorfahren sind.

Am vorletzten Tag seiner Rundreise zu etruskischen Orten, am Ostersonntag, den 10. April 1927, war Lawrence in Volterra. Sein Besuch fiel zufällig mit einem Empfang zu Ehren des neuen *podestà* der Stadt, einem gewissen Oberst Carraro, zusammen.

Den *podestà* gibt es in der Toskana seit dem zwölften Jahrhundert. Er wurde nötig, da man für die Stadtstaaten, deren innere Politik ein Höchstmaß an Durcheinander erreicht hatte, einen Diktator brauchte. So ungefähr als einziges wurde – abgesehen von einem gefälligen Äußeren – von einem *podestà* erwartet, daß er *nicht* aus der Stadt stammte, in der er amtieren

277

sollte. Um es anders zu sagen: eine ziemlich verzweifelte Maß-
nahme. Das faschistische Regime erweckte diese Institution zu
neuem Leben, um Provinzgouverneure von Rom aus ernennen
zu können und Wahlen vor Ort zu vermeiden. Die undemokra-
tische Hand der Zentralregierung.

Wegen der Anwesenheit von Oberst Carraro hatte Lawrence
Schwierigkeiten, ein Zimmer zu finden, eine Mahlzeit zu bekommen, in der Stadt spazierenzugehen, ein Museum zu betre-
ten, und er murrte in einer Art über die Dekadenz des modernen
Italien, die man oberflächlich betrachtet als antifaschistisch bezeichnen könnte. Die Einwohner, die Lawrence eigentlich mit
angemessenen »sauberen« und »sorglosen« Gesten hätten begrü-
ßen sollen, senkten wahrscheinlich vor dem Stadttor die Stirn,
wo der neue Amtsinhaber, von rötlicher Färbung und mit auf-
geknöpftem Hemd, in einer Pose von angemessener Feierlich-
keit starr geradeaus blickte.

Mir fällt auf, daß der *Lucumon*, den Lawrence in dem soeben
zitierten Abschnitt beschreibt, in seiner Kutsche *sitzt*. Ist es
möglich, daß Lawrence an einen Bugatti denkt? Sicher ist das
Oberst Carraro, der »in der Stille der Macht auf seinem Wagen
thronte… Dann ein paar Worte – und schon jagt der Wagen aus
vergoldeter Bronze den Hügel hinauf«?

Als Lawrence die kurze Reise in den folgenden Wochen
aufschrieb, hat er da keine Verbindung zwischen seiner der
Phantasie entsprungenen Beschreibung der Rückkehr der red-
lichen Bauern zu dem etruskischen Dorf vor dem noblen *Lucumon* und dem Fest zu Ehren von Oberst Carraro erkennen
können?

In alten Tagen hätte man solche Übereinstimmungen *Zeit-
geist* genannt. Es ist schwierig, genauer zu sein. Bandinelli war
im fortgeschrittenen Alter so weit vom Faschismus entfernt, wie
es für einen Menschen nur irgend möglich ist. Über Lawrences
Kontakte zu Italienern, Faschisten oder Nicht-Faschisten, geben
seine Biographen nur ungenaue Auskunft. Über die Etrusker

existieren so wenige Hinweise, daß es jedermanns Vorstellungskraft überlassen bleibt, wie sie ihre Gesellschaft organisierten. Es ist eine Frage ungenügender Beweisstücke. Keiner der betroffenen Charaktere kann wirklich scharf genug ins Blickfeld geholt werden.

Die Band

Seit zwanzig Jahren spiele ich schon in der Band des Dorfes Klarinette. Wenn es gut läuft, ist das ein Gefühl, als ob Perlen durch die Finger rieseln. Wenn es schlecht läuft, hat es etwas von verkorkster Klempnerei an sich.

Unser Bandleader heißt Cesare oder »Kaiser« und sieht auch so aus. Er hat viel mit meinem Lateinlehrer aus der Schule im Norden Londons gemeinsam, einem alten Hauptfeldwebel aus einem Regiment im Ersten Weltkrieg, der jederzeit in der Lage war, die Gallischen Kriege über Maschinengewehre und Eierhandgranaten zu erklären. Der Lärm, den die Band in den alten Tagen veranstaltete, war auf zwei Stufen beschränkt – laut und lauter, und es hatte schon etwas ziemlich Anrührendes, wenn Cesares rotes Gesicht durch einen Wald unbeschreiblich volltönender, sichtlich scheppernder Holz- und Blechbläser wie durch Brombeergestrüpp und knallharte Schlagringe glühte und er aus Leibeskräften brüllte *Piano!*, so wie mein verrückter alter Lateinpauker über die Zehnte Legion der Römer sprach, die erst einmal ihre Bajonette aufsteckten, bevor sie den nächsten Hügel stürmten.

Sogar in den frühen Tagen, als kaum genug Zeit zu sein schien, um eine Note zu treffen, weil wir schon zur nächsten gehetzt wurden, habe ich es geschafft, so etwas wie *piano* und *decrescendo* und andere Klänge, die die Band eigentlich nicht kannte, ganz nett zu spielen. Und dann kam der wunderbare Tag, als ich als erster vor den anderen eine Synkope erkannte, einfach weil ich das in einer klassischen Partitur gesehen hatte – und da ich sie als einziger von sechsunddreißig richtig spielte, wurde ich gleich gefragt, ob es denn wahr sei, daß ich sechs Jahre auf dem Konservatorium studiert hätte?

Nach zehn Jahren Lehrzeit und Selbstverleugnung gab es kein einziges Stück in unserem Repertoire aus zwanzig Notenblättern, das ich nicht mit links beherrschte. Die langweilige Schonkost machte mich kribbelig. Konnten wir nicht einmal etwas von Haydn oder einige Stückchen von Mozart spielen? Nein? Dann gab es da noch von Beethoven ein Stück für eine Kapelle, das er so um die Zeit geschrieben hatte, als Napoleon nach Wien zog; wäre das nicht etwas für uns? Nein? Na dann, verdammt noch mal, was ist dann mit der *Internazionale*? NEIN! Aber, *Maestro,* da ist ein Thema aus Brahms' zweiter Klarinettensonate drin. Cesare machte eine barsche, ungeduldige Geste und ein kichernder Kollege zog mich an der Jacke. In einer vorwiegend kommunistisch bestimmten Gegend bestand diese Kapelle vor allem aus Christdemokraten und die wenigen Kommunisten in der Band fühlten sich so kurz nach dem Einmarsch in Afghanistan alles andere als *Internazionale*-mäßig aufgelegt. In ihrer ganzen Umständlichkeit war die *Associazione Filarmonica di Gaiole in Chianti* Bestandteil meiner politischen Erziehung.

Ab Mitte der siebziger Jahre wurden wir weniger. Wir verschmolzen mit Radda und dann auch noch mit Castellina. Wir spielten immer noch dieselben Stücke und wurden immer noch weniger. Vom reichsten Mann in Castellina erhielten wir Subventionen: einem Schweinefutterfabrikant, er war ein großer, schlanker Mensch, der in den vielen Jahren, die er über Rechnungen gebeugt gesessen hatte, still und wie ein Heiliger geworden war. Um ihm für die neuen Uniformen zu danken, wollten wir ihm vor seinem Fenster ein Ständchen bringen. Die Vorhänge waren zurückgezogen, und er blickte von seinem Schreibtisch nicht auf, als wir uns wie ausgelassene Schulkinder versammelten. Erschreckt durch unsere Anwesenheit und den üblichen megalithischen Lärm lud er uns in sein Haus ein und nahm sprudelnden Wein aus einem Gestell, das im Büro stand. Es war zehn Jahre alter Champagner erster Güte.

Und immer noch wurden wir weniger. Wir holten bezahlte Musiker aus Panzano, deren Kapelle florierte. Beppe war dabei, buckelig und voller Energie, wie ein alt gewordener Giuseppe Verdi ohne Schnurrbart. Auch sein Sohn kam mit, er hieß Egisto (Ägistos) wie der Liebhaber von Klytemnästra, der mit einer Axt hinter der Tür stand.

Egisto war der bestaussehende Mann, den ich je kennengelernt habe. Er arbeitete im Lager einer kleinen Werkzeugmaschinenfabrik und mußte dort Kleinteile zusammensuchen. Er sagte, die Firma sei gerade groß genug, daß nicht auffiel, wenn er zum Lesen auf der Toilette verschwand. Er wollte eine Reise nach Rußland machen. Das einzige, was er in seinem Leben bedauerte, war, daß er sich nicht in jungen Jahren eine feine Klarinette gekauft hatte, und als er das erzählte, sah dieser ohnehin schon traurig dreinblickende Mann noch trauriger aus. Also verkaufte ich ihm meine und besorgte mir eine andere. Seine alte war eines dieser Instrumente mit Schiebern anstelle von Klappen und wurde von Gummibändern zusammengehalten. Mit der neuen Klarinette kam er nicht gut zurecht und bei jedem Treffen fragte er mich nach anderen Griffen für ein hohes *mi* oder *la,* doch ich konnte ihm immer erst dann helfen, wenn ich die Noten auf dem Papier sah, da ich keine Ahnung von *solfeggio* habe.

Bei jedem größeren Fest unserer Kapelle denke ich an Egistos Vater Beppe. Er besaß die Gabe, ganz und gar in der Gegenwart leben zu können. Bei einem Mittagessen der Band, einem tollen kakophonischen Fest zu Ehren der Hèiligen Cäcilie, erzählte er mir das Geheimnis seiner außerordentlichen Zuversichtlichkeit. Sein Leben, sagte er, sei ein Wunder. Im Ersten Weltkrieg wurde er in einem Panzer in die große Schlacht an der Piave geschickt, und zwar am ersten Tag. Als der Panzer den Fluß erreichte, stürzte er hinein und alle ertranken – außer Beppe. Achtzehn Stunden war er in dem Fluß. Als sie ihn herauszogen, sagte sein Offizier: »Du lieber Gott, Beppe, du lebst noch? Du wirst niemals sterben.« – »Und bis jetzt ist das auch noch nicht passiert«, sagte Beppe, um die Geschichte abzurunden.

Der Offizier hatte Mitleid mit Beppe, holte ihn von der Front weg und steckte ihn in die Militärkapelle. Für den Rest des Krieges spielte er den einrückenden Soldaten auf, und spielte für die Überlebenden, die zurückkkamen, doch er selbst ging nie wieder an die Front. Nach dem Krieg spielte er sich vergnügt durch die musikträchtigen Jahre des Faschismus, in denen es so viele öffentliche Auftritte gab, und danach durch den Zweiten Weltkrieg. Nach dessen Ende geriet er an zwei amerikanische Musiker, die ihn in ihrem Jeep zu Boogie- und Big Band-Sessions mitnahmen. So weit ich weiß, spielt er immer noch.

Beppes Lebenslegende erhielt für mich noch einen zusätzlichen Dreh, da *Piave* sowohl eines unserer Repertoirestücke war wie auch die größte Schlacht an der italienischen Front im Ersten Weltkrieg. Jedes Jahr trugen wir Kränze um die Kriegerdenkmäler, die Band marschierte fein herausgeputzt hinter den Carabinieri in voller Uniform, alle sahen ernst aus, die Schulkinder trugen Frühlingskleider und weiße Blusen, die hinten zusammengesteckt waren. Unsere Töchter mußten in der Schule folgenden Text auswendig lernen: »Die Piave murmelte still in ihrem Bett, als am 24. Mai die ersten Truppen kamen.« Bei dieser Stelle warf mir der mit aller Kraft spielende Beppe einen triumphierenden Blick zu und zeigte mir damit seine Freude darüber, daß er nicht in einem stählernen Panzer von den Fluten weggemurmelt worden war.

In jeder italienischen Stadt gibt es eine *Piazza Ventiquattro Maggio* zum Gedenken an den Ersten Weltkrieg, wie auch eine *Via Otto Settembre* für das Ende des Zweiten. Wenn ich dem fast zahnlosen Beppe bei diesen Zusammenkünften die Hand schüttelte, hatte ich mit seiner ledrigen Pfote ein Stück lebendiges Italien in der Hand, ein Symbol dafür, daß der Triumph des Lebens über den Tod auf seine Art soviel wert ist wie Sieg oder Niederlage.

Nachdem wir uns vier Jahre lang in der Mitte zwischen vier Kapellen getroffen hatten, die alle auf dem absteigenden Ast waren, holte das Kontingent aus Gaiole langsam wieder auf. Unsere Proben fanden wieder im Dorfkino statt, und Cesare sah wieder großartig aus vor der Kulisse des riesigen, quastenbesetzten purpurfarbenen Vorhangs, der die Leinwand verdeckte.

An einem schönen Abend fand ich mich in der ersten Reihe mit fünf grünschnäbeligen Klarinettistinnen wieder, lauter Mädchen, im Alter meiner Töchter, wenn nicht sogar jünger. Ihr *solfeggio* war langsam und piepsig, ihre Finger nicht gerade sehr fix, aber sie waren fröhlich und eifrig. Bei der nächsten öffentlichen Veranstaltung war ich dann einen halben Meter über ihnen, ein einfacher Bezugspunkt, ein Markstein, ein wunder Daumen. Daher reduzierte ich meine Aktivitäten ungefähr ein Jahr lang, bis die Pubertät durch die Reihen fegte und die Mädels etwas größer waren. Inzwischen ist der Kontrast auch dank der Hilfe von Stöckelschuhen aus Montevarchio nicht mehr so offensichtlich. Auch ihre Kenntnisse als Musikantinnen haben sich deutlich verbessert. Bei den Proben vollbringen sie bemerkenswerte Leistungen: sie können sogar gleichzeitig spielen und Sonnenblumenkerne knacken.

*

Im letzten Jahr fanden die Cäcilienfeste später als sonst statt. Zwei Tage zuvor hatte ein Novemberwind die Pappeln entblättert, auf den zerzausten Feldern keimte das Wintergras, die Schatten in den Wassergräben und unter den Feldhecken leuchteten in kräftigem Blau. Unbeschnittene Sprößlinge an den Weinstöcken raschelten in der kalten Brise gegen die Betonpfosten.

Ausnahmsweise kam ich nicht zu spät. Nirgendwo Musiker in Uniformjacken zu sehen, weder vor dem Kino mit seinem niedrigen Springbrunnen voller Fische, noch unter den Pinien, die eine Hecke aus zottigem Buchsbaum miteinander verband, und auch nicht vor dem Schulhaus, das die rechtschaffene Schönheit von Beton demonstrierte. Nur Cesare persönlich war da, der sich zu freuen schien, daß ich einmal pünktlich war, und Massimiliano, der eigentlich ein ziemlicher Draufgänger war, jetzt jedoch als Generalsekretär fungiert und diesen Job recht verantwortungsbewußt erledigt. Unsere Hände fühlten sich taub an, als wir uns begrüßten.

Cesare war in einer großmütigen, etwas aufgedrehten Stimmung, und wie ein Schuljunge, der spürt, daß er eine einnehmende Bemerkung plazieren kann, machte ich ihm ein Kompliment über seine Krawatte. Sie hatte ein Muster aus symmetrischen schwarzen Stiefeln auf dunkelblauem Grund, der Winkel des Stiefels erinnerte an den Winkel, den Italien bei seinem Sturz ins Mittelmeer aufweist. Darüber machte ich einen Witz, der auf der Stelle mißverstanden wurde. Cesare packte mich am Kragen.

»Ihr Ausländer versteht einfach nicht«, sagte er, »daß der Faschismus diesem Land eine Menge Gutes gebracht hat. All das ist jetzt vergessen, weil es eben so Mode ist – aber man kann nicht eine ganze Zeit aus der italienischen Geschichte streichen, die…« usw. usw. Er ließ mich wieder los, und sprachlos beobachtete ich, wie sich die Adern in seinem Gesicht wieder zusammenzogen und in der gewohnten Blässe verschwanden. Die Zähne verloren ihre Schärfe, er lächelte. Wir waren beide überrascht und geschockt, und ich mußte unbedingt noch einmal seine Hand schütteln, wie nach einem geheimnisvollen und aufreibenden Ritual.

Immer noch zitternd zog ich mich in den Instrumentenraum über dem Kino zurück, der gleich neben dem Verschlag mit dem Projektor liegt. Du meine Güte – welch eine Entgleisung! Manche Menschen begreifen nie. Setz deine alte Selmer zusammen und versuche, das zu vergessen. Draußen erstrahlte die alte Tankstelle im Sonnenlicht. Ein weißes Schild mit der roten

Aufschrift ERG leuchtete über der Gemeindepalme. Aus dem unsichtbaren Zugang zum Hauptplatz, hinter der vor kurzem erweiterten Brücke, die keine Brücke, sondern eine Straße war, kamen die Musiker in Zweier- und Dreiergruppen aus der Stadt. Da war der Schuster Beppe, bei dem im Hinterzimmer ein Paar Holzfüße namens Matteo in der Dunkelheit stehen, bei all den Drosseln, die in ihren Käfigen darauf warten, an den Sonntagen ins Freie zu kommen. Da war der blasse Junge mit der Tuba, der wie ein einbalsamierter Märtyrer aussieht. Dann kam noch Beppes dicklicher Sohn, immer freundlich, Anführer der Dorfgekken, der zuviel raucht. Weiße Gürtel und Kappe, und blaue Jacketts mit einer lorbeerumkränzten, goldenen Lyra auf der Brusttasche.

Ich beruhigte mich wieder und zwei Jungen kamen in den Raum, der eine heißt Sugo (»Sauce«), der andere Pizza, ihre Namen haben die beiden Helden für ihren immensen Appetit erhalten. Pizza schien sich nach innen ausdehnen zu müssen, und als er in seine Trompete blies, wirkte auch sie rundlich und glitzernd. Dann kam Mirko, der immer so weitschweifig wird, wenn man ihn bei etwas ertappt; er spielt ein Ding, das *flicorno* heißt. Danach der blasse Junge mit der Tuba, der so anders als seine Kumpels ist, weil er eben keinen Stuhl umwirft, keinen unnötigen Lärm macht und doch immer recht fröhlich wirkt.

Wir gingen nach draußen. Alle meine Kollegen, meine Freunde, waren da, der Kies vor dem Fischteich knirschte, alle freuten sich über die Sonne und waren traurig über die Kälte. Es gab ein langes Hin und Her über unsere Plätze, bevor wir im Gleichschritt in Richtung Sonne loszogen, vorbei an der Tankstelle und über die versteckte Brücke.

Cesare flüsterte *»Primi Passi«*, und wir gingen durch die fast leere Stadt. Der gewaltige Lärm blies die Apotheke und das zu unserer Linken liegende Rathaus davon, auch den Stiefelmacher und den Bäcker und die Bank auf der rechten Seite. Das Stück hatte eine winzige Herausforderung, ein hohes Irgendwas bestehend aus drei Schnörkeln über den Notenlinien, und ohne Quietschen dort hinaufzukommen, ist bei einer Geschwindigkeit von zehn Stundenkilometern eine reife Leistung. Wir gingen schneller als der Fahnenträger am Anfang, er kam durcheinander und blieb stehen. Chaos. Das Hindernis umrundeten wir wie Wasser, das einen gestürzten Baum umspült, die kalte Luft machte uns Beine, wir waren immer noch viel zu schnell, und ich lauschte dem Klang meiner eigenen Töne in diesem brüllenden Wasserfall, wie ein Ornithologe im Chor der Abenddämmerung dem Gesang eines einzelnen Vögelchens zuhört.

Wir erreichten das trichterartige, von einem scharfen, abschreckenden Schatten umrissene Ende der keilförmigen *Piazza*. Vorbei am Metzger gegenüber dem früheren Kommunisten-Café. Ein kurzes Stück zurück zur Kirche, am neuen Postgebäude entlang. Oben auf dem Hügel über der Stadt glänzten wie Cordsamt die parallelen Streifen der Weinberge. Wir waren gerade in der zweiten Wiederholung, als wir vor dem kurzen Anstieg zur Kirche mitten im Takt einen etwas unkoordinierten Schluß setzten.

Die Band hatte in der Kirche ihren angestammten Platz, direkt unter dem Podium, auf dem die Kriegsveteranen sitzen, auf der rechten Seite, wenn man mit Blick zum Altar steht. Ein wildes Durcheinander erfaßte die kleineren Bleche auf dem Weg zu unseren Plätzen, doch damit sollte nur die Unabhängigkeit der Band vom Rest der Gemeinde demonstriert werden. Beim Beginn der Messe schloß dann die vorderste Reihe der Klarinettistinnen auf und unterstützte näselnd die Kriegsrentner.

Vor dem Hintergrund dieser Teenager-Rangeleien lief jetzt die Messe ab, und ich mühte mich nachdrücklich darum, mit jedem Satz, jedem Wort, allen Argumenten klarzukommen, die der eifrige Don Bernabei hören ließ. Der Löwe soll sich neben das Lamm legen, und das Neugeborene soll seinen Kopf in das

Maul der Schlange stecken. Johannes der Täufer in einer Kamel-haut auf den Ufern des Jordan. Der Baum soll an der Wurzel gefällt und in das Feuer geworfen werden. Ich stellte fest, daß ich weder den Symbolismus noch die Argumente selbst begrei-fen konnte, und stellte mir einfach vor, in Palästina zu sein, ersetzte die italienischen Worte durch die vertrauteren aus dem Buch Jakob.

In solchen Situationen denke ich an Otello.

War Beppe der kunstsinnige Gefreite, der Glück im Unglück hatte, so war Otello der geborene Unteroffizier. Otello wußte alles, was in der *Comune* geschah, warum es so war und wer was getan hatte, um das und das zu erreichen.

Vor vielen Jahren war er Oberster Leiter der Abteilung für öffentliche Bauten von ganz Gaiole, war also der Meisterflicker der eingestürzten Brücken und verstopften Abflüsse. Für ihn stand völlig außer Frage, welche Abflüsse unter die Verantwort-lichkeit der *Comune* fielen und welche stillschweigend repariert werden sollten, ohne ihn zu belästigen. Ein Blick, ein halber Satz, das reichte. Er verbreitete eine Ahnung von Bürgersinn, indem er an eine gemeinsame Verantwortung appellierte und sie genau dadurch erschuf. Er hielt sich immer an den Verstand, nie an die Gewalt.

Während vieler langweiliger Probenstunden mit der Band wurde Otello im Lauf der Jahre eine Quelle für viele interessante Details aus einer früheren Zeit.

»Faschisten?« sagte er. »Wir waren doch alle Faschisten. Wenn du kein Faschist warst, hattest du nichts zu beißen. Es gab die *tessera del pane,* und ohne diese Karte konntest du kein Brot kaufen. Oh!«

Sein »Oh!« war kurz und scharf, wie ein verbaler Punkt. Als Cesare sich auf die *bombardini* konzentrieren mußte, zündete Otello eine Zigarette an und fügte hinzu: »Natürlich gab es Nette und Fiese.«

»Wirklich? Wie fies?«

»Nicht so sehr.« Otello schien verlegen, sah sich schnell im Raum um. »Naja, das lief dann so: ein Becher Motoröl oder so etwas.«

»Irgendjemand zusammengeschlagen?« fragte ich.

»Nein, oh nein.« Er wirkte schockiert. »Nicht hier in Gaiole. Vielleicht oben im Norden.«

Dann, mit nachdenklichem Blick: »Es gab schon welche, die ekelhafter waren als die anderen, natürlich.« Er verwendete das Wort *cattivi* für ekelhaft, wie für ungezogene kleine Buben.

Dann stieß er mich mit seinem Ellbogen leicht an.

»Es gab da dieses Lied«, sagte er, »es hieß *Giovinezza*« [d. h. Jugend]. »Das haben wir alle gesungen. Natürlich gab es eine Menge Strophen«, – wieder ein Schubs – »die nicht so besonders fein waren.« Ganz leise sang er, mit einem scheuen Feind-hört-mit-Blick: »Jugend – wir können nicht aufstehen, wir sind so verdammt schwach.«

»Einmal standen wir bei einer Versammlung auf der *Piazza*«, sagte er »eine Rede nach der anderen, lange Reden, viel zu viele, und schließlich sangen wir *Giovinezza*. Naja! Irgend jemand war so richtig schön laut zu hören und sang all diese anderen Strophen, also – oh, ja – da haben sie ihn natürlich rausgeholt und verprügelt.« Otello wandte sich wieder der Musik zu, die vor uns spielte, mit einem Gesichtsausdruck, der besagte: »Er wollte es schließlich wissen.«

Durch unendlich umsichtige Recherchen fand ich schließlich heraus, wer die damaligen Ortsgrößen von Gaiole waren. Zu meiner Überraschung gehörten zwei Menschen dazu, die ich vom ersten Moment an, bei meinem allerersten Besuch in Gaiole vor vielen Jahren, überhaupt nicht mochte. Vielleicht hatten sie immer noch eine bestimmte Aura. Doch bei anderen hatten sich keine derartigen Spuren erhalten. Ich erinnere mich noch an eine lange Wanderung zu einem alten Mann, mit dem ich sprechen wollte. Er war ein leidenschaftlicher Mensch mit einer Hakennase, der hoch über der Stadt lebte und in einem kleinen, dunklen Verschlag drei Kälber großzog. Ich brachte ihn dazu, von seinen Erinnerungen zu erzählen, doch heraus kam dabei eine lange Geschichte über ein Pferderennen vom Jahr 1932, an dem alle Pferdebesitzer von Gaiole teilnahmen. Er beschrieb die Rennstrecke, die um die Stadt führte, zeigte mir genau den Verlauf, den sie nahm, indem er meine Hand faßte und mit meinem Finger in der Luft die Linie nachzog, dabei über auffallende Stellen in der Landschaft blickte, die längst durch neu angelegte Weingärten und Häuser verdrängt waren. »Und als sie an diese Ecke kamen, lag der Schecke von dem-und-dem vorn…«

Als ich zum ersten Mal nach Gaiole kam, war noch der demokratisch wiedergewählte Bürgermeister aus der Zeit des Faschismus der Chef von Otello. Dieser halbe Dauer-Bürgermeister war eine beeindruckende Figur und in Gemeindefragen unschlagbar. Er war ein Meister der »schottischen Antwort«, wie Robert Louis Stevenson das nannte – gemeint ist dabei die Antwort, die die Frage wie einen giftigen Bumerang an den Fragenden zurückgibt. (Z. B.: »Herr Bürgermeister, was tun Sie für die städtische Kanalisation?« – »Wieso? Warum interessiert Sie das? Wollen Sie daran etwas verdienen?«) Nach dem Krieg schoß ein Patriot auf ihn, als er in der Art von Mussolini von seinem Balkon aus die Stadt inspizierte. Er ließ die Löcher, die das Maschinengewehr gerissen hatte, nie ausbessern, und noch lange nach seinem Tod trug das Haus diese Souvenirs wie eine Kette aus Medaillen, bis es neu verputzt wurde.

(Don Bernabei erwähnte gerade das Wort *metanoia* in seiner Predigt, davon wurde ich wach. Im Italienischen wurde damit die besondere, für Kirchen so typische Halbdösigkeit perfekt beschrieben, aber nein, er zitierte ein altgriechisches Wort, das die Fähigkeit meint, ein Schiff sicher von Klippe zu Klippe steuern zu können. Massimiliano, der Sekretär der Band, war mitten in einer intensiven Diskussion mit einigen Blechen auf der hinteren Bank. Die Kinder saßen still bei den Großmüttern und hatten nichts anderes, um sich die Zeit zu vertreiben, als die Freude an ihren schönen Sonntagskleidern.)

Otellos Krieg hatte extrem lange gedauert – neun Jahre, wenn ich mich recht erinnere. Erst Abessinien, dann Nordafrika, und nachdem er dort in Gefangenschaft geraten war, eine lange Zeit in Schottland, bis er schließlich nach Hause konnte. Alles, ohne einen Schuß abzugeben, sagte er manchmal. (Jeder ehemalige italienische Soldat, den ich getroffen habe, hat das bisher gesagt; eine bizarre Tatsache, wenn es stimmt, und psychologisch interessant, falls es nicht stimmt.)

Gegen Ende seines Lebens erzählte er viel von seiner Gefangenschaft in »Peeb-less shire« [Peeblesshire, ehem. Grafschaft im südöstl. Schottland]. Ich schrieb sogar einen Brief für ihn, in dem er sich nach alten Freunden dort oben auf der Heide erkundigte. Es schien, als wollte er gern den trostlosen Bauernhof wiedersehen, wo er damals untergebracht war, am Fuß eines großen Hügels, ungefähr zwei Kilometer vom Dorf entfernt. Er grübelte über diesen abgelegenen Ort nach, und über seine kleine Einheit aus italienischen Kriegsgefangenen, die da hinten in Schottland als Halbfreiwillige alles mögliche für Zigaretten und etwas Geld taten.

Eine Geschichte aus Otellos Zeit als Kriegsgefangener in Schottland. Eines Tages wurden er und seine Einheit zu einem einsamen Bauernhof gebracht, wo sie ein großes Kohlfeld bepflanzen sollten. Sie begannen zu arbeiten. Mittags setzten sich die schottischen Kleinbauern vor die italienischen Gefangenen und verzehrten in aller Ruhe und voller Genuß ihr Mittagessen. Nichts davon gaben sie ab. Otello sah mit versteinertem Gesicht zu. Diesen Blick kenne ich gut, den setzt ein Toskaner auf, wenn man etwas falsch gemacht hat oder irgendwie grob war, und aus reiner Höflichkeit gibt er damit vor, daß Sie oder er oder beide gar nicht vorhanden wären.

Nachdem die Bauern gegessen hatten, stand Otello auf und sagte seinen immer noch hungrigen Leuten (natürlich auf italienisch), daß sie weiterarbeiten, aber den Stiel jedes Setzlings beim Einpflanzen ganz knapp unter der Erde abschneiden sollten. Das taten sie.

Eine Woche später erschien ein tobender englischer Offizier in ihrem Camp und fragte, was zum Teufel sie sich bei dieser Sabotage von kriegsnotwendigen Arbeiten gedacht hätten etc. etc. Otello erklärte alles, und dem Offizier ist es hoch anzurechnen, daß er auf der Stelle kehrtmachte und nicht die Italiener, sondern die Bauern nach allen Regeln der Kunst fertigmachte.

Diesem Racheakt haftet für mich etwas Magisches an, auf seine Art ist er so raffiniert wie ein Märchen. Wie geschickt hat Otello eine Schlägerei mit den Schotten dort draußen auf den kahlen Hügeln vermieden, um danach alles etwas konfus zu erklären. In meiner Vorstellung hat er seine Einheit ein Jahrzehnt lang durch Krieg und Frieden, Wüsten und Gebirge gleichermaßen geleitet, Befehle von oben abgemildert, seine Männer vor Schlägen geschützt.

In der Predigt war jetzt eine durch und durch absehbare Passage dran, in der es um Autos, Fernsehen und die der Konsumgesellschaft innewohnende Grausamkeit ging, dazu wurde noch das Thema der »Umkehr« (*metanoia*, wie es schien) als Basis des guten Lebens wiederholt und dann waren wir durch.

Die Kapelle spielte das Gebet aus Rossinis *Mosé*. Beim Trio verpaßte eines der größeren Bleche den Wechsel der Tonart und blieb über zwei volle Takte auf der falschen Note, was dem ganzen etwas Pfiff gab.

Als die Gemeinde zur Kommunion ging, rief Cesare uns zur Ordnung. Wir spielten Chopins Trauermarsch, so einfach, fast durchsichtig, vom Blatt. Vor kurzem hatte ich dieses Stück ganz für mich allein gespielt, auf einem Friedhof auf einem Hügel beim Certosa in Florenz, für Philip. Dieses Jahr hatte mit den Freunden viel Schweres gebracht. Bruce, Annas wunderbare Schwester Elena, Philip, und vor kurzem auch Otello. Bitte nimm uns keine Freunde mehr, Herr, bevor das Jahr zu Ende ist. Und wegen der Kälte und der langen Predigt kamen meine Finger mit den Noten nicht zurecht, die doch so einfach waren, daher wurde das Spielen so schwierig wie die Reparatur eines Kühlschranks im Dunkeln.

Draußen fuhren im Sonnenschein einige Autos langsam hintereinander die Straße hinauf, wie schwer beladene Bienen. Wir sollten zum Kino zurückgehen, ohne den Blödsinn, den wir auf dem Hinweg gemacht hatten, obwohl es jetzt endlich eine riesige gespannte Zuhörerschaft gab. Die Musiker packten im Gehen ihre Instrumente ein, weiter entfernt sammelten sich Ehefrauen oder Freundinnen. Hunger ließ die Musik verstummen, während wir die Abkürzung unter den Pinien nahmen. Wir schoben die Noten in Taschen, die ein wenig zu klein waren, oder fingerten nach Autoschlüsseln oder linsten fünf Minuten in das Gemeindeschwimmbad (*circa* 1950) auf der anderen Seite der Post.

Das Innere des Kinos schien plötzlich dunkel zu sein. Der Mantelständer hing schon voller Mäntel, eine Wolke aus Pelz erhob sich über einem Haufen von Instrumenten, mit schwarzem Kunstleder bezogenen Koffern und stapelweise Partituren in ihren kleinen Plastikhüllen.

Die »Symbole der Amtsgewalt«, wie eine Zeitung es dann nannte – d. h. Cesare, der Bürgermeister und Tiziano und Romano, die *Guardie Comunali* – bildeten am Kopfende des Tisches eine eigene Gruppe, direkt vor der Leinwand mit dem Plüschvorhang, hinter dem in einer improvisierten Küche die Köche werkelten. Die Jungen plazierten sich grüppchenweise nach Alter und Geschlecht, ohne sich dessen bewußt zu sein, was sie taten. An den Wänden warteten die Ehefrauen, bis sich ihre uniformierten Ehemänner gesetzt hatten, bevor auch sie Platz nahmen. Jede Gruppe bildete ein hermetisches Intrigennest, das unabhängig von allen anderen war.

Ich sah mich um. Otello hatte in solchen Situationen normalerweise meine Seite geschützt, und da er mir fehlte, zögerte ich.
Schließlich entschied ich mich für einen Platz an der Grenze
zwischen Jung und Alt, zwischen einem Mann, den ich seit
Jahren kannte, aber seinen Namen nicht wußte, und einem
kleinen Teil der Jugend.

Ich erfuhr, daß der Mann rechts von mir in den Braunkohle-
gruben bei Cavriglia arbeitete, auf der anderen Seite der Berge,
oberhalb des Arno. Über diesen seltsamen Ort wollte ich schon
immer etwas erfahren, die Planierraupen ziehen dort riesige
konzentrische Kreise am Fuß steiler und felsiger Berge.

Ziemlich bald sprach er über die Gruben, in schnellem Italie-
nisch voller Andeutungen, abgebrochener Sätze und knappe
Hinweise. Es war nicht leicht, ihm zu folgen, doch vor meinen
Augen entstand ein Bild dieses Tals, das sich allmählich mit
Häusern füllte, die kleinen Betriebe breiteten sich langsam über
Montevarchi und San Giovanni aus, morgens und abends waren
die Pendlerzüge von und nach Florenz unterwegs. Nachts war
die ganze Ebene voller winziger Lichter.

Die freiwilligen Helfer servierten uns *crostini*, mit Pasten aus
Milz, Anchovis, Hühnerleber, Kapern, Rosmarin und anderen
odori. Sie sind sehr salzig, und schmecken leicht mittelalterlich.
Es gab sie auch als ziemlich neue Kreation in einer Albino-Ver-
sion, die Paste bestand hier aus Butter und Thunfisch. »Das erste
braucht das zweite«, sagte man dabei, besonders die jungen
Leute, die direkt links neben mir saßen. (Pizza, der kaum über
den Tisch gucken konnte, fragte schon nach einer zweiten
Ladung, bevor er die erste überhaupt hatte. Das Kind war ein
großer Esser. Im Verlauf des Essens machte sich auf seinem
Gesicht eine eigenartige Spannung breit, als geriete seine Au-
ßenhaut von innen her unter Druck.)

Das Fleischgericht zeichnete sich äußerlich durch Maha-
goniefarbe aus, innerlich war es verkümmert, nie gab es genug Salat dabei, um das Salz zu absorbieren. Ich bestand darauf,

daß die Kinder links neben mir jedes ein oder zwei Blatt Grünzeug nahmen, was sie voller Höflichkeit auch taten und dann liegen ließen, während ich mit Stielaugen die kühlen grünen Häufchen betrachtete und selbst innerlich langsam austrocknete.

Doch ich lauschte immer noch diesem fremden, fast gewalttätigen Mann, der rechts neben mir saß. Er erzählte gerade von einem Braunkohlemillionär aus Cavriglia, der seine Eltern, nachdem er von der Regierung und der Europäischen Gemeinschaft Subventionen in Millionenhöhe herausgepreßt hatte, gemeinerweise in das Altersheim steckte, um vorzutäuschen, daß er immer noch arm wäre. Ich kannte diese Orte, wo den Besucher ein trauriges und träges Gemurmel umfängt, wie Steine, die ein ruheloses Meer umspült.

Endlich gebot ich den unruhigen Visionen, die er mir lieferte, Einhalt.

»Haben Sie Kinder?«

Sein Sohn arbeitete für die ENEL, er war ausgebildeter Elektroniker.

»Sie haben ihm so einen Job gegeben, wo er auf dem Monte Amiata nach alternativen Energien forschen soll. Das ist ein Vulkan dort, wissen Sie.«

»Über den heißen Quellen?«

»*Esatto*. Tief unter der Erdoberfläche ist der ganze Berg ein tätiger Vulkan. Mein Sohn verbringt sein halbes Leben auf einem Pfosten, der wie ein riesiges Thermometer direkt in den Grund getrieben worden ist. Alle Instrumente befinden sich aus irgendeinem Grund hoch über dem Boden. Niemand außer ihm kann mit denen umgehen. Er hat viel Freizeit. Schaltet die Maschinen ein, setzt sich ins Auto und besucht seine Freundin in Viareggio. Solange er die Meßprotokolle liefert, scheint das nichts auszumachen. So ist es eben, nicht wahr? Man muß sich sein Leben so zurechtzimmern, wie man es haben will...«

Kuchenzeit. Die jungen Leute griffen mit vielen Fingern zu.

»Und Ihre Kinder?« fragte er höflich.

»Ach, die sind jetzt in England...« Ich wollte hinzufügen, daß sie dort hinter HE (higher education = Bildung) und HIM (ihm = Liebesobjekt) her sind, aber das hätte sich auf Italienisch wohl nicht so gut angehört.

»Und gefällt es ihnen dort?«

»Sie haben eine sehr italienische Haltung gegenüber England. Ihrer Meinung nach hat Julius Cäsar einen gravierenden Fehler begangen, als er sich mit diesen Leuten einließ, die in blauen Streitwagen herumfuhren und von einer Verrückten angeführt wurden.«

»Ah«, sagte er, »*la donna di ferro.*«

Ich meinte eigentlich waidgesteifte Briten unter der Führung von Boadicea, nicht Frau Thatcher, doch die paßte auch.

»Sie wissen doch«, sagte ich, »wie die Leute dort oben sind. »Erst einige Zeit lang steife Höflichkeit, dann Unmengen Alkohol, danach Chaos. Gräßliche Liebesgeständnisse. Tränen. Saskia und Cosima schauen sich das alles an und sagen: ›Ma! Nach all den Jahrhunderten ist das ganze blaue Zeug immer noch da?‹ Meine Kinder verstehen sich am besten mit den Italienern, die auf die Mauer von Hadrian Sprüche zum Lob der Sonne, des Mittelmeers geschrieben haben.«

»Und vielleicht vermissen sie ihre Mutter, ja?«

Händeklatschen und klingende Gläser beschlossen diesen Teil des Menüs. Als ich am Tischende zwei Cesares erblickte, erinnerte ich mich daran, daß diese mörderischen Essen immer einen fürchterlichen, kaum zu übertreffenden Nachmittagskater nach sich ziehen. Die Jugendlichen schienen entweder über die Maßen aufgeregt, leicht angestaubt von den Baisers oder etwas apathisch zu sein.

Ansprache. Danksagungen. Applaus. Medaillen.

Was ist denn jetzt los, dachte ich, *Medaillen?* Und dann gaben sie mir auch eine, unser *forestiero*, unser besonderer Gast, überreichte sie, und ich war verwirrt und gerührt. Ein kleines

Pling, als eine Träne auf einen Teller fiel, auf dem Reste von Obsttorte klebten.

Man geht von dannen, klopft einander auf die Schultern und gibt sich freundlich die Hände. Das Abschiedsritual ist ebenso formell wie das Ritual des Platznehmens. Man kann sich nicht einfach verdrücken. Das heißt *filare all'inglese* und bedeutet, den Raum in der Manier der barbarischen Engländer zu verlassen, ohne sich mit Handschlag zu verabschieden.

Die Jungen zog es lautstark zur Bar, um sich das heutige Fußballspiel anzusehen. Ich wollte in meine Heimstatt und ein wenig Wärme tanken. Das Kino war kalt, obwohl so viele Menschen dort waren. Als ich nach draußen kam, hatte sich der Himmel bezogen, Schnee hing in der Luft.

Zum Konzert um fünf Uhr waren wir wieder da.

Man hatte den Vorhang vor der Leinwand beiseite gezogen, und jetzt war eine kleine podestartige Bühne zu sehen, auf der wir uns setzten. Ich hielt mich ganz links, um als großgewachsener Mensch nicht einen Saxophonspieler hinter mir zu verdecken. Wunderschöne Notenständer, die der Dorfschmied vor hundert Jahren angefertigt hatte. Auf mein Gesicht legte sich ein Ausdruck von Distanz, der künstlerische Konzentration anzeigte. Wir sind fertig. Wir spielen.

Wir spielen gut. Wenn man gut spielt, kann das Gefühl, eine Vorstellung zu geben, tatsächlich verschwinden, und ein ganz anderes Zuhören findet statt. Die Finger bewegen sich ordentlich und genau und wenn eine schwierigere Passage kommt, streicht man über ein zartes, spitzenbesetztes Seidenkissen. Doch vor allem hört man seine eigene Stimme, und die von Pizza, und von der Tuba dahinter, und die Mädchen auf der linken Seite mit ihrem unterschiedlichen Vertrauen in ihr Können, und alles offenbart sich gleichzeitig, die Gedanken des Komponisten und die Lebhaftigkeit der verschiedenen Menschen, mit denen man spielt. Zwei Kurven, die für kurze Zeit übereinanderliegen – die eine zeigt das technische Können, die andere die gemeinsame Stimmung.

Während wir spielten, dachte ich an Verdi.

Verdi, der große schnurrbärtige Meister, hat eine Zeitlang mit einer Dorfkapelle gearbeitet. Ich meine, mich zu erinnern, daß er einen wichtigen Teil eines Musikstücks spät abends einem blinden Viola-Spieler vermitteln mußte, der dies nur über das Hören lernen konnte. Vielleicht liegt es an Verdis Erfahrung mit dieser Kapelle, daß seine Musik so gut klingt, wenn sie von Blasinstrumenten gespielt wird. Ich wage gar die Behauptung, daß seine Musik in der Fassung für eine Dorfkapelle sogar viel besser klingt, da dort Klarinetten die Violinen ersetzen. Eine Violine hat etwas Neurotisches. Sie spielt sich nach vorne, fleht um Aufmerksamkeit, das magersüchtige Ego bettelt um väterliche Streicheleinheiten. Ein Satz Klarinetten dagegen schmollt nie oder ist schlechtgelaunt, sie sind immer voll da.

Jedenfalls kam der Tag, als Cesare mit dem Gefangenenchor aus Nabucco vor uns wedelte, *Va Pensiero* – mir wird ganz schwindlig, wenn ich das nur hinschreibe – denn es ist Italiens zweite Nationalhymne. Große Aufregung in den Reihen, sofort wurde alles umgeschrieben, die Flötenpartie noch einmal überprüft, ein Blick nach rechts und einer nach links, wie eine Schar Truthähne, die plötzlich gleichzeitig anfangen, sich zu putzen.

Nach dem gewohnten Trauma, das Cesare durch sein drei- oder viermal *fortissimo* gebrülltes *piano* auslöste, weil das Stück tatsächlich *piano* einsetzen muß, machten wir den Weg frei für Beppe, den Schuhmacher, der mit seinem *bombardino* eine wirklich wunderbare Stimme hat, auch wenn er mit den in Käfigen gehaltenen Vögeln im Hinterzimmer ein wenig hart umspringt. Und dann wurde aus den zweiundzwanzig Klarinettistenaugen ein einziger Augenschlitz. Was ist das? Nach einigen gemächlichen Takten hatte uns Verdi eine chromatische Skala aus derart vertrackten Sechzehntelnoten vorgelegt, die so eng aneinander hingen, daß ein Takt die ganze Seite füllte, und auch wenn mit verschmierter Tinte hier und da gelegentlich ein *La* oder *Si* darübergeschrieben war, so mochte das allen anderen mehr Klarheit verschaffen, bloß nicht mir.

Ich sah nach rechts. Die Jungen schauten mich mit einem reizenden Lächeln an. Ich sah nach links. Dort saß Otello, rauchte so heftig, daß es fast aus den Ohren qualmte, und spielte den Großen Versteinerten. *Ragazzi*, rechnet nicht mit mir. Ich sah wieder nach rechts, in der Hoffnung, jetzt vielleicht die Kluft zwischen den Generationen schließen zu können.

Nie habe ich diese Stelle richtig geschafft. Eine chromatische Tonleiter wird mit allen Intervallen einschließlich der Halbtöne gespielt, entweder nach oben oder nach unten. In der Theorie macht ein guter Klarinettist diese Hausaufgaben in seinem ersten oder zweiten Jahr. Ich bin kein guter Klarinettist. Mir schien, daß ich immer mit ein paar zuviel gespielten Noten oben ankam, und einige von Verdis klaren Vierteln durch geschwätzige Triolen ersetzen mußte. Manchmal kam auch ein Fünfer dabei heraus, den man als Triole mit zwei schnellen dazu spielte.

Auf jeden Fall hatte ich viel Spaß mit den Mädchen in den engen Jeans, führte mich wie der liebevolle Vater auf, entwirrte hier einen Finger und dort eine Triole, während Otello dasaß, seine Noten ansah, seine Klarinette festhielt und irgendwo in Kniehöhe eine Zigarette dampfte.

Der große Tag kam. In San Sano, meinem Heimatdorf, standen wir auf einem Sockel nicht weit von der Statue eines bronzenen Frosches, der aus einer Chiantiflasche trinkt, mit Blick auf das neue Restaurant Adelina, das im vergangenen Jahr eröffnet hat, und auf einen dünnen Saum aus Zitronenbäumen, die direkt aus dem Asphalt wuchsen. Wunderbare Frühsommernacht, das kleine Publikum sah uns von zerbrechlichen Stühlen aus an, Leihgaben von der *Comune*. Ein zarter Duft von warmen Zypressen, wie ein vergessener Heizkörper, da die Nächte noch nicht warm genug waren, um die Jacken auszuziehen und sich zurückzulehnen.

Wir spielten gut, doch wie die Erinnerung an eine Kanalüber-querung überkam mich eine leichte Übelkeit, als wir uns der ersten öffentlichen Aufführung von *Va, pensiero* näherten. Bevor wir es in Angriff nahmen, stand ich auf, verließ Otello und quetschte mich zwischen zwei Nymphen, um eine geschlossene Front abzugeben, damit die Frage des chromatischen Riffs durch ein Flächenbombardement gelöst war. Sie lächelten. Wir spielten. Als die schwierige Passage kam, setzten sie ihre Instrumente von ihren hübschen Lippen ab, lächelten dabei immer noch und ließen mich ganz allein da hinaufklettern. Man kann ja so allein sein. Ich hörte einen Windstoß, der durch die hohen Bäume unten am Dorfbrunnen fuhr, und, wie ein Loch im All, das schreckliche Schweigen des Publikums, während ich über einen Griff nach dem anderen in die Höhe stieg.

Otello starb sehr schnell. Im Juni war er am Meer, während wir auf demselben Sockel in Gaiole eine Wiederholungsvorstellung gaben. Im Juli kam er zurück, hatte Magenschmerzen, und fast bevor ich noch davon erfahren hatte, war er schon tot.

Ich bedaure es sehr, daß ich ihn während seiner Krankheit nicht besucht habe. Seine Freundschaft hat mir viel bedeutet, innerhalb der gewohnheitsmäßigen Umgebung, gemeinsam jahrelang Seite an Seite Musik zu spielen. Mir gefiel seine Einstellung, daß man praktisch alles übersehen und vergeben konnte, vorausgesetzt, man wußte genau, was geschehen war. Die Konfrontation im Moor von »Peeb-less-shire«, in der er eigensinniger war als der größte Eigensinn, war ein toskanisches Meisterstück. Sein wachsames muskulöses Gesicht drückte über verborgenem Leiden Fröhlichkeit aus, ein wenig wie der Bruder von Rembrandt.

Die ganze Kapelle erschien zu seinem Begräbnis, das zu einem Paradigma typisch toskanischen Verhaltens geriet. Es fing schon damit an, daß der Gottesdienst stundenlang dauerte. Don Bernabei war ein alter Freund von Otello und durch seinen Tod zutiefst bewegt. Er begann, von ihm zu erzählen, von seinem Mut und dem, was er vor seinem Tod gesagt hatte. Nach einer halben Stunde beschrieb er in einem Aufschwung, wie Otello gerade in diesem Moment im Himmel eintraf und was er dort wohl zu sehen bekäme. Dann trat er vom Mikrophon zurück, ging dreimal um den Sarg herum, segnete ihn erst mit Weihwasser, dann mit Weihrauch.

Die Band sah bestürzt zu. Das Nachbild von Otello, der mitten unter uns stand und skeptisch sein eigenes Begräbnis beobachtete, war sehr stark. *O ragazzi!*

Graue Wolken hatten sich über dem kleinen Tal geballt, als wir ins Freie kamen. Die Menschen schlugen ihre Mantelkrägen hoch und schauten zum Himmel. Die Kapelle ging direkt hinter dem Leichenwagen, einem langen Mercedes aus Siena, und wir hatten große Schwierigkeiten, bei dem Tempo des Wagens mitzuhalten. Wenn wir spielten (*Ritorno a Dio*), gingen wir schneller und stauten uns hinter der Stoßstange aus Chrom wie Wellen an einem Felsen, spielten wir nicht, schienen wir zurückzufallen.

Bald nachdem wir das gemeindeeigene Schlachthaus am Stadtrand passiert hatten, fielen einige riesengroße Tropfen auf die Straße. Alte Freunde von Otello, seine ältesten und liebsten Freunde, zögerten, sahen zum Himmel, hin- und hergerissen zwischen dem Respekt für den Toten und der beunruhigenden Aussicht, naß zu werden. Sie stiegen aus. In der Kapelle machte sich schlechte Laune breit.

Am Eingangstor des kleinen Friedhofs war die Desorganisation komplett. Abgesägte Zweige des großen gestutzten Maulbeerbaums lagen noch auf der Straße und verringerten die Parkmöglichkeiten. Nur der Mercedes hatte zwischen zwei Autos noch Platz. Eine laute öffentliche Diskussion brandete auf über der Frage, wer zuerst eintreten sollte, wir oder Otello. Es kam zu keiner Lösung, und alle gingen gleichzeitig los. Muffige Kommentare von den Sargträgern, geprellte Knöchel.

Einmal drinnen, vergrößerte sich das Chaos noch. Wo sollte die Band stehen? Beim Grab, direkt hinter den Trauernden, wo wir ihnen in den Nacken bliesen, oder in einiger Entfernung? Wir stellten uns ein wenig weiter weg auf. Und wo soll Cesare stehen? Auf der nächstmöglichen Erhebung, damit wir ihn alle sehen konnten, ungefähr zwei Meter über uns. Zwischen den Grabsteinen würden sich seine Armbewegungen vor dem Himmel abzeichnen.

Gemurmel in der Menge: hier werden wir uns noch den Erkältungstod holen. Trauernde drängten sich dicht am Grab und wurden von den Totengräbern aufgefordert, beiseite zu gehen. Cesare hob seine Hände: wir sahen nach oben. Die Hand kam herunter und im selben Moment kam auch der Regen von oben, und mit plötzlicher Hast fiel der Sarg in das Grab. Die Trauergemeinde verschwand, als ob man sie alle mit einem Lappen weggewischt hätte.

Es war, als sprächen die Musiker durch Münder aus Blech und Ebenholz ihre persönlichen Kommentare. Nicht zu ihrem Kummer, der sich im Verlauf der kommenden Jahre beruhigen kann, sondern zu ihrem Ärger über das schlechte Wetter. *Ritorno a Dio* wurde zu einem unaufhaltsamen *accelerando*, schwarz und weiß punktiert auf einem grau verschmierten und verkratzten Negativ mit Musikern, die im Regen spielen. Keine Wiederholungen. Völlige Auflösung der Band in dem Moment, als die letzte Note gespielt war, die gesamte Gemeinde suchte jetzt Schutz unter dem kleinen Dach der *forni*, den Öfen, diesen besonders unerfreulichen Gräbern, die mit einem Ende in die Friedhofsmauern gesetzt werden und vor denen nachts kleine rote Laternen leuchten.

Eine großes Schweigen überfiel uns nun alle. Tableau. Leerer Friedhof, nur die drei hektischen Totengräber waren noch da, sie schienen Otello eher einbetonieren als nur mit feuchter Erde zudecken zu wollen. Anscheinend sollte er dort auf einem gefliesten Boden mit kompliziertem Waffelmuster zur letzten

Ruhe kommen. Ein oder zwei gelangweilte Frauen sahen sich bei den Öfen um, suchten nach verstorbenen Freunden. Der Regen fiel auf uns, auf das Grab. Das andere Ende des Friedhofs war von senkrechten grauen Linien durchzogen.

Vor langer Zeit war ich der Jüngste in der Band und blieb das auch für mehrere Jahre. Guter Gott, was soll ich denn jetzt in den wöchentlichen Proben machen? Kichernde Mädchen links neben mir, kichernde Mädchen jetzt auch rechts neben mir, ihre kurzen rundlichen Schenkel in gestreiften Jeans. Eine Neue ist da, mit frisch gebohrten Löchern für Ohrringe, ihre Ohrläppchen sind dort ganz rosa.

Soll ich den erfahrenen Alten geben, der weise Ratschläge erteilt? Oder werde ich schrumpfen, dreißig bis sechzig Zentimeter vielleicht, und mit ihnen kichern? Oder soll ich dem toten Otello nacheifern, ruhig und mit unbewegtem Gesicht, ungerührt vom neuesten Haarschnitt, während wir unsere betagten Instrumente in den Händen halten und spielen?

Anmerkungen

San Giusto

1 nach: Gaetano Milanesi, Hrg., *Le lettere di Michelangelo Buonarotti, edite ed inedite, coi ricordi ed i contratti artistici,* Florenz, Le Monnier 1879, S. 489.

Seravezza

1 Caio lieh mir den Band *Marble in the world,* G. Conti u.a., Società Edizionia Apuana, 1986, der sehr viel interessante Informationen über die Arbeit mit Marmor aus der Gegend von Carrara sowohl in älterer Zeit wie auch in der Moderne enthält. Über Marmor im Altertum im allgemeinen: *Marmora romana,* Raniero Gnoli, Edizioni dell' Elefante, 1971 – ein Klassiker. *Carrara cave antiche,* Enrico Dolci, Ed. Comune di Carrara, 1980, dort sind alle noch erhaltenen Spuren der römischen und mittelalterlichen Arbeiten in den Steinbrüchen bei Monte Altissimo aufgeführt. Das alles hat mich endgültig überzeugt, daß es keine Spur, keinen Schnitt von Michelangelo in irgendeiner geheimen, unbekannten Ader mehr gibt, die man dort oben durch weiteres Suchen noch entdecken könnte.

Es wäre schwierig, wollte man herausfinden, welche Skulptur aus welchem Steinbruch stammt. Die *Pietà,* die laut Romano aus Seravezza-Marmor ist, wurde tatsächlich von Kardinal Jean Bilhères de Lagraulas im Jahre 1497 in Auftrag gegeben. Der Marmor dazu kam 1498 aus Carrara, lange bevor die Minen von Seravezza wieder geöffnet wurden. Ein besserer Kandidat ist der *Moses,* doch Frederick Hartt glaubt, daß Michelangelo 1515 mit der Arbeit an diesem Werk begonnen hat, was auch wieder zu früh für Seravezza wäre (*Michelangelo,* NY, Harry Abrams, 1969, S. 156). Allerdings stammt der Marmor für die verlorenen Säulen von San Lorenzo mit Sicherheit aus Seravezza. Den Steinbruch zu suchen, der das Material für die nicht mehr vorhandenen Säulen einer Kirche lieferte, die Michelangelo nie begonnen hat, ist bestimmt ein reichlich verstiegener Zugang zu seinem Werk. Doch die Tatsache, daß

304

etwas unvollendet ist, muß man sich beständig vor Augen führen, wenn man sich mit seinem Werk auseinandersetzt; das ist eine Übung für die eigene Vorstellungskraft, in gewissem Sinn auch ein Akt allergrößten Respekts.

Michelangelo

1 Gaetano Milanesi: *Le lettere*, op. cit.
   Zu den Verträgen mit den Handwerkern: Lucilla Bardeschi und Paola Barocchi, *I riccordi di Michelangelo*, Florenz, Sansoni 1970.
   Condivi und Vasari gibt es in vielen Ausgaben. Ich habe folgende verwendet: Asciano Condivi, *Michelangiolo Buonarotti, rime e lettere precedute dalla vita dell'autore*, Florenz, Barbera 1858 / Rom, National-bibliothek 1933. – Giorgio Vasari, *Le vite de' più eccelenti architetti, pittori, et scultori italiani da Cimabue insino a' tempi nostri (1550 ed.)*, Einaudi 1986. Die Gespräche zwischen dem Kaufmann d'Ollanda und Michelangelo werden zum Teil zitiert in Holroyd, *Michel Angel Buonarotti*, 1903, und stellen auch grundlegende Quellen dar.
   Die folgenden Zitate stammen aus Gaetano Milanesi, *Le lettere*, op.cit.

2 An Domenico Buoninsegni, 2. Mai 1517, aus Carrara, ibid. S.383; Michelangelo – Lebensberichte, Briefe, Gespräche, Gedichte; hrg. H. Hinderberger; Manesse, Zürich 1985, S. 165.

3 An Pietro Urbano, März 1518, aus Pietrasanta, ibid., S. 385.

4 An Domenico Buoninsegni, März 1518, aus Seravezza, ibid., S. 386.

5 An Berto da Filicaia, August 1518, aus Seravezza; ibid., S. 394.

6 An Pietro Urbano, 20. April 1519, aus Seravezza, ibid., S. 403.

7 Michelangelo Buonarotti, *Rime*, Hrg. G. R. Ceriello, Biblioteca Universale Rizzoli, 1954; Hinderberger, op. cit., S. 441.

8 Dabei denke ich vor allem an eine Vorlesung, die Professor Edgar Wind dem Unvollständigen als Eigenschaft der Werke Michelangelos gewidmet und die mich in meiner Studienzeit sehr beeindruckt hat. Edgar Wind sagte, daß wir konditioniert sind, dem vollendeten Werk das unvollendete vorzuziehen, da sich in unserem destruktiven und zerrissenen Jahrhundert eine Dekadenz in dieser Frage aufgebaut habe. Wir haben den Punkt erreicht, sagte er und seine Augen blitzten hinter den Brillengläsern, an dem die Zeichnung dem Meisterwerk vorgezogen wird, das Fragment dem fertiggestellten Werk, der Scherben dem Topf, die abgetrennten Gliedmaßen der ganzen Statue. Diese Tatsache schien Professor Wind unendlich zufriedenzustellen, als ob das Aufkommen einer neuen

Ästhetik ein wertvolles Ergebnis aus allem Schutt der im Krieg bombardierten schönen Städte Europas wäre.

Das ist durchaus ein wichtiger Aspekt, doch sagt uns das mehr über den Geschmack unseres Jahrhunderts als über Michelangelo. Laut Henry Moore ließ Michelangelo seine Werke aus ästhetichen Gründen ganz bewußt unvollendet. In beiden Argumenten wird den Tatsachen eine moderne Sensibilität aufgedrückt. Im Zwielicht der Accademia verwandeln sich die Michelangelos plötzlich in Plastiken von Henry Moore. Dies ist nicht der richtige Zugang, um die Skulpturen aus dem Verständnis ihrer eigenen Zeit heraus zu begreifen.

Careggi

1 Pasquale Villari: *La Storia di Girolamo Savonarola e de' suoi tempi,* Florenz 1857.

Feuer

1 Condivi: Life of Michelangelo, (1554), Roma Ed., Biblioteca Nazionale 1933

2 Die *Pratiche* der Ratsversammlungen sind zu finden im Anhang von Pasquale Villari: op. cit. Eine neuere Biografie von Savonarola enthält Roberto Ridolfi, *Savonarola,* 2 Bde., 1952.

3 Die Klatschgeschichten über Doffo Spini stammen aus Lorenzo Violi, *Apologia.* Die relevanten Stellen finden sich in Villari, op. cit., Seite LXXIV. Violi war ein Notar aus Florenz, der dankenswerterweise sehr viel von Savonarolas improvisierten Predigten in Kurzschrift festgehalten hat. (Veröffentlicht in der Edizione Nazionale etc.)

4 *L'opera completa del Botticelli,* Gabriele Mandel, Rizzoli 1978.

5 Giorgio Vasari: *Le vite de' più eccelenti architetti, pittori, et scultori italiani, da Cimabue insino a' tempi nostri.* (Ausgabe von 1550, mit Anmerkungen) Giulio Einaudi 1986.

Deutsche

1 Cosima Wagner, Tagebücher, Band 3; S. 557 (24. Juli 1880); Piper, München u.a., 1982.

2 Giorgio de Chirico: Arnoldo Böcklin. Dieser Artikel erschien erstmals 1920 in *Il Convegno,* 1920; erneut in *Il Meccanismo del Pensiero,* Einaudi, 1985.

3 Die Informationen über Hildebrands Heirat erhielt ich dankenswerter-
weise von seinem Enkel, Harry Brewster. Sein Buch *The Cosmopolites: A
Family Drama* erscheint 1993 bei Michael Russell, London. Die Zitate aus
Irene Schäuffelens unveröffentlichten Briefen stammen aus dieser Aus-
gabe, die ein Doppelporträt des Bildhauers und seines Schwiegersohns
H. Brewster ist.

4 Konrad Fiedler, *Über die Beurteilung von Werken in der bildenden
Kunst,* Leipzig, 1876.

5 Adolf von Hildebrand, *Das Problem der Form in der bildenden Kunst,*
Straßburg 1893.

Siena

1 Inferno, XXIX, 121–3. Dazu muß man sagen, daß Dante über die Pisaner,
die Genueser, die Aretiner und beinahe alle Toskaner, die es gibt,
schreckliche Dinge gesagt hat.

2 Giovanni Antonio Pecci, *Relazione distinta delle quarantadue Contrade,* Siena 1723. In seiner Liste beschreibt er Spiele »*di Gladiatori, di
Giostre, di Bufalate, di Pugna, di Caccia di Tori, e d'altre bestie feroci,
colle quali combatteranno i Giovanni più coragiosi*«. Pecci war Rechtsanwalt und Historiker, von ihm stammt ein interessantes Buch über die
Geschichte von Siena: *Memorie storico-critiche della città di Siena,*
Siena, 1755.

3 Die beste Ausgabe der *Commentaires* von Blaise de Monluc ist die 1964
bei Gallimard/La Pléiade erschienene.

Das Lied der Frauen von Siena auf ihrem Marsch über die Befestigungsanlagen stammt vielleicht von Laura Ciuoli, und wahrscheinlich ist
es irgendwo in der Bibliothek von Siena in einem der Manuskripte von
Pecci zu finden. Ich bin nicht darauf gestoßen, da Pecci eine Unmenge
unsortiertes Material hinterlassen hat. In Siena gab es damals viele Dich-
terinnen. Siehe auch *Miscellanea storia senese,* V, 1898, S. 38.

4 Die Geschichte von dem fußballspielenden Spanier kommt nicht von
Monluc, sondern von einem sienesischen Historiker, der nach seinen
Tagebuchaufzeichnungen einen Bericht über die Niederlage von Siena
schrieb. Alessandro Sozzini, *Diario delle cose avvenute a Siena dal 20
luglio 1550 al 28 giugno 1555,* neu herausgeg., Florenz 1842.

5 Pietro Leopoldo, *Relazioni sul governo della Toscana,* herausgegeben
von Arnaldo Salvestrini, Florenz, Olschi, 1969, Bd. 1, S. 21–2.

6 Pietro Leopoldos Regierungszeit in der Toskana führt unter Historikern

immer noch zu Kontroversen. Es gibt zwei mögliche Ansichten: einmal wird er als liberaler und demokratischer Herrscher gesehen, der unglücklicherweise gerade zu dem Zeitpunkt nach Wien gerufen wurde, als er in der Toskana eine demokratische Verfassung mit gewählten Vertretern einsetzen wollte. Andere wiederum sehen ihn als intelligenten Reaktionär, der die Städte und politisch bewußten Klassen (soweit sie es waren) umgehen wollte, indem er eine Verbindung zwischen einer effektiven Verwaltung und einer glücklichen, zufriedenen und vor allem *ruhigen* Landbevölkerung herstellen wollte. Siehe dazu: A. Wandruszka, *Pietro Leopoldo: un grande riformatore,* Florenz, 1968; und: C. Francovich, *La rivoluzione americana e il progetto di constituzione del granduca Pietro Leopoldo,* und F. Venturi, *La circolazione delle idee;* beide Artikel in *Rassegna storica del Risorgimento,* Fasc. II–III, April–September 1954.

7 op. cit. (*Relazioni*), III, S. 203.

Montaperti

1 Dante Alighieri, *Die göttliche Komödie,* Hölle, Zweiundzwanzigster Gesang, Zeilen 1–12; in der Übertragung von Karl Vossler, München 1969, Neuausgabe 1986, Piper.

2 ebda., Zwölfter Gesang, Zeilen 73-82.

3 ebda., Einundzwanzigster Gesang, Zeilen 92–96. Anmerkung von Karl Vossler dazu: »Eine persönliche Erinnerung Dantes an die Übergabe des Schlosses Caprona bei Arezzo an die Florentiner, in deren Heer er damals selbst diente (1289).« op. cit., S.125.

Caprona war eine Burg, die zu Pisa gehörte und im Jahr 1289 in einem gemeinsamen Feldzug der Heere von Florenz und Lucca eingenommen wurde. Diese Passage wird als Beweis dafür angesehen, daß Dante bei der Kapitulation der Garnison anwesend war.

4 Dazu: Gaetano Salvemini, *Magnati e popolani in Firenze dal 1280 al 1295,* Florenz, 1899.

Zur Schlacht von Montaperti ist sehr ergiebig: Cesare Paoli, *La battaglia di Montaperti,* Siena 1869, und seine Ausgabe des *Libro di Montaperti,* den vollständigen Musterungslisten des Heeres von Florenz, die nach der Schlacht aufgefunden wurden.

Während der Arbeit an den Kapiteln über Florenz, Dante und Montaperti und später über die Medici und Savonarola machte ich eine eigenartige Entdeckung. Zwischen den beiden Historikern, die mich am meisten interessierten, bestand eine direkte persönliche Verbindung: Pasquale Villari, der über Savonarola schrieb, war der Lehrer von Cesare Paoli, der über Montaperti arbeitete. Und Paoli wiederum war der Lehrer von Gaetano Salvemini, der über die Zusammenstöße zwischen Adel und niederen Ständen im Florenz des dreizehnten Jahrhunderts schrieb.

Pasquale Villari war ein junger Anhänger von De Sanctis in der 1848er Revolution in Neapel; nach deren Niederschlagung mußte er ins Exil nach Florenz gehen. Dort widmete er sich historischen Studien und verfaßte Arbeiten über Savonarola, Macchiavelli und die Stadt Florenz, die auf einer Kenntnis von Dokumenten (von denen er viele selbst aufspürte) beruhte, die bis heute unerreicht ist. Er war das Gegenteil eines distanzierten Akademikers und beteiligte sich an politischen Auseinandersetzungen über Neapel und den Süden, war Abgeordneter in den ersten Parlamenten nach der Vereinigung Italiens und wurde 1891 Erziehungsminister.

Sein Schüler Cesare Paoli hielt sich vom öffentlichen Leben eher fern und arbeitete in der Universität von Florenz, wo er großen Einfluß auf nicht nur eine Studentengeneration hatte. Seine politischen Überzeugungen gingen in die klassische Tradition des italienischen Liberalismus ein, wie man es vom Enkel Pasquale Paolis, des großen korsischen Patrioten und Freiheitskämpfers im achtzehnten Jahrhundert, erwarten konnte.

Salvemini verfaßte sein Werk *Magnati e popolani in Firenze dal 1280 al 1295* im Alter von sechsundzwanzig Jahren und legte darin eine interessante marxistische Interpretation der Kämpfe im Florenz dieser Zeit vor. In späteren Büchern befaßte er sich mit zeitlich näherliegenden Themen – der Französischen Revolution, einer Studie über Mazzini, politische Parteien im neunzehnten Jahrhundert in Mailand –, nach denen er sich als zeitgenössischer Historiker profilierte, dessen Leben voll und ganz dem Kampf gegen Benito Mussolini gewidmet war. Salvemini war einer der Gründer von *L'Unità*, einer linken sozialistischen Zeitung, die später das offizielle Blatt der italienischen kommunistischen Partei wurde. Nach dem Mord an Matteotti ging er ins Exil nach England und wurde dort Mitherausgeber von *Non mollare!* (»Nicht aufgeben!«), einer Zeitung, die den Widerstand gegen den Faschismus stützte.

Anziehend an diesen Historikern ist ihr leidenschaftliches Geschichtsverständnis und ihre emotionale Ausdruckskraft. Damit will ich nicht sagen, daß ihre Werke voreingenommen wären oder daß sie Fakten verändert oder unterdrückt hätten, denn diese Historiker waren Wissenschaftler von außerordentlichem Rang. Doch ihre Haltungen sind von einem eindeutigen »Interesse« getragen, wie man in jedem Land romanischer Sprache dazu sagen würde. Diese Wissenschaftler fanden ihre Visionen der Vergangenheit in enger Verbindung mit ihrem Gespür für die Gegenwart, und ihre Bücher wurden dadurch Teil der gesamten Geschichte ihres Landes.

Bei späteren Zitaten in diesem Kapitel habe ich die sienesischen Chroniken von Domenico Aldobrandini und Niccolò Ventura verwendet, die in *Il primo libro delle istorie sanesi* von Marco Bellarmati, Sine 1844, veröffentlicht sind. – Ebenfalls dazu: Giugurta Tommasii, *Dell'historie di Siena,* Venedig 1625.

Die Chroniken von Florenz stammen von Marcionne di Coppo Stefani, *Storia fiorentina,* und immer sehr nützlich war die *Cronica* von Giovanni Villani, die in Italien noch erhältlich ist.

5 s. Tommasi, op. cit., Band I, S. 327.

6 op. cit., Neunter Gesang, Zeilen 124 pass.

7 op. cit., Zehnter Gesang, Zeilen 76–81.

8 ebda., Zweiunddreißigster Gesang, Zeilen 70–112. Bemerkungen von Karl Vossler: zu Anténora: »Dieser Teil des Eissees verdankt seinen Namen dem trojanischen Verräter Anténor.« op. cit., S.179. Zu Bocca: »Der Verräter, der sich hier auf jede Weise verbergen will, ist Bocca degli Abati, der durch Verrat die Niederlage der Florentiner Guelfen bei Montaperti verursachte.« op. cit., S. 180.

Stachelschweine

1 Ich gehe davon aus, daß die Guelfen und die Ghibellinen die einheimische weiße Iris, *Iris florentina,* auf ihre Schilde malten. Diese Blume ist heute extrem selten; ich kann mich in der Tat nicht erinnern, jemals eine in der freien Natur gesehen zu haben.

Die wilde Iris, die ich in meinem Text meine, ist *Iris pallida dalmatica,* die im achtzehnten Jahrhundert in der Toskana (und übrigens auch in der Provence) für die Verwendung in der Parfumindustrie eingeführt wurde. Diese Iris wurde im Lauf der Jahre nur in dem Sinn eine »Wildpflanze«, als sich inzwischen kaum jemand mehr darum kümmert.

Die Etrusker

1 Werke von Ranuccio Bianchi Bandinelli:
Enciclopedia dell'arte antica classica (mit G. Becatti), Rom, 1953 u. f. –

»Arte etrusca e arte italiana« in *Enciclopedia italiana Treccani,* 1963 –
L'arte romana nel centro del potere, Mailand, Feltrinelli, 1969 – *Etruschi
e Italiani prima del dominio di Roma,* Milano, Rizzoli, 1973 – *L'arte
etrusca* (intr. M. Torelli und L. Franchi dell'Orto), Edizioni Reuniti, 1982.

2 Das Kapitel »Besuch in der Hölle« in Bandinellis Buch *Dal diario di un
borghese,* Il Saggiatore, 1962.

Von Bandinelli stammt auch eine sehr interessante Einleitung zu der
Übersetzung von Hildegard Brenner, *Die Kunstpolitik des Nationalsozia-
lismus,* Hamburg 1963, bzw. Bari 1965.

In den originalen, verschlüsselten Notizen, die Bandinelli von den
Treffen zwischen Hitler und Mussolini anfertigte, benutzte er als Pseudo-
nyme die Namen Marius wegen des M am Anfang und Sulla wegen der
weiblichen Endung -a. Vielleicht steht dieser Bezug zu den beiden
großen Rivalen in der Spätzeit der römischen Republik für den unbewuß-
ten Wunsch Bandinellis, daß Hitler und Mussolini als Feinde und nicht
als Verbündete auseinandergehen sollten.

Das *Diario* enthält viele interessante Begebenheiten. Bandinelli hatte
auch den früheren Kaiser Wilhelm kennengelernt, den er mit Hitler
vergleicht.

»Alles, was ich zu ihm sagte, wurde wiederholt, jedoch völlig verstellt
wiedergegeben und irgendwelchen vorgefaßten Meinungen von ihm
angepaßt... in dieses Prokrustes-Bett der Nazi-Ideologie, und gleichzeitig hatte er dieses unschuldige Verlangen, alles genau zu katalogisieren.
Dieselbe Mentalität, infantil und fantasierend, die ich zuvor beim Kaiser
erlebt hatte.«

Warum unternahm Bandinelli keinen Versuch, die Monster zu ermor-
den, als er die Gelegenheit dazu hatte? Mit dieser Frage setzte er sich
sowohl vor wie nach seiner Begegnung mit ihnen auseinander. Er hielt
sich zurück, teilweise weil er »zu den sozialen Klassen gehörte, die seither
in zu vielen Situationen gezeigt haben, wie sehr sie die führenden Kräfte
der Geschichte mißachten«. Und er dachte auch, daß es »nicht die Aufgabe eines Einzelnen sein kann, sich dem historischen Prozeß in den Weg
zu stellen...«

3 D. H. Lawrence, Landschaft und Geheimnis der Etrusker, Zürich, 1955,
im Verlag der Arche; S. 91.

4 ebda., S. 60.

5 Dieses und die folgenden Zitate stammen aus Arturo Martini, *La scultura
lingua morta,* Hrg. Mario De Micheli, Jaca Book, 1982. Ich wünschte, ich
könnte mehr über diesen großen Bildhauer schreiben, aber ich habe

keinen stichhaltigen Grund, ihn in einem Buch über die Toskana unterzubringen.

6 D. H. Lawrence, op. cit., S.101–103. Lawrence betrügt ein wenig, wenn er behauptet, daß seine Reaktionen auf etruskische Gegenstände eine Folge spontaner Erfahrungen gewesen seien. Beispielsweise gibt er vor, seine Vorstellungen über die Ursprünge der Etrusker wie eine Inspiration empfangen zu haben, als er am Strand lag und aufs Meer blickte, doch tatsächlich stellen sie eine Zusammenfassung eines der Bücher dar, das er gelesen hat. Auf die Reise hat er sich sehr gründlich vorbereitet, indem er vorher viel einschlägige Literatur studierte und hinterher Fotografien auswertete.

Es ist bekannt, daß er von George Dennis *The Cities and Cemeteries of Etruria*, 1848, gelesen hat, das Standardwerk über die Orte der Etrusker. Außerdem auch noch von Pericle Ducati, *Etruria antica*, 1925, das zu der Zeit, als Lawrence sein Buch verfaßte, den aktuellsten Stand der Forschung zu diesem Thema repräsentierte. Und seine Schwiegermutter bat er, ihm aus Deutschland *Etruskische Malerei* zu schicken (Weege, 1921). Er besaß auch eine Serie von Alinari-Fotografien über die Grabmalereien.